社長解任

権力抗争の内幕

有森 隆
Arimori Takashi

さくら舎

はじめに

権力・富・名誉があるところに、お家騒動あり。

江戸期のお家騒動は大名家と相場が決まっていたが、現代のそれは企業の権力闘争である。権力の座をめぐる熾烈《しれつ》な抗争劇だ。

企業はビジネスの場である。同時に政治の場でもある。政治は永田町や霞が関の専売特許ではない。会社には社内政治がある。重要な事柄について、複数の利害があって、見解の相違が生じる。

利害の対立、見解の相違は、派閥というかたちで具現化される。

会長と社長がなにかにつけて意見が合わず、意思疎通もままならないなどということは日常茶飯事なのだ。次をうかがう副社長がキャスティングボートを握るといった事例もある。

組織の構成員（社員や中間管理職）は、複雑な人間模様の観察者ではいられない。必ずといっていいほど、当事者として巻き込まれていく。

対立が先鋭化すると、ヒラの社員まで主流派なのか反主流派なのかの踏み絵を強《し》いられ、忠誠心が試される。居酒屋で、同僚たちと役員人事の噂話《うわさ》をする場合でも、よほど注意して発言しなければいけない。御庭番みたいな社員がいて、尾ひれをつけてご注進におよぶからだ。

サラリーマンにとって最大の関心事は「人事」である。転勤、昇任、配置転換、その他もろもろの人事がおこなわれ、話題にこと欠かない。敏腕《びんわん》部長が子会社に転出することもあるし、いままで目立たなかった課長が突如《とつじょ》、営業部門の部長に抜擢《ばってき》されスポットライトが当たることもある。

人事は適材適所を考慮して公正におこなわれるというのは、タテマエにすぎない。そんなことは百も承知だ。親ガメこけたら、子ガメ、孫ガメ、みなこけることを知っている。

筆者が所属していた新聞社にアミンと渾名《あだな》された暴君の編集幹部がいた。彼は私にこう言った。

「尻尾《しっぽ》を振る奴はごまんといる。尻尾をちぎって血が流れているところを見せたら、お前を引き立ててやるぞ」

派閥抗争がもっとも先鋭化するのは、社長の座の争奪戦においてだ。本書では、大企業一〇社の権力抗争の内幕を抉《えぐ》り出した。

第1章・トヨタ自動車では、二度、創業家への大政奉還がおこなわれている。一回目は一九八二年、工販合併によりトヨタ自動車がスタートしたとき。創業者の長男、豊田章一郎《とよだしょういちろう》が社長に就任した。二回目は二〇〇九年、創業家以外の社長が三代つづいた後、章一郎の長男、豊田章男《あきお》が社長に就いた。悲願としてきた創業家への大政奉還を盤石《ばんじゃく》にするため、章男の社長就任に消極的だった歴代社長が粛《しゅく》清《せい》された。

第2章・関西電力では一九八七年、「経営の私物化を排除する」を大義名分とするクーデターが起きた。関電のドンとして君臨してきた名誉会長の芦原義重《あしはらよししげ》を、側近だった会長の小林庄一郎《こばやししょういちろう》が解任した。電力会社は公的存在なのに、芦原は娘婿《むすめむこ》を社長に登用したのを手始めに、一族で要職を固めた。

第3章・住友銀行では一九九〇年、住銀のドンとして君臨してきた会長の磯田《いそだ》一郎《いちろう》が失脚した。一〇〇年の歴史を持つ中堅商社イトマンと、イトマンのメインバンクだった住友銀行が闇の勢力に食い物にされたイトマン＝住銀事件は、「戦後最大の経済事件」といわれた。伊藤寿永光《いとうすえみつ》は、セゾングループの高級宝飾店の嘱託《しょくたく》社員であった磯田の長女、黒川園子から大量の絵画を購入すると約束して、磯田家に入り浸った。

第4章・フジサンケイグループでは一九九二年、鹿内《しかない》家による支配を排除するための造反があり、グループ会議議長の鹿内宏明《ひろあき》を取締役から引きずり下ろした。復権を目指す鹿内宏明と経営陣の抗争は延々とつづき、鹿内を追放した日枝久《ひえだひさし》がフジサンケイグループのドンとして君臨することとなる。

第5章・新日本製鐵では一九七三年、合併会社につきものの出身母体企業同士の〝戦争〟が勃発《ぼっぱつ》した。怪物と呼ばれた富士製鐵の永野《ながの》重雄《しげお》を相手に、八幡《やわた》製鐵出身の藤井《ふじい》丙午《へいご》が刺し違えを企《くわだ》てた。漁《ぎょ》夫《ふ》の利を得たのは、傍観していた八幡出身の稲山嘉寛《いなやまよしひろ》だった。

第6章・日産自動車では一九七〇年代後半から三頭政治が続いていた。日本興業銀行出身の元社長、川又克二《かわまたかつじ》、自動車労連会長の塩路《しおじ》一郎《いちろう》、生え抜き社長の石原俊《いしはらたかし》の綱引きである。川又と塩路はギブ・アンド・テイクの関係を結び、労組が経営に介入《かいにゅう》。役員人事にまで口を出すようになった。組合の支配から脱することを狙った石原は塩路と激しく対立した。この抗争が日産の凋落《ちょうらく》を招き、仏ルノーに身売りするはめとなった。三人の天皇による苛《か》烈《れつ》な内部抗争が日産を没落《ぼつらく》させたのである。

第7章・神戸製鋼所で一九六九年に起きた内紛《ないふん》は、企業が裏社会との関係を深めるきっかけとなった。尼崎製鐵を吸収合併したが、社長の外島健吉（神戸系）と副社長の曽我野秀雄（元尼崎製鐵社長）が角《つの》つき合わせる格好になった。曽我野は右翼の大物、児玉誉士夫《こだまよしお》に「外島追い落とし」を依頼する。ところが、途中で、児玉は外島側に寝返る。このとき、児玉の意向に沿って動いたのが、総会屋の木島力也《きじまりきや》だった。木島は児玉のダミーとして、神戸製鋼内部に深く喰《く》い込んでいく。

第8章・JRは国鉄時代からはじまる抗争だ。国鉄は一九八七年に分割・民営化して、JRに生まれ変わった。その論功行賞《ろんこうこうしょう》で「国鉄改革三人組」は本島三社（東日本、東海、西日本）のトップに就いた。JR東日本は松田昌士《まつだまさたけ》、JR西日本は井手正敬《いでまさたか》、JR東海は葛西敬之《かさいよしゆき》である。だが、JR発足《ほっそく》後、三人のあいだに亀裂《きれつ》が走った。原因は労働組合対策だった。分割・民営化に協力したJR総連は最大の組合になった。JR西日本とJR東海は、JR総連傘下《さんか》の組合を少数派に転落させたが、JR東日本は蜜月《みつげつ》の関係を温存した。葛西は「国鉄改革は未完だ」と松田を激しく批判した。JR東日本とJR東海の折り合いが悪いのは、トップの確執が根底にあるからだ。

第9章・帝国ホテルの戦後は内紛の歴史だった。一九七〇年、新本館の建設をめぐって、会長の金井《かない》寛人《ひろと》と社長の犬丸徹三《いぬまるてつぞう》が正面衝突。犬丸は近代ホテルの基礎を築いた人物だが、金井と第一勧業銀行の大株主＝メインバンク連合に敗《やぶ》れた。この内紛に乗じて、昭和の政商といわれた小佐野賢治《おさのけんじ》が帝国ホテルを乗っ取った。

第10章・東芝は二〇一五年に経営危機が表面化した。根底には、西室泰三《にしむろたいぞう》、岡村正《おかむらただし》、西田厚聰《にしだあつとし》、佐々木則夫《ささきのりお》、田中久雄《たなかひさお》、そして再生をになうことになった室町正志《むろまちまさし》の歴代社長の抗争があった。現在ただいま、キングメーカーになっているのは西室泰三である。西室の背中に室町が乗っかり「西室町体制」になった。このままでは再生はおぼつかない。西室がヘッドハンティングしてきた小林喜光《こばやしよしみつ》・経済同友会代表幹事など、三人の社外取締役が西室の〝独裁〟に反発。相談役制度を廃止し、西室を追い落とそうとしている。まだまだ、経営の混乱はつづく。

本書では、有名な大企業の権力抗争を取り上げたが、どんなに小規模な会社でも似たような出来事がある。書き継いでいるうちに判《わか》ったのは、権力抗争を突き動かすエネルギーが、嫉妬《しっと》と憎悪《ぞうお》だということだ。ある年齢に達すると人間の評価は絶対に変わらない。永遠の敵を倒すために闘うのだ。嫉妬や憎悪は、しばしば、正義の仮面をかぶって現れるものなのである。

敬称は略させていただいた。参考にした文献は、文意が変わらないように留意したが、表現や語尾などは一部、筆者のスタイルに合わせて要約したことを、お断りしておく。

有森隆《ありもりたかし》

目次◆社長解任　権力抗争の内幕

第2章　関西電力——長期独裁政権転覆のクーデター

第3章　住友銀行——儲けのためなら何でもやる剛腕会長の馘首《かくしゅ》

第4章　フジサンケイグループ――同族支配のグループ総帥を永久追放

第5章　新日鐵――合併後の主導権争いで相討ち

第6章　日産――会社を牛耳る労組のボスとの死闘

第7章 神戸製鋼――闇勢力を招き入れた内紛

第8章　JR——国営企業解体に乗じた権力奪取

第９章 帝国ホテル――名門ホテルの怨念に蝟集《いしゅう》する闇紳士

第10章　東芝――歴代トップの醜悪な抗争で企業衰退

第1章　トヨタ——創業家vs.非創業家の暗闘

豊田章男の宣戦布告

「企業が凋落《ちょうらく》していく過程は五段階ありますが、トヨタは今、その四段階目にきていると思います……」

トヨタ自動車社長の豊田章男《とよだあきお》は二〇〇九年一〇月二日、東京都内の日本記者クラブで講演し、こう語った。現在のトヨタは、最終段階である「存在価値が消滅する」寸前に置かれているという認識を示したのだ。これは衝撃的であった。（注1）

「企業凋落五段階説」は、米国の経営学者で世界的なベストセラーとなった『ビジョナリー・カンパニー』（日経BP社）の著者の一人である、ジェームズ・C・コリンズが唱えたものだ。

第一段階：成功体験から生まれた自信過剰

第二段階：規律なき規模の追求
第三段階：リスクと危うさの否定
第四段階：救世主にすがる
第五段階：企業の存在価値の消滅

たしかに冷静に考えれば、この説はトヨタにぴったり当てはまる。この五段階説を下敷きにすると、当時、トヨタが置かれていた事態の深刻さが理解できる。

トヨタの二〇〇八年三月期の連結営業利益は二兆二七〇三億円で、過去最高益を更新した。世界の新車販売台数は八九七万台。同年秋のリーマン・ショック後に経営が傾いた米ゼネラル・モーターズ（GM）を抜き、世界一に躍り出た。

しかし、リーマン・ショックが起こした金融危機はGMだけでなくトヨタの経営をも直撃し、二〇〇九年同期の最終損益は五八年ぶりとなる四三六九億円の赤字に転落した。絶叫マシーンさながらの急降下ぶりから、株式市場では〝トヨタ・ショック〟とまでいわれた。

一〇代目社長の渡辺捷昭《わたなべかつあき》は経営責任を問われた。二〇〇九年六月に創業家の御曹司《おんぞうし》、豊田章男に社長の椅子を譲って、副会長に退いた。

渡辺は、身の丈《たけ》を超えた拡大路線を突き進んだ張本人だと批判された。二〇〇九年に一〇〇〇万台超の販売目標を掲げ、ブレーキを踏むのが遅れたという、二重の意味で経営責任を問われ、A級戦犯となった。

トヨタの歴代社長は、病気で退任した人をのぞけば、会長に昇格するのが慣例だが、渡辺は中二階の副会長に追いやられた。

冒頭の章男の発言は、社長に就任して四ヵ月後のものだ。これは創業家出身の豊田章男による、奥《おく》田碩《ひろし》と渡辺捷昭の旧経営陣に対する宣戦布告であった。

章男はどうして非豊田家出身の旧経営陣に敵愾心《てきがいしん》を剝《む》き出しにするのか。それは、創業家がずっと陽の当たる道を歩いてきたわけではなかったからだ。

トヨタの歴史は、創業者の豊田喜一郎《きいちろう》、章一郎《しょういちろう》、章男の親子三代にわたる壮絶な経営権争奪の歴史でもあった。

創業家出身社長が三代つづいた黄金期

企業凋落の第一段階は、成功体験から生まれた自信過剰である。経営者は傲慢《ごうまん》になり、なぜ成功したのかという原点を忘れてしまうという意味だ。

いまから半世紀前、トヨタにとってGM、フォード、クライスラーの米国ビッグスリーは、技術力や資金力などすべてにおいて、はるか彼方にある巨大な存在だった。

トヨタが初めて米国に輸出しようとしたクラウンは、羨望《せんぼう》の眼差《まなざ》しで眺《なが》めるしかなかったキャデラックのテールフィン（後部部分を尖《とが》らせた尾びれ）を、ちょっとだけ真似たデザインになっていた。そのクラウンはフリーウェーで高速走行に移ったとたん、エンジンが焼き付いてしまった。圧倒的な技術力の差を見せつけられたわけだ。

仰ぎ見る存在だったGMやクライスラー。その経営が破綻《はたん》した。「トヨタがGMになる日」が来ないともかぎらない。こんな危機感が、章男の意識の根底にずっとあったはずだ。

トヨタの経営の転換点となったのは、一九七〇年代の二度の石油ショックである。これが、燃費性能のアップに磨きをかけるきっかけになった。石油をガブ飲みする大型車をつくってきた米ビッグスリーの凋落がはじまり、燃費のよい小型車中心のトヨタが台頭していく分かれ目となった。良質で廉《れん》価《か》な小型車を追求してきたことが、トヨタの成功の原点だ。

この時期は、豊田家の始祖・豊田佐吉《さきち》の甥《おい》、豊田英二《えいじ》（社長在任期間一九六七〜八二年）、創業者の豊田喜一郎の長男・豊田章一郎（同八二〜九二年）が社長だった。章一郎の後の社長には実弟の豊田達郎《たつろう》（同九二〜九五年）が就き、豊田家から三代つづいて社長を出した。豊田家による同族経営の時代といい換えることもできる。

そして、実父・章一郎社長の一〇年が、「創業家（＝トヨタ）がもっとも輝いていた時代」だったと認識している章男が社長になり、創業家への大政奉還が成就《じょうじゅ》した。

営業利益二兆円をもたらした非創業家の拡大路線

第二段階は規律なき規模の追求だ。自社の生産能力を超えて売り上げの拡大に走ったり、本業から飛び石の異なる分野に進出したりするという意味である。

一九八〇年代前半の日米自動車摩擦《まさつ》、後半の急速な円高、加えて九〇年代初頭のバブル経済の崩壊が、トヨタの経営を圧迫した。トヨタはシェアを落とし、赤字転落の危機に直面していた。

一九九五年に豊田達郎は病気を理由に辞任、奥田碩（同一九九五〜九九年）が社長に就いた。社長のポストは豊田家の手から離れた。内部抗争の芽が、ここから育ちはじめた。

愛知県三河《みかわ》の地から出ることがなかった慎重居士《しんちょうこじ》のトヨタの社風は、がらりと変わった。

奥田の就任は「世界のＴＯＹＯＴＡ」へと飛躍する契機となった。奥田は日米摩擦を教訓とし、愛知県三河地方に集中していた生産拠点の海外移転を加速させた。自動車摩擦を回避するためには、現地で生産し、雇用を創出するのが早道と考えた。

トヨタは米国市場への傾斜を強め、米国の現地工場の生産規模の拡大を進め、再生を果たした。

米国市場はトヨタのドル箱となる。奥田の積極姿勢は豊田家の「番頭」といわれていた次の社長の張富士夫《ちょうふじお》（同一九九九〜二〇〇五年）に引き継がれた。

第三段階はリスクと危うさの否定だ。社内外で警戒《けいかい》信号があちこちに出ているにもかかわらず、顕《けん》在《ざい》化しつつあるリスクを一時的な現象とみなし、無視するという意味である。トヨタの経営陣はこの説どおりの動きをみせたと、章一郎・章男の親子は考えている。

米国一辺倒の規模拡大に走り、利益率の高い大型車に傾注していった。トヨタがあまり得意としていなかった贅沢《ぜいたく》な高級車（ラグジュアリー・カー）をつくりはじめた。

米国一極集中、大型車への傾注を懸念《けねん》する声は社内にあったが、営業利益が二兆円を超え、「つくれば売れる」という状態で生産が追いつかぬ活況に沸《わ》いていたから、警戒信号は当然のことながら黙《もく》殺《さつ》された。渡辺捷昭が社長（同二〇〇五〜〇九年）だった時代が第三段階に相当すると、章一郎・章男は思い描いている。

章男は冒頭の講演で、過去のトヨタの姿勢をゴルフのハンディに喩《たと》えた。

「一三～一四のハンディキャップなのに、周囲におだてられ、自分はシングルプレーヤーだと勘違いしてしまった」

経営陣に慢心《まんしん》があったことを示唆《しさ》、前社長の渡辺の失政を衝《つ》いた。

「創業家がトヨタの社長になるべきだ」

トヨタは「救世主にすがる」第四段階にきていると、章男は危機感をつのらせたわけだ。警戒信号を無視した結果、誰にでもわかるほど経営が悪化し、（その結果）救世主が現れることを期待するようになるという意味だ。

章男は「第四段階からでも復活はできます。その鍵を握るのが人材（社員）です。救世主は私ではありません」と付言した。

章男は、決して謙遜《けんそん》したわけではない。この時点で「自分がトヨタの救世主だ」と言い切るだけの自信がなかったのだ。


第五段階は企業の存在価値の消滅、そのものである。経営者は希望を失い、株主は持ち株を叩《たた》き売って逃げ出すという意味だ。

企業の存在価値をブランド価値に置き換えれば、わかりやすい。

二〇〇九年八月、米国カリフォルニア州サンディエゴでディーラーが代車として提供したレクサスES350が高速走行中に制御不能となり、土手に衝突して炎上、非番の交通警察官の一家四人の乗員が亡くなるという事故が発生した。電子制御システムの不具合という疑惑が広がり、リコールに発展した。

日本でも同年五月に発売した三代目プリウスが、運転者の予期しない制御上のトラブルが生じることがわかり、リコールはさらに拡大した。全世界で一〇〇〇万台規模のリコールとなり、安全性と高い品質で世界中から信頼されてきたトヨタブランドは、大きく傷ついた。

章男は、たぶん、こう考えたのだろう。トヨタの専売特許だったカイゼン（工場の作業者が中心になっておこなう改善活動）が、急速なグローバル化によって置き去りになり、ないがしろにされたからだ、と。高い成長率や厚いマージンと引き換えに品質を犠牲《ぎせい》にした結果、リコール問題が発生した、と彼は認識している。

それは同時に、「創業家がトヨタの経営者になるべきだ」という決意の表明でもあった。二〇〇九年一月の社長内定会見で、章男は「創業の原点への回帰。現場にいちばん近い社長でありたい」と抱負を語った。

トヨタは豊田家の同族経営といわれているが、創業家が社長をつとめていた時期はきわめて短い。草創期に創業者で二代目社長の豊田喜一郎（社長在任一九四一～五〇年）の九年間。成長期の六代目社長、豊田章一郎の一〇年間だけなのだ。

喜一郎の孫で、章一郎の長男である章男が企図《きと》したのは、名と実《じつ》をともなった、創業家の経営への回帰だった。

始祖・豊田佐吉の発明王神話

「世界のＴＯＹＯＴＡ」の歴史は豊田佐吉からはじまる。佐吉は明治改元の一年前の一八六七年（慶応三年）年の旧暦二月一四日に、遠江国敷知郡《とおとうみのくにふちのこおり》（のち静岡県湖西《こさい》市）で生まれた。父・伊吉は大工。

佐吉は小さい頃から発明好きで、友人に「太平洋に島をつくって日本の領土にしてみせる」と途方もない計画を語り、外国には自動で動く機械があると聞けば「（それを）自分でつくる」と豪語したことから、「だぼらの佐吉」と呼ばれ、変人扱いされてきた。

ところが「だぼら」どころか、佐吉は日本で初めて自動織機《しょっき》をつくったのである。

一八九八年（明治三一年）、日本初の動力織機の特許を取った。紡織ブームが到来するや、佐吉は「発明王」と尊称された。佐吉が究極の発明の目標としたG型自動織機が完成するのは一九二四年（大正一三年）だ。超高速でオートマチックに布を織ることができる、世界初の完全な自動織機である。こうして豊田自動織機製作所（のち豊田自動織機）が誕生した。

G型自動織機は「発明王」佐吉の金字塔《きんじとう》として語り継がれてきたが、トヨタの公式伝記では、G型自動織機を発明したのは佐吉ではなく、長男の喜一郎だったことが明らかにされている。（注2）

喜一郎は一八九四年（明治二七年）六月一一日に、佐吉と同じ敷知郡で生まれた。旧制二高（のち東北大）から東京帝国大学工学部機械工学科に進学、卒業。当時、日本屈指《くっし》の機械技術者だった。G型自動織機は「発明王」としてカリスマ的存在になっていた佐吉が発明したことにしたほうが売りやすかったから、そうしたのだろう。そこで佐吉がつくったことにした。

一九二七年（昭和二年）一〇月、佐吉は昭和天皇から勲章《くんしょう》を授与され、親族一同の記念撮影の最中に倒れた。「喜一郎、お前は自動車をやれ」と言い残して、一九三〇年一〇月、世を去った。享年《きょうねん》六三。

喜一郎が自動車に進出したのは「一人一業」を説いた佐吉の遺志による、と巷間《こうかん》伝わっている。これも最近の研究では、喜一郎自身が決断したものだという。

帝大を卒業した喜一郎は一九二一年（大正一〇年）、七ヵ月間の欧米視察に出かけた。ニューヨークの摩《ま》天楼《てんろう》から地上を走る自動車を見下ろしたとき、「日本でも自動車をつくってやろう」と決意したという。

父の遺志を継ぐ息子という構図を豊田家が強調したのはなぜか。自動車への進出に反対が強かったグループ内をまとめるために、佐吉というカリスマの名前を利用した、というのが真相である。

嫡男《ちゃくなん》・喜一郎と当主・利三郎が対立

自動車の国産化への道は平坦《へいたん》ではなかった。佐吉の先妻と後妻の確執《かくしつ》が暗い影を落とした。佐吉の先妻たみは喜一郎を産んだが、発明に夢中だった夫に愛想《あいそ》を尽かし、兄に連れられ実家に戻った。

佐吉は後妻に浅子を迎え、愛子が生まれた。喜一郎が東京帝大に入学した頃は、愛子の婿《むこ》養子となっていた義弟・利《り》三郎《さぶろう》が豊田家の当主となり、実権を握っていた。利三郎は喜一郎より一〇歳年長だった。

利三郎（旧姓児玉《こだま》）は一八八四年（明治一七年）三月五日、滋賀県彦根市の生まれ。東京高等商業学校（のち一橋大学）を卒業後、伊藤忠商事（戦後、分離した丸紅）に入社。マニラ支店の初代支店長をつとめた。

利三郎の実兄は、三井物産の綿花部長を経て東洋棉花《めんか》（のちトーメン、その後豊田通商）を創業した児玉一造《いちぞう》。一造が佐吉の支援者だったことから、利三郎は一九一五年に豊田家の養子に迎えられ、豊田姓を名乗るようになった。

本来ならば長男の喜一郎が当主になるべきところだったが、後妻の浅子が血を分けた愛子を可愛がったため、娘婿の利三郎を当主に据《す》えたのだといわれている。喜一郎にとっては妹の夫のため義弟となるが、旧戸籍法のもとでは義兄になるため、家督を相続した。草創期のトヨタは養子経営であった。

豊田家の嫡男《ちゃくなん》・喜一郎と当主・利三郎は激しく対立する。一九三三年（昭和八年）九月、喜一郎は豊田自動織機製作所内に自動車部を新設した。

豊田家の家督《かとく》相続人で豊田織機の社長だった利三郎が、自動車への進出に猛反対した。当時、GM、フォードのクルマがノックダウン（部品を輸入し日本の工場で組み立てる）方式で日本市場を席巻《せっけん》していた。

自動車への進出を決定した場面を、拙著『創業家物語』から引用する。

〈「道楽で研究するならともかく、三井、三菱といった大財閥《ざいばつ》ですら手におえない自動車を、田舎企業の豊田にできるわけがない。もし、自動車生産に乗り出したら自動織機ばかりか、本業の紡織まで潰れてしまう」

国産自動車は海のものとも山のものとも知れない新興産業という位置付けだった。利三郎が当主として、ギャンブルに近いと感じていた自動車への進出に反対したのは当然である。

一九三三年九月、利三郎と喜一郎の対立は頂点に達する。利三郎は喜一郎を「禁治《きんち》産者《さんしゃ》にする」とまでいい、一族は自動車生産について緊急の家族会議を開いた。

このとき喜一郎に味方したのが、従弟の豊田英二（のちのトヨタ自動車五代目社長）と異母妹の愛子だった。愛子は夫の利三郎に初めて叛旗《はんき》を翻し、「お兄さまが自動車のために会社を潰したって、お父様は満足されます」と賛成に回った〉（注3）

こうして自動車産業への進出が正式に決定した。リスクを顧《かえり》みず大勝負に打って出た喜一郎は、自動車産業の礎《いしずえ》を築いた起業家として、歴史の一頁《ページ》にその名前が刻まれることになった。

一九三七年（昭和一二年）八月二八日、自動車部が独立してトヨタ自動車工業となった。愛知県西加茂郡挙母《ころも》町（のち豊田市）に自動車専用工場が竣工《しゅんこう》した一一月三日を、トヨタは創立記念日としている。

初代社長には当主の利三郎が就いた。喜一郎は副社長。利三郎は太平洋戦争が勃発《ぼっぱつ》する一九四一年に会長に退き、二代目社長に喜一郎が就任した。

戦時下では陸軍向けの軍用のトラックを生産した。軍需工場だったことから米軍による爆撃が予定されていたが、その前に終戦を迎えた。

倒産回避のため喜一郎が辞任

喜一郎は戦後、ＧＨＱ（連合国軍総司令部）によるトラック生産再開の指示を受けて、自動車産業へとふたたびアクセルを踏み込んだ。しかし、一九四九年、ＧＨＱの経済顧問ドッジの財政金融引き締め策（ドッジ・ライン）によって、経営危機におちいった。過剰な設備と人員を抱えていたからだ。

一九五〇年六月、人員整理に反対する労働争議が長期化して、倒産寸前に追い込まれた。銀行から協調融資を引き出すために、泥沼化した労働争議の責任をとるかたちで、喜一郎はトヨタ自動車工業の社長を辞任した。

喜一郎の辞任と引き換えに、日本銀行名古屋支店長の要請を受けた銀行団による協調融資が実現した。融資に協力した帝国銀行（三井銀行と改称、のち三井住友銀行）と東海銀行（のち三菱東京ＵＦＪ銀行）がメインバンクになった。

一方、貸付金の回収に走った千代田銀行（三菱銀行と改称、のち三菱東京ＵＦＪ銀行）と大阪銀行（住友銀行、のち三井住友銀行）は、のちに三菱が東京銀行、住友が三井銀行の後身であるさくら銀行と合併するまで、五〇年間の永きにわたって口座の開設も取引も拒否された。

「鍛冶屋《かじ》に貸す金はない」と揶揄《やゆ》して断った住友（大阪銀行）へのトヨタの反感は、のちのちまで凄《すさ》まじいものがあった。

喜一郎が辞任した一九五〇年六月、朝鮮戦争が勃発《ぼっぱつ》した。米軍の大型トラックを一〇〇〇台受注するという特需の追い風に乗って、トヨタの業績は急回復。労働争議も収拾した。取締役会で喜一郎の社長復帰が内定した直後の一九五二年三月二七日、喜一郎は脳出血で他界した。五七歳だった。

その二ヵ月後の六月三日、喜一郎と対立してきた利三郎も亡くなった。激しくぶつかり合った初代社長と二代目社長の二人が他界したことで、トヨタは草創期から成長期に向かうことになる。

自工・自販分離による非創業家の時代

銀行団は協調融資の条件に、製造部門と販売部門の分離を要求した。自動車を生産するための資金と、クルマを売るための資金を別々に調達すべきだとした。販売部門は、車を売った際の手形（ローン債権という意味）を担保に資金を調達しろ、というわけだ。

豊田家の当主、利三郎は親族の石田《いしだ》退三《たいぞう》をトヨタ自動車工業（自工）の社長に据《す》えた。「経営の神様」松下幸之《まつしたこうの》助《すけ》が、「経済界の人間国宝」と一目《もく》も二目も置いていたのが、トヨタ中興の祖、石田退三である。

石田退三（旧姓澤田）は一八八八年（明治二一年）一一月一六日、愛知県知多《ちた》郡（のち常滑《とこなめ》市）の農家に生まれた。義理の従兄弟にあたる児玉一造の支援で、滋賀県立第一中学に進んだ。

一造はのちに豊田佐吉の後援者となり、一造の弟の利三郎が豊田家に婿《むこ》入りしたことは前に触れた。一造の勧めで退三は石田家の婿養子になり、石田姓に改めた。

代用教員を経て、一造の紹介で服部商店（のち興和）に入社し、上海駐在時代に佐吉と出会う。石田は自分で商売をはじめようとしたが、一造から強引に誘われ、一九二七年（昭和二年）に豊田紡織に入社した。利三郎が常務として会社を指揮していた。

利三郎の下で新工場の用地買収をまかされたが、それが突然、中止になるという出来事が起こる。

豊田自動織機製作所自動車部の新工場建設のために資金が必要になり、石田が手がけていた新工場用地買収に金が回ってこなくなったのである。こうした経緯があったからかもしれない。石田は、自動車製造のプロジェクトと自動車部をつくった喜一郎に反発しつづけることになる。

戦後の混乱期の一九四八年に、石田は豊田自動織機製作所の社長に就いた。GHQに粘り強く掛け合って織機の輸出に成功し、いち早く再建を果たした。

銀行団が融資の条件とした喜一郎の社長辞任と、製造と販売部門の分離を受け入れた豊田家の当主・利三郎は、製造部門であるトヨタ自動車工業の社長にもっとも信頼する部下の石田を送り込んだ。

彦根時代に石田は児玉一造の家から中学校に通っていたが、この頃、石田と利三郎は兄弟のように暮らしていた。二人は気心が知れていた。

一九五〇年七月、石田は豊田自動織機の社長とトヨタ自工の社長を兼務した。喜一郎が創業したトヨタの実権を、ふたたび利三郎の人脈が握ったことになる。

「カンバン方式」で業界トップに導いた自工社長・石田

石田はあくまでショートリリーフのつもりだったが、喜一郎が急逝《きゅうせい》したため、トヨタ自工社長としての在任期間は一一年間におよんだ。倒産の危機に瀕《ひん》し、銀行によって会社を解体された屈辱《くつじょく》が、トヨタの経営陣や技術屋にとって再生への大きなバネになった。

「自分の城は自分で守れ」――石田の有名な言葉である。「石田式ケチケチ経営」で、トヨタ自工は無借金経営の会社に変貌《へんぼう》していった。

石田を支えた金庫番の花井正八《はないまさや》（のち自工会長）は、「乾いたタオルをなお絞《しぼ》る」という徹底した合理化で内部留保を積み増し、その剰余金の大きさからトヨタ銀行と称せられるような会社に育て、確固たる経営の基盤を築いた。

大野耐一《おおのたいいち》（副社長）は、喜一郎が戦前に考案した「ジャスト・イン・タイム」、つまり「必要なときに、必要な部品を必要な数量だけつくる」というムダを省く思想を復活させ、「カンバン方式」と呼ばれる独自の生産方式を生み出した。

石田は「金を使うなら設備に使え」と言い、朝鮮特需で得た利益のすべてを自動車時代の到来を見据えた超大型の設備投資に注ぎ込み、業界トップの地歩《ちほ》を固めた。

倒産寸前のトヨタを見事に立て直した石田は、「昭和の大番頭」と呼ばれた。

石田の社長在任中の最大の判断ミスは、一九五九年にトヨタの本社所在地の地名を挙母《ころも》市から豊田市に変えたことだ。奈良時代から一三〇〇年間、挙母と称されてきた歴史ある土地の名前が、トヨタの三河モンロー主義の近視眼的な判断で消えてしまったのだ。

トヨタの本社所在地の表示は、挙母市大字下市場字前山八番地から、豊田市トヨタ町一番地に変わった。歴史ある地名を消して、自社の名前をつけるとは、思い上がりもはなはだしい。傲慢《ごうまん》だと批判された。

ホンダの対応は好対照だった。本田技研工業が三重県鈴鹿《すずか》市に鈴鹿製作所を建設する際、鈴鹿市側から「本田市」に名称を変更する意向が伝えられた。ところが、創業者本田宗一郎《ほんだそういちろう》は丁重にこれを断った。「古来より伝統ある市の名前を一企業の名前に変更すべきではない」というのが、その理由だった。

GMの販売ノウハウを生かした自販社長・神谷

トヨタ自動車販売（自販）の社長として販売面を支えたのが、神谷《かみや》正太郎《しょうたろう》である。

一八九八年（明治三一年）、愛知県知多郡（のち東海市）に生まれた。名古屋市立商業学校を卒業後、三井物産に入社。ロンドン支店で鉄鋼の買い付けをやったが、物産の学閥偏重《がくばつへんちょう》、閨閥偏重《けいばつ》の社風にイヤ気がさして、一九二四年に退社した。

ロンドン市内で鉄鋼問屋を開いたが、第一次世界大戦後の不況の波に洗われ、あえなくダウン。郷里に戻り、GMの日本法人で外車を売った。これが、以後、半世紀にわたって自動車を売りつづけるきっかけとなった。

転機は一九三五年（昭和一〇年）。喜一郎の誘いで、豊田自動織機製作所の自動車部に移る。「トヨタの月給がいくらか知らずに入った。GMで六〇〇円だったのが一二〇円になってしまったよ」と、後年苦笑まじりに語っている。神谷は喜一郎の人脈である。

トヨタ自販の発足《ほっそく》で社長に就いた神谷は「売るほうは引き受けるから、いくらでもつくれ」と発破《はっぱ》をかけ、シェアを伸ばしていった。

彼はGMで学んだ販売ノウハウを取り入れた。定価販売、大卒のセールスマンの採用。月賦《げっぷ》販売を導入したことで、大当たりをとった。それまで一県一店だった販売店を複数制にしたことも、成功の要因だ。トヨタの販売店同士が競争することによって、販売台数は着々と増えた。

ディーラー（販売店）をつくるとき、必ず、その地域の有力者を巻き込んだ。神戸ではダイエーの中内㓛《なかうちいさお》がトヨタの販売店社長だったことがある。ダイエーの全盛時代に、トヨタのディーラーの社長として、中内はディーラー会議に出てきた。

神谷はトヨタでは自分で一台もクルマを売ったことがないのに、世間からは「販売の神様」といわれて面映《おもは》ゆいと語っている。GM時代からともに歩んできた加藤誠之《かとうせいし》（のち自販会長）は、「神谷は神様ではない。『販売の仏様』」と命名した。数々の名言を残し「語録の人」だった石田退三とは対照的に、神谷は「寡黙《かもく》実行」の人だから「仏様」ということらしい。

石田も神谷も、財界活動などは一切見向きもしない、根っからの商売人だった。石田は「花のお江戸のオエラ方とは肌が合わぬ」と財界嫌いで押し通した。二人の番頭が、「トヨタ王国」の両輪として、国際企業へ飛躍する難しい時期を支えた。トヨタの番頭経営の時代だ。

この二人がいなかったら、トヨタの今日の隆盛はなかっただろう。

トヨタ中興の祖・豊田英二の成功時代

トヨタ自工社長の石田は一九六一年八月、会長に退いた。新しい社長には豊田家出身の英二ではなく、三井銀行から送り込まれていた中川不器男《ふきお》（在任一九六一〜六七年）を選んだ。貿易と資本の自由化（貿易開放と外国企業の進出）が目前に迫っており、自動車業界の再編は避けられないとの危機感から、経営管理・事務の能力に長《た》けた中川のほうが、英二より安全だと判断したわけだ。

当時、通産省は自動車産業が日本に根づくとは考えておらず、乱立していた自動車メーカーの再編・淘汰《とうた》を進めていた。そのさなか、中川は社内の会議に出席した後、体の不調を訴えて急逝《きゅうせい》した。満を持《じ》して、豊田家の切り札である英二が一九六七年一〇月、自工の社長に就任した。

英二は一九一三年（大正二年）九月一二日、愛知県西春日井《かすがい》郡金城村（のち名古屋市西区）で、豊田平吉の次男に生まれた。平吉は佐吉の弟で、英二は佐吉の甥にあたるが、トヨタの本家本流ではない。

東京帝国大学工学部機械工学科を卒業。豊田自動織機製作所に入社、自動車部に配属され、一九三七年に創設されたトヨタ自動車工業に移籍した。早くからトヨタの未来を切り拓《ひら》くエンジニアとして、将来を嘱望《しょくぼう》されていた。

一九七三年の排ガス規制、同年の第一次石油ショック、七九年の第二次石油ショックと、英二が社長の時代に世界の自動車産業は大きな曲がり角に差しかかっていた。ガソリンをガブ飲みする大型車を生産する米ビッグスリーの凋落がはじまる一方、トヨタは品質と低燃費が評価され対米輸出に拍車がかかる。英二の時代に、日米の自動車産業の力関係に逆転の兆《きざ》しがみえはじめた。

トヨタの歴史のなかで、英二が成功体験の原点となったといっていいだろう。英二は石田退三とともに、トヨタ中興の祖と呼ばれることになる。

「嫡男を総帥に」が創業家未亡人の悲願

豊田家は女が強く、「トヨタは女がつくった」といわれている。

まず、佐吉の後妻、浅子の力に負うところが大だ。家族会議で娘の愛子が当主である夫の利三郎に反抗して、自動車産業進出に決定的な役割を果たしたことは前に述べたとおりだ。愛子が死んだ後は、喜一郎の妻、つまり章一郎の母である二十子未亡人《はたこ》がゴッドマザーとして君臨した。二十子は四代目髙島屋社長、飯田新七《いいだしんしち》の娘である。

定期的に豊田一族の夫人たちの会合が持たれた。この席で上座《かみざ》に座るのは二十子未亡人と章一郎夫人である。トヨタ社長の英二の妻はすみっこに座っていた。大トヨタの社長といえども、英二は佐吉を始祖とする豊田本家からみれば傍流なのだ。

豊田家の夫人たちは、トヨタ中興の祖である石田退三を「退公、退公」と呼び、軽んじていたと伝えられている。「喜一郎から社長の座を奪った敵」とみなしたのだろう。石田への憎しみには根深いものがあったようだ。

創業家である喜一郎の嫡男の章一郎をトヨタの総帥《そうすい》にすることが、二十子未亡人の悲願だった。豊田一族の大奥を束ねる二十子未亡人の胸の内を、社長の座を追われ、復帰することなく無念のうちに逝《い》ってしまった夫の姿がよぎり、「わたしの目の黒いうちに章一郎を社長に」と誓《ちか》ったのである。

トヨタの草創期は、佐吉の婿養子の利三郎の時代だった。喜一郎が労働争議の責任をとって社長の座を追われたとき、利三郎が送り込んだのが、兄弟同然のようにして育った石田退三だった。創業者である喜一郎の家系の男には、まったく出番がなかった。だからこそ、よけいに二十子未亡人は章一郎への大政奉還に執念を燃やしたのである。

ギクシャクしっぱなしの工販両輪体制

自工社長の英二は、国際小型車戦争に勝ち抜くためには、工販一体の経営が不可欠だと考えていた。だが、一つの会社にすることについて、神谷の同意は得られなかった。

神谷は戦前にトヨタに入社した頃から、生産部門から独立したマーケティング機能をもつ販売会社の構想を持っていた。しかし、生産・販売の一体運営を信条とする喜一郎は、神谷の考えを葬《ほうむ》り去った。

戦後、はからずも銀行団の勧告で、販売会社の独立が認められた。神谷は水を得た魚《うお》さながらに活躍をはじめた。神谷はGM流のマーケティングのエッセンスをしっかり学びとり、これを日本の土壌に合うように改良した。

工販分離してから三〇年。世間からは〝クルマの両輪〟ともてはやされたが、実態はまったく違う。両社のあいだはギクシャクしっぱなしだった。

神谷は自販の社員に「君たちはトヨタ（自動車）の人間じゃないんだ」と徹底的に教育した。神谷が目指したのは、自動車を輸出する商社だった。部長以下は全員、工販分離後に入社した社員で固めた。彼らに「トヨタは一つ」という意識はない。トヨタ車を世界に売りまくって（トヨタを）日本一の会社に育て上げたとの自負は強烈《きょうれつ》だった。自販の連中は腹の中では、自工を「三河の田舎モン」とバカにしていた。

対する自工側も、石田の後を継いで大番頭を自任する会長・花井正八などは「クルマの両輪どころか、後輪でもない。補助輪だ。自販は子会社、いやウチの営業部。神谷は営業部長に過ぎない」（注

4）と公言してはばからなかった。

石田の金庫番であった自工会長の花井正八は、自販を「神谷商店」とみなした。「神谷さんの公私混同経営を断ち切るには、工販合併しかない」と決意した。

創業家への大政奉還への最大のネックとなっていた最長老の相談役・石田退三が一九七九年九月一八日、九〇歳で没した。翌八〇年一二月二五日、工販合併の最大の障害となっていた自販名誉会長の神谷正太郎が、八二歳で亡くなった。

製造・販売の両輪としてトヨタの礎《いしずえ》を築いた二人の巨星の死は、番頭経営時代の終焉《しゅうえん》を意味した。二人の死をきっかけに、大政奉還と工販統合が同時進行で進むことになる。

ようやく出番がきた地味な嫡男・章一郎

喜一郎の嫡男の章一郎は一九二五年（大正一四年）二月二七日、愛知県名古屋市で生まれた。戦後の四七年、名古屋大学工学部機械工学科を卒業。そのままトヨタには入らなかった。その理由を、読売新聞のインタビューでこう語っている。

喜一郎は、章一郎に「一人一業」を勧め、章一郎にこう語って聞かせたという。

〈「おれは自動車のことを何もやらなかった。全部、部下がやってくれた。ただし、おれは紡織機には全知全能をかけたが、世間は、全部、佐吉がやったと言うよ」

章一郎は父の言葉を「お前がいくら自動車をやったって、自動車はおれだということになる。だから、お前が何か仕事をやりたいと思ったら、自動車以外のことをやらなきゃだめだ」と受け止め

た〉（注5）

喜一郎が勧めたのが住宅だ。戦後、一面の焼け野原を目にした喜一郎は「木や紙でつくった燃える家ではダメだ」と痛感した。トヨタを辞めた喜一郎は、コンクリートの家をつくることを考え、辞めた年（一九五〇年）にユタカプレコン（のちトヨタT＆S建設）を設立した。

こうした経緯があったからだ。喜一郎は、章一郎に住宅事業に参入することを勧めた。のちに、章一郎はトヨタホームをつくり、「一人一業」を実践《じっせん》した。

喜一郎はトヨタの栄光を目にすることなく、一九五二年三月に他界した。喜一郎を目の敵《かたき》にしていた利三郎も亡くなったことから、石田はトヨタの団結を守るために喜一郎の嫡男・章一郎を取締役に起用した。同年七月、章一郎二七歳のときである。

石田は、口にこそ出さなかったが、章一郎を〝トヨタの旗〟として活用することにしたのだ。

その後、章一郎は創業者の御曹司としてトントン拍子で出世したが、もともと地味な性格であり、これといった逸話《いつわ》は残っていない。

石田退三は章一郎を経営者の器《うつわ》とはみなしていなかったようで、「あれはまだ若い。持ち株は銀行に預けさせろ」（注6）と言っていたそうである。当時、章一郎は個人筆頭株主であり、大株主の立場を盾《たて》に経営権を要求するのを封じ込める狙いから「銀行に持ち株を預けさせろ」と言ったのだろう。

一九七九年、豊田家の目の上のタンコブだった石田が亡くなった。いくら経験が浅いとはいえ、なんといっても創業家のプリンスであり、旗でもある。章一郎が英二の後任として自工の社長に就任すると誰もが思った。

大政奉還と工販合併の極秘シナリオ

工販合併の推進者は自工社長の英二と会長の花井、自販会長の加藤誠之である。加藤は後年、こう語っている。

〈トヨタ自動車は進んで分離したんじゃない。その事情を知っているのは、（自販では）故人の神谷さんと私でしょう。自工は豊田英二。ぼくが死んだら（合併は）永久になかったかもしれないな〉（注7）

加藤は神谷とは日本GM時代からコンビを組んできた。喜一郎が豊田自動織機内に創立した自動車部に、加藤は神谷とともに加わった。石田退三、神谷正太郎亡き後、喜一郎が創業したときのメンバーは豊田英二と加藤誠之しか残っていなかった。二十子未亡人が「章一郎をトヨタの総帥に」という悲願を託《たく》したのが、自販会長の加藤だった。

花井と加藤の二人の大番頭は、本家への大政奉還と工販合併を同時に達成する、極秘のシナリオを描く。

一九八一年六月、自販社長の山本定蔵が相談役に格下げされ、自工の副社長の豊田章一郎が自販社長に就任した。自工社長の椅子に座るのは時間の問題とされていたプリンス・章一郎が自販社長に転出したのは、工販合併のためだったが、それを知らない自動車業界の関係者のあいだではさまざまな説が飛び交い、「章一郎、棚上げ」説まで流れた。

自販名誉会長の神谷正太郎は一九八〇年一二月、波瀾万丈《はらんばんじょう》の生涯を閉じた。その通夜の席でのことだ。

〈東京・世田谷の神谷邸に豊田英二自工社長、花井正八会長が駆けつけた。このとき初めて、加藤誠之自販会長が、神谷の遺影の前で、英二氏と花井氏に「章一郎の自販社長」を神谷の〝遺志〟として切り出したという〉（注8）

時あたかも、工販の不協和音が、さまざまなかたちで流布《るふ》していた時期だ。不協和音を一気に解消するには、プリンスを自販社長に据えるのが早道である。いずれ工販は合併するのである。新会社の社長に自販社長の章一郎が就任すれば、自販側の不満を抑え込むことができ、丸くおさまるという読みであった。

通常のやり方なら自工が自販を吸収することになるが、これではトヨタの車を日々売ってくれているディーラーに対しても礼を欠くことになる。自販の社長が合併後の新しい会社の社長に就くことで〝対等合併〟を演出し、ディーラーの顔を立てるという一石二鳥の人事案でもあった。

こうして一九八一年六月、章一郎が自販社長に就いて、大政奉還と工販合併の計画が隠密裏《おんみつり》に動き出した。工販合併という最高機密は、自工側が花井と英二、自販側は加藤と章一郎の四人だけしか知らなかった。

トヨタの継承者は本家の人間だけ

一九八二年（昭和五七年）七月一日、トヨタ自工とトヨタ自販が合併して、トヨタ自動車が誕生した。一九五〇年に分離してから三二年。ふたたび元の鞘《さや》に納まった。社長には自販社長の豊田章一郎が、予定どおり就任した。

これで創業家への大政奉還と工販合併という長年の懸案《けんあん》が一挙に解決した。工販合併の仕掛け人である加藤誠之と花井正八は、最後の大仕事を花道に引退した。トヨタは草創期の第一世代から、章一郎ら第二世代に経営のバトンが引き継がれた。

新生トヨタ自動車は、会長英二、社長章一郎となった。創業者の喜一郎が社長の座を追われてじつに三二年の歳月が流れていた。喜一郎の長男・章一郎が、ようやく経営権を手にした。

章一郎体制の意味するところは、トヨタ自動車は創業者の喜一郎の家系が継承することになった、ということだ。豊田一族でも喜一郎の家系の男以外は締め出された。工販合併のときからだが、初代社長の利三郎の家系の男は豊田自動織機や豊田紡織（のちトヨタ紡織）、豊田通商が定席《じょうせき》となり、トヨタ自動車の経営陣に入ることはなくなった。

中興の祖の英二の家系も、やはりトヨタ本体から外れた。アイシン精機、豊田自動織機、豊田紡織に散った。

同時に、創業家の神格化が進んだ。松下幸之助が師と仰いだ石田退三はトヨタ中興の祖とされてきたが、章一郎の時代に評価が覆《くつがえ》った。「朝鮮戦争の特需に乗った強運の持ち主にすぎず、豊田英二、花井正八らの上に乗っていただけだ」という見方に矮小《わいしょう》化された。

財界総理といわれた石坂泰三《いしざかたいぞう》は「経営者はラッキーな男でなければならない」が持論だった。強運を呼び込めるかどうかは、経営者の力量をはかる大きなファクターである。

人の評価は死後に定まるというが、石田が中興の祖から格下げになったのは、利三郎とともに自動車への進出に猛反対したことが原因だろう。

現在では中興の祖は豊田英二、ただ一人である。

ひょっとすると、今後、トヨタに巣食う御用評論家や古手の自動車担当記者によって「中興の祖は章一郎だった」と、歴史がまたまた書き換えられるかもしれない。

トヨタの現社長の豊田章男は、父親の章一郎の社長時代が「創業家の黄金期」と認識しており、しかも、それをはっきりと口にしているからである。

非創業家社長がつづいた奥田、張、渡辺時代

章一郎の社長在任は、バブルをはさんで一〇年間におよんだ。バブル崩壊後の一九九二年、章一郎は後任に実弟の達郎《たつろう》を指名した。達郎が一〇年つとめた後、嫡男の章男が社長を引き継ぐという計画だったといわれている。喜一郎の家系による社長のポストの継承である。

ところが、一九九五年二月、達郎が突然病に倒れた。これで王位継承の筋書きが狂った。喜一郎の家系以外はトヨタから締め出していたから、社長をやれる人物がいない。やむなく、英二と章一郎は豊田家の出身ではない奥田碩《おくだひろし》を社長に起用した。

この間にトヨタはグローバルカンパニーへと飛躍を遂げる。奥田碩が蒔《ま》いた「闘うトヨタ」の種が実り、張富士男《ちょうふじお》、渡辺捷昭《わたなべかつあき》の、非豊田家の三人の社長の手で、トヨタは新車販売台数世界一という栄光の頂《いただき》に立つことになる。

トヨタは、養子経営、番頭経営、大政奉還された創業家の経営から、こんどは社内から有能な人材

を登用する経営へと変質していった。非豊田家の社長に共通しているのは、役員になってから計画的にゼネラリストとして経験と実績を積んだテクノクラート（技術官僚）である点だ。官僚ならぬ〝民僚〟のリーダーである。異業種から転じた石田など番頭の面々とは、資質が根本的に異なる。

トヨタは国際競争力を高め「世界のＴＯＹＯＴＡ」になったが、創業家にとっては不遇《ふぐう》の時代がづいた。章男が表舞台に立つことはなかった。

章男が企業衰退の第一段階から第三段階と認識しているのは、トヨタがグローバルカンパニーとして飛翔していた時期と重なる。輝かしい実績に比して、創業家は不遇であった。だからこそ、名誉会長に退いていた章一郎は、創業家が経営権を奪取《だっしゅ》することを強く望んだのである。

社長の器とみなされていなかった御曹司・章男

章一郎の最後の仕事は、長男の章男を社長の座に据えることだ。二〇〇五年に渡辺が社長に就いたときから、章男への禅譲《ぜんじょう》はほぼ既定路線だった。

トヨタは二〇〇七年に創業七〇周年を迎えた。米ＧＭから新車販売台数世界一の座を奪い、章男社長をお披露目《ひろめ》するという腹づもりだった。

「創業七〇周年の節目に社長を譲って、章男さんに世界一という栄《は》えある勲章《くんしょう》をつけさせておれば、渡辺さんも屈辱《くつじょく》的な人事で報復されることはなかっただろう」（ライバルの自動車メーカーの最高首脳）

しかし、渡辺は続投した。当時のトヨタの経営陣は、章男をグローバル企業を率いる器だとはみなしていなかった。

では、章男とはいかなる人物なのか。

豊田章男は一九五六年（昭和三一年）五月三日、章一郎の長男として名古屋市で生まれた。慶應義塾大学法学部を卒業後、米バブソン大学経営大学院でＭＢＡ（経営学修士）を取得したのち、米投資銀行に勤務。一九八四年、トヨタに入社。二〇〇〇年、四四歳の若さで取締役に就任し、中国事業や調達、販売など現場を経験してきた。周囲が失敗しないようにお膳立《ぜんだ》てするためだが、そつなく仕事をこなす印象が強かった。

章男は典型的な体育会系人間である。慶應大学在学中にはホッケー部に属し、ホッケー男子日本代表に選ばれている。また、自動車レースでは国際Ｃ級ライセンスを持っている。副社長時代の二〇〇七年六月には、「モリゾウ」の名で独ニュルブルクリンク二四時間耐久レースにドライバーとして出場して完走した。

二〇〇九年五月、トヨタのトップになることが決まった後にも同レースに出た。「レースで怪我をして経営から長期に離脱でもしたらどうするつもりなのか。リスク管理が、まったくなっていない」（経団連の首脳の一人）と囂々《ごうごう》たる非難を浴びた。

権力奪取に走る創業家の無血クーデター

奥田碩は、御曹司への大政奉還に「時期尚早。当面は実績のある渡辺社長の続投でいいのではないか」と慎重《しんちょう》論を唱えた。奥田は二〇〇六年に取締役相談役に退いていたが、会長時代に日本経団連会長として小泉純一郎《こいずみじゅんいちろう》首相と盟友関係を結び、小泉構造改革を実現するための財界の有力なサポーターでもあった。

奥田は章男を買っていなかった。「章男級の人材はトヨタにはゴロゴロいる」と、はっきり口にしている。それでも豊田家を無下《むげ》に扱えない。

そのため奥田は、トヨタの持ち株会社化を思い描いた。トヨタを自工（製造会社）と自販（販売会社）に再分割して、自工と自販を統括する持ち株会社をつくり、持ち株会社の会長に章男を祀《まつ》り上げ、現場には口を出させないようにするというウルトラC級のアイデアだった。

奥田は「豊田家はグループの旗」と公言していたが、これは世襲による経営を容認したものでは、決してない。豊田家は会社の神社に祀《まつ》られ、年に一度、グループの役員がうちそろって参拝する〝企業神〟になるという意味だった。

これに対して章男は「豊田家は旗ではない」と激しく反発した。

「世界のＴＯＹＯＴＡ」にとって、豊田家は約二％の株を持っている存在にすぎない。章一郎・章男の親子に限れば〇・四五％だ。

トヨタの歴史からみてもわかるように、豊田家は創業家という象徴的な存在である時期が長かった。この現実に、章一郎はいらだっていた。自分の死後、トヨタは持ち株会社体制になり、豊田家が神社に祀られてしまうことを心底から恐れた。

いまなお、隠然《いんぜん》たる力を残していた章一郎は「俺の目が黒いうちに」と創業家の権力奪取へと、強引に舵《かじ》を切った。

二〇〇九年六月、トップ交代は、創業家の威光をタテに強行された。社長の渡辺捷昭、財務担当副社長の木下光男《きのしたみつお》など三人の解任劇というかたちに発展した。トヨタ・ショックや大量リコール騒動などを理由に渡辺の失政をあげつらう章一郎・章男が渡辺の会長就任を容認するはずもなく、渡辺は中二階の副会長に棚上げされた。

現在、渡辺は首都高速道路の会長として不遇をかこっている。トヨタの歴史で、病気で社長を退任した人以外、会長にならずに副会長に留め置かれた人はいない。

章男の社長就任と同時に、奥田はトヨタの取締役を退任し、非常勤の相談役に退いた。トヨタを持ち株会社にしようと試み、章一郎・章男親子の逆鱗《げきりん》に触れたため、と信じられている。無血クーデターは成功した。

非創業家と創業家の内紛

トヨタの内紛を報じたのは、米紙ウォール・ストリート・ジャーナル（ＷＳＪ、日本版）の二〇一〇年四月一四日付の記事だった。

ＷＳＪによると〈豊田社長は仲介者を通じて、渡辺副会長に退任して関連会社の経営に当たるよう提案したが、渡辺副会長はこれを拒否。元社長で創業一族ではない奥田碩相談役は、「豊田社長は辞めるべきだ」と述べたという。トヨタを世界一の自動車メーカーにした旧経営陣と創業家が、リコール問題の責任をめぐり真っ向から対立したというのである〉（注９）。

日本のメディアはこれを報じなかった。最大の広告主であるトヨタとトラブルになるような報道は自主規制するのが習い性《しょう》になってしまっている。これが日本の経済ジャーナリズムのいかんともしがたい現実である。

ＷＳＪは具体的な社名をあげていないが、章一郎は当初、渡辺を豊田自動織機会長に押し込もうとしていたという。自動織機は豊田家の始祖、発明王の佐吉が起こした会社だが、いかに名門とはいえ世界のトヨタと比べるべくもない、小さな規模の会社だ。

渡辺はこの人事を拒否した。さらに、トヨタが出資する富士重工業会長への転出説も取り沙汰《ざた》された。

トヨタを世界一の自動車メーカーにしたと自負している渡辺にとって、とうてい容認しがたい、再度の降格人事だ。プライドを傷つけられた渡辺は、ライバルの外資系自動車メーカーに移籍するのではないかという噂《うわさ》まで飛び交った。

もともと自動車メーカーにとってリコールは年中行事のようなものだ。それなのに二〇〇九年からのリコール問題があれほど大きくなったのは、トヨタ、ことに章男の対応の拙《つたな》さが原因だった。

当初、トヨタは車の不具合に正面から取り組む姿勢を示さなかった。米国での批判が高まってからも、社長の章男は、この問題に先頭に立って対処することはなかった。

二〇一〇年一月末、章男はリコール問題を副社長の佐々木眞一《ささきしんいち》に任せ、ダボス会議（世界経済フォーラム年次総会）への出席を優先した。「最高経営責任者である社長がリコールの問題から逃げている」との印象を与えてしまったことが、米国メディアのトヨタ・バッシングの火に油を注ぐ結果となった。

業績が順調に動いているときには、経営者の力量の有無は目立たない。飛行機を自動操縦しているようなものだからだ。問題は企業が逆境に置かれたときだ。苦境におちいったときどう対処するかで、経営者の本当の実力がわかる。リコール問題で批判が燎原《りょうげん》の火のように広がったのは、章男のトップとしての判断ミスが大きかった。

渡辺前社長の更迭《こうてつ》で粛清《しゅくせい》人事の総仕上げ

「渡辺はずし」に、ことのほか熱心なのは、章男の父親である豊田章一郎名誉会長だった。だが、冷静に考えてみたらいいのだが、世界一になるようにトヨタに檄《げき》を飛ばしていたのは名誉会長、その人ではなかったのか。

世界一を達成したとたんに「売り上げにばかり気を取られ、無理な拡大をはかったのはけしからん」と、グループの幹部四〇〇人を集めた席で、渡辺は突然非難された。これでは立つ瀬がない。章男体制にスムーズに移行するために名誉会長が動いたと、出席者はみな感じ取ったという。

二〇一一年三月九日。章男は、今後の経営方針となる「グローバルビジョン」を発表した。東日本大震災が起こる二日前だ。

グローバルビジョンの発表に先立ち、社内が凍《こお》りつく人事があった。前社長で副会長に棚上げされていた渡辺捷昭のクビを切ったのだ。

歴代社長は会長に昇格するのが通例だ。会長の張富士夫が相談役に退き、渡辺が会長に昇格するのならまだしも、張は続投。渡辺はお役御免とばかりに、相談役に飛ばされたのだ。

渡辺更迭《こうてつ》劇は、創業家政権の長期化をはかりたい章一郎・章男による、旧経営陣に対する粛清《しゅくせい》人事の総仕上げを意味した。

目の上のタンコブだった奥田碩は二〇一二年、国際協力銀行総裁に転じ、トヨタを去った。創業家の勝利である。若い社長に苦言を呈《てい》することができる人物は、経営幹部にいなくなった。章男はトヨタ王国の〝若き皇帝〟になった。

「役員も従業員も私にとっては子供のような存在」

「常識はずれ。広報のセオリーにない」

トヨタ自動車の役員逮捕にともなう緊急記者会見を、章男は開いた。二〇一五年六月一九日のことだ。

『日経ビジネス』（二〇一五年一二月七日号）は〈この日は企業の「謝罪の流儀」が変わった転換期として記憶されるだろう〉（注10）と書いたが、はたしてそうなのだろうか。だいぶ前から『日経ビジネス』の論調には狂いが生じている。

米国法人から本社役員に抜擢《ばってき》したばかりの広報のトップ、ジュリー・ハンプが前日、麻薬密輸容疑で逮捕された。これを受けて、章男が出席する記者会見が急遽《きゅうきょ》おこなわれた。

章男は語った。「仲間を信じ、真実が明らかになるよう当局の捜査に全面的に協力します。（中略）法を犯す意図がなかったことが明らかになると信じています」。さらに、「役員も従業員も、私にとっては子供のような存在。子供を守るのは親の責任であり、子供が迷惑をかければ謝るのも親の責任」とつけ加えた。

「役員も従業員も、私にとっては子供のような存在」――サラリーマン社長には逆立ちしても言えない決めゼリフを、さらりと言ってのけるのだから憎い。

リスクコンサルタント会社のトップはこう総括する。

「今後、同様の事件が起こるたびに、トヨタは社長が出て釈明するのか。できっこない。悪い前例をつくってしまった」

ジュリー・ハンプは章男じきじきの指名で、本社の広報トップに舞い降りてきた女性役員だった。だから章男は自ら会見に出た、と当時から社内で指摘されていた。

ハンプは六月三〇日付で辞任。辞任と引き換えに、七月八日、不起訴処分となり事件は収束したようにみえる。

『日経ビジネス』は、ある中堅幹部の話としてこう書いた。

〈過去の品質問題で、自分の常識が通用しないことを、トップも各部門も思い知らされていた。必要があれば、いつでも自ら表に出るという姿勢を、豊田社長が普段から周囲に示していったことが大きかった〉(同注10)

二〇〇九年の米国で起きたトヨタ車による死亡事故に電子スロットル装置の欠陥疑惑が加わり、二〇一〇年には全世界で一〇〇〇万台規模の、気の遠くなるような大量のリコール騒ぎとなり、トヨタ・バッシングが起こったのは先述のとおりだ。

死亡事故が発生したのは二〇〇九年八月二八日。章男が出席する緊急記者会見が開かれたのは二〇一〇年二月五日だった。死亡事故から五ヵ月以上経過していた。

このとき、章男は「(これまでは)社内でいちばん詳しい人に説明してもらった」と弁明して「どうして社長が出てこなかったのか」との批判を躱《かわ》そうとしたが、裏目に出た。

そして、その二週間後に、米公聴会に呼び出され、激しい非難の言葉を直接浴びた。

『日経ビジネス』は〈トヨタでは「社内の常識」を重んじたことによる共通の挫《ざ》折《せつ》体験により、社長と組織の双方が振る舞いを変えた〉(同注10)ことが、ジュリー・ハンプ逮捕と時をおかず章男が記者会見した理由としているが、説得力に欠ける。

トヨタで次にもし役員や幹部社員が逮捕されたときに章男が緊急記者会見を開けば、筆者は『日経ビジネス』の解釈を是《ぜ》とするが、米国人の女性初の、しかも章男がじきじきに起用した役員だったからこそ記者会見に臨んだのだ、と関係者は信じている。

加速する章男賛美の動き、進む勘違い

そもそも章男はマスコミが嫌いである。自分で「合格」証を出した記者以外には心を許さない。単独インタビューが載るのは日経新聞と、徹底的にヨイショをしてくれる媒体《ばいたい》に限られている。

一般紙のインタビューはほとんど受けないのに、男性向けのファッション・トレンド・ビジネス雑誌『GQ JAPAN』二〇一五年八月号で、章男がインタビュアーとして登場する不定期の連載がはじまった。『GQ』のサイトによると、〈トヨタ自動車CEOの豊田章男が『GQ JAPAN』の

記者として各界のキーパーソンにインタビュー。モノづくりとはどうあるべきか、トップを走る男たちの本音を引き出す。不定期連載第1回はファッション界の〝生きる伝説〟、山本耀司《やまもとようじ》が登場〉となっている。

「社会の常識」からみて、トヨタのトップがやるべき仕事とは、とても思えない。世界一の自動車メーカーの社長が、媒体を自分の趣味で振り回している図にしか映らない。振り回されているようにみえる側は、メリットがあるからそうしているだけなのだ。

フェイスブックにトヨタ自動車の社長室のスタッフが、こんなことを書き散らしていた。

〈今回、豊田が『GQ』の記者としてファッション界で戦う山本さんに迫り、ものづくりを考えるという編集部企画をご提案頂きました。山本さんが「パリコレクション」に挑み続けること、豊田が「ニュルブルクリンク24時間耐久レース」に挑戦してきたことの共通点など、日本からグローバルな土俵で戦うことについて、白熱した対談になりました〉

あれだけ批判された「ニュルブルクリンク24時間耐久レース」への挑戦を美化して、パリコレと対比させるなど、章男を美化する動きが加速している。厳しい批判のないところに（企業&経営者の）進化はあり得ない。側近たちがヨイショばかりするから、内省なきリーダーはモンスター（虚像）になる。

どんどん章男の勘違いが進んでいる。加えて、経営者としての自信を持ちはじめている。財界活動にはこれまで消極的だったが、最近は「次の経団連会長はオレがやるしかない」というような発言をするようになったと伝わってくる。

安倍《あべ》首相にべったりで史上最低の経団連会長と酷評《こくひょう》されている榊原定征《さかきばらさだゆき》の言うように「後任は章男で決まり」といった雰囲気になってきた。

とはいっても、二〇一二年から一四年まで日本自動車工業会（自工会）の第一五代会長を章男はつとめたが、プレス発表をするときは、事務方が用意したペーパーを棒読みするだけ。想定問答集には読み間違えがあってはいけないということで、漢字にはルビが振られていた。「こんなことで経団連会長がやれるのか」と揶揄《やゆ》する声が自工会の内部にあったほどだ。

自動車専門紙のベテラン記者は「父親の章一郎も同じだった。章男だけを責めるのは気の毒だ」と、変な思いやりをみせる。

そうそう、こんなこともあった。二〇一五年一〇月にテレビで人気のタレントのマツコ・デラックスがトヨタの工場見学をする特別番組が放映されたが、あろうことか、これに章男が付き合って出演。トヨタの歴史を語っているのをみて、びっくらこいたことがある。マツコ・デラックスの訪問を章男が出迎えたのである。

五九歳の章男には無限の可能性がある。名実ともに日本を代表する経営者に育ってもらい、安倍首相に右顧左眄《うこさべん》するだけの財界に活を入れてほしいと、筆者は切望している。いまや、章男批判は経済ジャーナリズムの世界ではタブーになっているが、あえて辛口の批判をした次第だ。

第2章　関西電力——長期独裁政権転覆のクーデター

ドンを追い落とした〝関電二・二六事件〟

〝関電二・二六事件〟と呼ばれるクーデターが、取締役会で起きた。

突然の解任動議が出されてクビになったのは関電のドンの芦原義重《あしはらよししげ》・代表取締役名誉会長と、懐刀《ふところがたな》の内藤千百里《ないとうちもり》副社長だった。

芦原は相談役名誉会長に棚上げになり、内藤は関電産業（のち関電不動産）の社長に飛ばされた。

関電は「芦原＝内藤体制」といわれ、会長や社長をしのぐ権力を握っていた。

クーデターを仕組んだのはドンの秘蔵っ子の小林庄一郎《こばやししょういちろう》会長だ。権力を奪取《だっしゅ》するために強権を発動した。

経営方針の食い違いといった上等なものではない。ドンの寵愛《ちょうあい》をめぐる子飼いたちの〝三角関係〟のもつれ、痴話喧嘩《ちわげんか》の果ての下剋上《げこくじょう》だった。

「緊急動議があります！」

一九八七年（昭和六二年）二月二六日午前一〇時三〇分、関西電力の定例取締役会は大阪・中之島《なかのしま》の本社一一階の第一会議室で開かれた。三〇人の取締役がいたが、病欠などの二人をのぞく二八人が顔をそろえた。

型どおりに議事が進み、最後の第六号議案「その他」に入った。議長の小林庄一郎会長が突然、こう切り出した。

「緊急動議があります。人事案件についてお諮《はか》りします」

即座に事務方が封筒に入った資料を配った。それは六月末の株主総会に諮る、来期の取締役候補のリストだった。この種の人事案件は、三月の決算が終了した後の取締役会で審議されるのがセオリーだが、会長の小林は〝芦原天皇〟に不意打ちを食らわせた。

リストの末尾に「退任予定者」の項目があって、五人の名前が列記されていた。高齢や病気で退任する者に交じり、名誉会長の芦原義重、副社長の内藤千百里が入っていた。

関電のドン芦原とその懐刀の内藤の追放を狙ったクーデター劇の幕が、切って落とされた。『週刊朝日』（一九八七年三月一三日号）は取締役会のやりとりを生々しく報じた。

〈小林氏が「財界筋からも、関西電力の中に不協和音が流れていると指摘されています。社内に業務の遂行に困難な状況が生まれているのは確かで、全社員がうって一丸となれるよう、多少早いのですが、新役員の人事を決めたいと思います」

と趣旨説明を行うと、隣の席の芦原氏が（小林の）言葉をさえぎるように発言した。

「慣例にないことだ。こんなもの違法ではないか」
口調は淡々としていたが、興奮のあまり腹が大きく波打っていた。つづいて内藤氏が
「ちょっと待て、小林。大恩ある人をこんな目にあわせて、お前、それでも人間かッ!!」
と怒鳴ったが、小林氏は少しもひるまず
「どうせ、キミがそのぐらいのことをいうのは覚悟しとったよ。動議に賛成の人は手を挙げ続けてください。事務局、数えて」
と採決を促《うなが》した。
賛成したのは出席した二八人中二二人。圧倒的多数で可決された〉(注1)
哀れをとどめたのは、芦原の娘婿《むすめむこ》である社長の森井清二《もりいきよじ》だった。社長という経営トップの座にありながら、クーデターでは蚊帳《かや》の外に置かれた。小林が事前に計画を知らせて固めた票は一八人だったが、計画が漏《も》れるのを防ぐために森井には知らせなかった。
内藤によると「積極的に手を挙げたのは小林氏の腹心の宮崎勇専務、秋山喜久《あきやまよしひさ》、吉山文雄取締役の三人ぐらい。あとはみな、うつむいたまま手を挙げていたし、途中から手を挙げた者も何人もいた」という状況だったらしい。
取締役会に向かう廊下で初めて小林からクーデター計画を知らされた森井は唖然《あぜん》とし、会議中は青ざめたまま。採決は棄権したという。

「ボクは老害なんて言われたことはないんだ」

〝関電二・二六事件〟では、当事者たちが自分の正当性を主張するために、メディアに積極的に登場した。社長の森井は事件について沈黙を貫いたが、芦原、内藤、小林の〝三人衆〟は饒舌《じょうぜつ》だった。上がしゃべるから下もしゃべる。口を閉ざしていた幹部社員から「私物化」「恐怖政治」といった批判の声が噴出した。関電の恥部が天下にさらされた。

関電のドン・芦原義重はしゃべりまくった。『文藝春秋』（一九八七年五月号）に「飼い犬に手を咬《か》まれるの記」を寄稿した。当時、御年八六歳。六四歳の小林を新人類と切って捨て、怪気炎《かいきえん》を上げた。

〈ボクのことを老害やなんて言う人もおるようやけど、ボクがいったい何の害になっておるでしょうか。老人ちゅうのは個人差があって、害があるかないかちゅうのは年齢に関係ない。ボクは政治家とか学者とか財界人とかに、アンタは物忘れするようになって老害がありますよ、なんて言われたことは一度もないんだ。年齢だけで老害なんて言うのは、単純すぎますよ。

まァ、小林君のような新人類はそう言うかも分からんけど、モノサシが違うんです。

だから、二月二十六日の取締役会であのような措置を取られるなんて、全く予想していなかった。

（中略）

あの時にボクが激怒したなんて言われとるけど、激怒なんかしやせんですよ。来期の取締役候補者の名簿というんが急に出てきたけど、ボクの名前が入っとるかどうか、分からんかった。虫メガネでもないと読めへんから。横にいた内藤君が何か言うとったから、それで分かったんだ。

だから小林君に、ちょっとおかしいやないか、関電の四十年の慣例にもないことだ、と注意した

んだ〉（注2）

芦原＝内藤ラインですべてが決まる恐怖政治

新人類と罵倒《ばとう》された小林も黙《だま》っていない。これまた、よくしゃべった。

〈今回のことは、けっして芦原さんを追い落とすためではない。すべては内藤（千百里副社長）君を切りたいためだった。

とかく当社は、〝芦原のファミリー会社〟とか〝公私混同〟であるとか批判を受ける。そうした評判を作ってしまった内藤君を切るためには、彼と一心同体になっておられる芦原名誉会長にも辞めていただくしかなかった。関電は一種の〝恐怖政治〟だったのです。内藤君を通さないと、芦原さんに会えない。すべて内藤・芦原ラインで決せられる。担当外のことでも、内藤君の意向も聞いてから稟議《りんぎ》しないと、途中で蹴《け》られてしまう〉（注3）

関電の闇の帝王と指弾された内藤も、メディアに登場して、会長の小林があげた罪状に、いちいち反駁《はんばく》した。当事者の双方が、悪罵《あくば》の投げ合いを演じたわけだが、世間では「あのコワモテの内藤が尻尾《しっぽ》を巻いて引き下がるとは思えない。内藤が逆襲に出て、関電のお家騒動の第二幕が上がる」との期待が高まっていた。

ところが内藤があっさり引き下がった。なぜ、内藤が矛《ほこ》をおさめたのか謎とされてきたが、近年、反撃しなかった理由を本人自身がこう語っている。

〈（一九八七年の関電二・二六事件では）突然、小林が退任を迫った。芦原さんは怒りで呼吸が激しくなり、胸が大きく波打っていた。私は「待て、おまえはそれでも人間か」と言った。

　腹が立ち、本を書こうと思った。それを聞きつけた東京電力の平岩《ひらいわ》（外四《がいし》）さんに東京へ呼ばれた。うなぎ屋の個室で二人っきり。「西からそんな問題を起こされたら困る。内藤さん、本を書かないで下さい」と手をついて頼まれた。芦原さんに迷惑はかけられない。「わかりました」と返事した〉（注４）

世紀の難工事「黒四ダム」の関電

　関西電力は一九五一年（昭和二六年）五月一日、全国九電力体制への再編にともない、関西配電と日本発送電が統合して設立され、初代社長に太田垣士郎《おおたがきしろう》が就いた。彼は根っからの鉄道マンだった。

　京都帝国大学経済学部を卒業。日本信託銀行をへて草創期の阪神急行電鉄に転職。創業者の小林一三《こばやしいちぞう》に見出された。一九四三年、戦時下の企業統合で京阪電気鉄道を合併して京阪神急行電鉄に社名変更したとき、取締役に就いた。この会社が阪急電鉄↓阪急ホールディングス↓阪急阪神ホールディングスと社名を変えて現在に至る。

　太田垣は敗戦直後、京阪神急行電鉄の六代目社長（在任一九四六～五一年）になった。佐藤博夫社長以下五人が公職追放を予見して辞任したため、太田垣にお鉢《はち》が回ってきたのだ。

　労働組合と妥協《だきょう》する経営者が多いなか、太田垣はストにひるまず正面から渡り合った。この当時、大企業はいずこも労働争議という難題を抱えていた。労組との勇ましい闘いぶりが評価され、新しく発足した関西電力の社長に抜擢《ばってき》された。

太田垣士郎の名を高めたのは黒部川第四発電所（黒四《くろよん》ダム）の建設である。戦後の電力不足を解消するためのダム建設だったが、世紀の難工事といわれた。だが、「七割成功の見通しがあったら勇断をもって実行する」という太田垣の信念は揺るがなかった。黒四は一九五六年に着工、六三年に竣工《しゅんこう》。黒四の完成を見届け、翌六四年に太田垣は亡くなった。

黒四の建設を描いた、石原裕次郎《いしはらゆうじろう》、三船敏郎《みふねとしろう》主演の映画『黒部の太陽』（監督・熊井啓《くまいけい》）が大ヒットし、関電の名は全国に知れ渡った。

いちはやく原発に取り組んだドン・芦原

太田垣の後を継いで関電の二代目社長に就いた芦原義重は、阪急で太田垣の後輩だった。京都帝国大学工学部電気工学科卒業後、阪神急行電鉄（のち阪急電鉄）に入社し、小林一三に鍛《きた》えられた。阪急電鉄時代に芦原はプロ野球・阪急球団の本拠地、西宮球場をつくった。

一九四二年に電力統制により、関西電力の前身である関西配電が生まれた。阪急は電車を走らせるために自前の電灯・電力部門を持っていたが、統制令に基づき、この事業を関西配電に譲渡。これにともない、阪急から五〇〇人が移籍した。

そのなかの一人であった芦原は、関西配電の工務部電務課長に就いた。関西配電で昇進を重ね、関西電力発足《ほっそく》時は常務。黒四建設では技術の最高責任者として太田垣を補佐した。一九五九年、太田垣の後任として二代目社長に就任した。

芦原は他の電力会社に先駆け、いちはやく原子力発電所を建設した。大規模な火力発電所は公害や環境破壊が問題になり、地域住民の反対で立地が困難になっていた。芦原は中央の政財界を巻き込み、原子力発電所の建設に取り組んだ。政府も電源立地制度を促進する一環として、関電を支援した。

芦原が会長になった一九七〇年、関電は福井県・美浜《みはま》原子力発電所一号機の運転を開始した。芦原の関電での歩みは、原発と共にあった。

芦原のために働く子飼いの二人

芦原が社長に就いた一九五九年、最初の社長秘書になったのが小林庄一郎である。中国・大連《だいれん》生まれ。東京帝国大学経済学部卒。一九四六年、関西配電に入社した。芦原によると「ボクが入社試験をやって、（小林を）入社させた」。

芦原に認められて、最年少の常務、専務、副社長とエリートコースを歩んだ。一九七七年にはさらに大抜擢され、四人の先輩副社長を飛び越えて五代目社長になった。

当時、次期社長の有力候補は筆頭副社長の石黒久だった。だが、石黒が力をつけてきたことをドンの芦原は警戒《けいかい》したのだろう。内藤が先兵になって、石黒グループを徹底的に弾圧した。関電の社内では「石黒軍団壊滅事件」と呼ばれている。

ナンバー2を叩《たた》き潰した芦原は、子飼いの小林を社長に据《す》えた。その後、小林は一九八五年、会長に就いた。小林は電力九社の集まりである電気事業連合会の会長になるなど、名実ともに芦原の後継者として出世の階段を駆け上がっていった。

クーデター劇の席上、内藤が小林を「恩知らず」と罵《ののし》ったのは、こんないきさつがあったからである。

一方の内藤千百里は京都帝国大学経済学部卒。小林に一年遅れ、一九四七年に関西配電に入社した。小林、内藤が入社したとき、芦原はすでに関西配電の取締役だった。芦原は二人を将来、関電を背負って立つ人材と見込み、そばに置いた。

内藤は一九六二年、小林につづいて芦原の二代目の社長秘書をつとめた。その後も、芦原の最側近でありつづけた。内藤は「私は会社のために働くというより、芦原のために働くという意識のほうが強い」と堂々と言ってのけた。

ひたすら芦原に忠誠を尽くす内藤を芦原は重宝し、一九八三年、副社長に引き上げた。副社長という地位になっても、内藤は「芦原の秘書」を自任した。だから、〝副社長秘書〟は自分の手帳の予定欄を二分割して、芦原のすべてのスケジュールを書き込めるようにした。ゴルフの後、風呂場で芦原の背中を流す内藤の姿を見て、のけぞった関西の財界人がいたという。

腹心を操るキングメーカーの権力

小林と内藤は、芦原・黄門さまの助さん、格さんのような存在だった。芦原は二人を、光と影の対照的な役割をになうように仕込んだ。小林が光、内藤が影である。

芦原は腹心の二人についてこう述べている。

〈どうして小林君と内藤君の仲が悪いのか、その理由がよく分からない。昔はよかったんだが、ここ二、三年、急に悪うなった。人間、トシとると頑固になるからやろうか。

二人の性格はまるで違う。政治家でいえば、外交が得意な人と内政が得意な人がいるけど、それと同じで対照的なんだ。二人合わせると百二十点になるけど、一人になると百点に足りない。ボクの時は二人を仲良く上手に使うとったから、成績が非常にあがったわけだ〉（注5）

芦原が一九七〇年に社長を退いた後、三代目社長吉村清三（在任七〇～七五年）、四代目社長森岡俊男（同七五～七七年）、五代目社長小林庄一郎（同七七～八五年）、六代目社長森井清二（同八五～九一年）と、社長が四人交代した。キングメーカーは芦原だった。

会長、名誉会長と肩書が変わっても、代表権を持つ芦原が人事権を手放すことはなかった。人事権が権力そのものであることを熟知していたからだ。

政界工作の「汚れ役」を一手に引き受けた内藤

芦原の権力の源泉は、政界とのパイプにあった。長年にわたって毎週のように上京し、主要な政財界人と秘密裡《り》に会っていた。こうした場面に、たえず黒子《くろこ》のように付き添っていたのが内藤だったという。

内藤は芦原の社長秘書時代から黒子に徹してきた。だが、単なる芦原のカバン持ちではなかった。芦原の秘書として頻繁《ひんぱん》に上京して、政財界、学者、ジャーナリストなどとの会合に小まめに足を運び、人脈を築いていった。

芦原の巨大な力を背景に、社内外の重要人事に介入《かいにゅう》し、中央政界との連絡役を精力的につとめた。関電の業務遂行《すいこう》に不可欠な〝汚れ役〟を一手に引き受けてきた。

政界との結びつきが強い電力業界にあって、内藤は「電力の政治部長」との異名《いみょう》を取り、関西の政治がらみの話はすべて取り仕切ったといわれるほどの陰の実力者になっていった。

後年、内藤は政界工作の内幕を語った。朝日新聞は「原発利権を追う」の連載記事で「関電の裏面史　内藤千百里・元副社長の独白」（二〇一四年七月二八日付朝刊）を掲載した。

〈関西電力で政界工作を長年、担った内藤千百里・元副社長（91）が朝日新聞の取材に応じ、少なくとも1972年から18年間、在任中の歴代首相7人に「盆暮れに1千万円ずつ献金してきた」と証言した。政界全体に配った資金は年間数億円に上ったという。原発政策の推進や電力会社の発展が目的で、「原資はすべて電気料金だった」と語った。多額の電力マネーを政権中枢に流し込んできた歴史を当事者が実名で明らかにした。

内藤氏が献金したと証言した7人は、田中角栄《たなかかくえい》、三木武夫《みきたけお》、福田赳夫《ふくだたけお》、大平正芳《おおひらまさよし》、鈴木善幸《すずきぜんこう》、中《なか》曽根《そね》康弘《やすひろ》、竹下登《たけしたのぼる》の各元首相（中曽根氏以外は故人）〉（注6）

内藤は政治献金について「関電のみならず関西財界を東京と同じレベルにすることを目的とした。芦原義重元会長は、その結果、総理大臣と一対一でいつでも話し合える関係になった」と証言している。

政界と太いパイプを築いたことが芦原の権力の源泉となった。

内藤はドンの根回し役に徹し、根回しの名人になった。だから、芦原＝内藤ラインは、会長の小林や社長の森井を上回る大きな権力をにぎることができたのだ。

ドンを名誉職に棚上げする小林の策謀

芦原の側近だった内藤と小林のあいだに亀裂《きれつ》が走ったのは、一九八五年一一月の首脳人事からだった。会長の芦原が名誉会長、社長の小林庄一郎が会長、副社長の森井清二が社長に昇格したトップ人事である。

森井は京都大学工学部を卒業した技術者で、芦原の娘婿だった。「公益企業の電力会社を芦原のファミリー会社に変えた」と、この社長人事は社内外で物議を醸《かも》した。

小林は社長になったとき、芦原から「一〇年はやらせる」といわれていたのに、八年半で芦原の娘婿の森井副社長に交代させられた。任期途中の交代がシコリとなって、芦原政治の両輪だった小林と内藤が対立するようになった、と解説する向きがある。

だが、事実は異なる。小林は「森井が適任と思って社長に決めた」と語っている。

小林は内藤に劣《おと》らず、なかなかの策謀家であった。小林の狙いは会長の芦原を名誉会長に棚上げすることだった。芦原の娘婿の森井を社長に引き上げれば、名誉会長への棚上げ案に対する芦原の反対を封じることができると踏んだ。おとなしい森井を社長に据えて、小林が実力会長として、芦原に代わって関電のドンになるというシナリオだった。

内藤に、その意図を見透かされないように、小林は「森井社長案」を内藤には漏らさないよう、芦原に口止めしたというエピソードが残っている。

「次期社長の人事が内藤が知らないうちに決められたことから、内藤が自分の悪口を芦原に吹き込むようになった」と小林は述懐している。腹心の助さん、格さんのサヤ当てがはじまったわけだ。

社内に張りめぐらされた内藤特務機関

〈その内部は真っ暗闇で、外からはもちろん、内部の人間にもどうなっているのかさっぱりわからない。とりわけ人事は密室人事である〉（注7）

龍谷《りゅうこく》大学教授だった奥村宏《おくむらひろし》は、『朝日ジャーナル』（一九八六年九月一二日号）の「関西電力　暗黒大陸」で、こう書いた。

社長である小林庄一郎が会長になり、芦原の娘婿である副社長の森井清二が社長になった私物化人事を指している。この人事の解釈は諸説あったが、奥村は二つの説を俎上《そじょう》に載せた。

ひとつは芦原が関西経済連合会（関経連）会長の日向方齊《ひゅうがほうさい》に対して、小林を次の関経連会長に据えるよう迫ったというもの。日向は一九八七年に関経連会長の任期が切れる。日向は東洋紡績会長の宇《う》野収《のおさむ》を後釜に考えていたが、日向嫌いの芦原は日向主導の人事を覆《くつがえ》そうとした。小林を関経連会長に押し込むために関電の会長に就けたというわけだ。芦原と日向の確執は後で述べる。

もうひとつが、小林引きずりおろし説。これまで関電の体制は芦原＝内藤体制といわれ、内藤千百里副社長が絶対的な権力を持っていた。

清水一行《しみずいっこう》の『小説　財界』に関西電力は大阪電力、芦原は芦塚、内藤は「藤井特務機関」を率いる藤井という名前で登場する。

〈藤井特務機関……というのは、大阪電力社内における、藤井を頂点とする情報網を指している。もちろん特務機関などと呼ばれるくらいだったから、社員たちに恐れられこそすれ、歓迎される組織ではなかった。

藤井は芦塚の股肱《ここう》の臣《しん》として、社内的に藤井直結の親衛隊を配置し、二重三重のスパイ網を張り巡らしながら、幹部社員の動向を常にキャッチしていた。そして幹部社員の中に、芦塚体制を批判する不穏な動きがあると、いち早く芦塚から与えられた人事権を行使し、事前にそれらの芽を摘《つ》み取ることで、現在の確固たる芦塚天皇……体制を築いてきたのだった〉（注8）

この芦原＝内藤体制に対して社内から批判の動きが出てきた。そうなると、相対的に小林の評価が高まる。そこで芦原＝内藤は、小林人気がこれ以上社内で出てくるのを恐れ、社長の任期一〇年の約束を反故《ほご》にして、小林を社長から降ろし、娘婿の森井を社長に据えたというものだ。当時、もっとも行き渡っていた説だ。

実際は、先に述べたように、小林が芦原の棚上げと内藤外しを狙って仕掛けたクーデターの序章だった。小林自身もひそかに、会長になったら関経連会長のポストを、との野心を抱いていた。ドン・芦原の下で、側近たちは十重《とえ》二十重《はたえ》に陰謀《いんぼう》をめぐらしていたのである。

関電の闇を描いた奥村レポートが起爆剤となって、〝関電二・二六事件〟が起きた。

関電の中枢に居座る芦原ファミリー

クーデターで芦原と内藤が追放されると、堰《せき》を切ったように社内から芦原の「私物化」批判が噴出した。寡黙《かもく》だった関電の幹部たちがマスコミによくしゃべるようになった。前出の『週刊朝日』は、関電幹部がこう内幕を明かしたと報じた。

〈関電の孫会社に「関西レコードマネジメント」という文書類の記録やマイクロフィルム化する専

門会社があります。ここの社長は阪根新氏といって、芦原氏の娘婿ですが、この会社が関電の事務の効率化やシステム化を一手に独占しているんです。

このほか「関西テック」（のち、かんでんエンジニアリング）といって、発電所のメンテナンスをする関電の子会社がありますが、ここの柏岡啓二社長は芦原氏の次男です。いずれも内藤氏が芦原氏のご機嫌《きげん》取りのために裏で動いた（人事）といわれています。

また三男の芦原義倫氏は本社営業部長だし、情報通信本部の幹部にも芦原氏の親戚がいます〉（注9）

芦原の娘婿である森井が本丸の社長に座っただけではない。芦原ファミリーが関電の中枢部や関連企業をがっちり押さえていたことになる。

関電は芦原がオーナーの同族企業ではない。電力を近畿全域に供給するれっきとした公益企業だ。同族企業のワンマン経営者の公私混同はめずらしくないが、公益企業をこれほど私物化した例は寡聞《かぶん》にして、筆者は知らない。

芦原は私物化批判に反論した。

〈森井がボクの女婿《じょせい》やからどうこう言う人がいるようやが、あれはボクが社長にしたんとは違う。小林君がそうせい言うたんでっせ。それに実力をみても、森井は及第点の社長です。

発電所の保守をやる「関西テック」の社長（柏岡啓二氏）がボクの次男で、関電と取引関係がある言うけど、あの会社はもともと阪急がつくった会社なんです。そら今では関西電力との取引はできておりますが、関電が阪急に頼んで株を譲って貰《もら》ったんだ。だから、今では阪急と関電の両方が株主になってるんです。両方合わせても三分の一で、あとは個人ですがね。

それをどうしてボクが私物化しとることになるんやろか。ボクは頼まれて息子をあの会社の創立者の養子にやっただけのことでっせ。それをこじつけて、ボクが会社を私物化しとる言うんなら、誰かがタメにする噂《うわさ》を流してるというしかない〉（注10）

芦原はこうも言っている。トンチンカンな発言だが、彼の本質を知る手がかりになるので書くことにする。

〈「何が私物化や。ボクは社長になってから全然バーに行かんの。大阪のキタに太田という有名な高級バーがあったの。ママがボクを連れてきた人には百万円の懸賞金出すゆうてたけど、いっぺんも足を踏み入れん。小林君は会社の金でほうぼう飲み歩いとるいうで。ボクは技術屋でね、アイデアを出して会社を何十兆円も儲けさせた。関電が九社中いちばん安い電力料金を守っとんのはボクが私物化せんで、無駄遣いせんかった証拠や。業者に情実を加えたことは一度もない」〉（注11）

芦原と敵対する関西財界のドン・日向方齊

関西財界の中心にある関西経済連合会の会長問題が、関電の首脳人事と密接に絡《から》んでいた。七代目会長の芦原義重（在任一九六六～七七年）を引きずり降ろし、八代目会長に就いたのが住友金属工業会長の日向方齊（同七七～八七年）だった。日向が会長になると、彼は関経連の中の芦原色を一掃した。

それ以来、芦原と日向が、ことごとく対立することになる。

二人のドンの不仲を決定づけたのは、一九八一年の大阪商工会議所（大商）の会頭選挙だった。

大商会頭の座をめぐる戦争は、関西財界の恒例行事といわれていた。一九六〇年には土井正治《どいまさはる》・住友化学工業（のち住友化学）社長と小田原大造《おだわらだいぞう》・久保田鉄工（のちクボタ）社長とのあいだで、大企業の利益代表vs.中小企業の利益と評された「第一次南北戦争」が勃発《ぼっぱつ》した。

大阪市北部は「キタ」である。梅田や北新地《きたしんち》などを中心とした大阪随一のビジネス街、官庁街である。対する大阪市南部は「ミナミ」。繁華街の難波《なんば》や心斎橋に代表される商業集積地である。

大企業の代表を「キタ」、中小企業のそれを「ミナミ」と色分けし、大企業（キタ）と中小企業（ミナミ）の双方が推した候補が激突した大商会頭選挙に、頭のいい人が「第一次南北戦争」というキャッチフレーズをつけた。

結局、このときはミナミ代表の小田原大造が勝利した。

一方、一九八一年の大商会頭選挙は「第二次南北戦争」と呼ばれた。

「第二次南北戦争」を題材にした清水一行の『小説 財界』は、〈昭和五十五年九月一日。深夜に一人の男がこの世を去った。享年《きょうねん》七十五歳〉（注12）という印象的な一行から、波瀾万丈《はらんばんじょう》の物語の幕があがる。

死者の名は大竹兵衛。製薬業界最大手の大竹製薬の会長となっていたが、誰でもすぐに武田薬品工業会長の六代目武田長兵衛《たけだちょうべえ》であることがわかる。

次期会頭の大本命だった武田長兵衛が急逝《きゅうせい》したため、近畿日本鉄道（のち近鉄グループホールディングス）会長の佐伯勇《さえきいさむ》（小説では迫田勇太郎）は五選を目指す。懸案《けんあん》の関西新空港問題を進展させ、空港問題の利権に近鉄をうまく食い込ませるためにも、なんとしてでももう一期、大阪商工会議所の会頭にしがみついていなければならなかった。

前回は佐伯を推した中小企業の政策集団は、佐伯五選の野望を阻止《そし》すべく人心一新の旗印を掲げ、本来は敵方（＝大企業の代表）にあたる旧住友財閥《ざいばつ》の住友化学会長、長谷川周重《はせがわのりしげ》（小説では小早川寛重）を担ぎ出した。長谷川は、経団連副会長として東京で活躍していたが、財界人最高の名誉とされる勲一等旭日章《くんいっとうきょくじつしょう》を受章するためには、なんとしても経済団体トップの椅子に座る必要があった。

関経連会長の日向（小説では宗方斉志）は佐伯を支持した。日向ら住友グループの長老は長谷川に降りるように説得を試みたが、長谷川はこれを突っぱねた。日向と長谷川は住友財閥の総本山、住友合資の同期であり、つねにライバル関係にあった。〈二人は、早くから住友の将来の飛車角といわれ、その前途を嘱望《しょくぼう》されていた〉（同注12）

芦原（小説では芦塚亮義）は長谷川支持に回った。大阪商工会議所会頭の椅子をめぐる争いは、芦原と日向という関西財界のドンの代理戦争の様相を呈《てい》したため、いっそうエスカレートした。

関西の一大プロジェクトである関西新空港の主導権争いと相まって、抗争は激化した。佐伯と長谷川は自分の会社の幹部を総動員して、多数派工作を展開した。怪文書まがいの機関紙を発行したり、支援を取りつけるために実弾をばらまいたりと、醜態《しゅうたい》をさらした。

この芦原―日向戦争では、関西の新聞記者も二派に分かれ、それぞれの陣営がキタの新地で、選挙権を持つ企業幹部だけでなく、マスコミ関係者への供応合戦を繰り広げた。おかげでバーやクラブは大繁盛したという。

最後は、喧嘩両成敗となり、新会頭には大和銀行会長の古川進《ふるかわすすむ》が就任した。

芦原=内藤の画策、日向に泣きついた小林

小林は芦原を名誉会長に祀《まつ》り上げたが、関電のドンには、とうとうなれなかった。内藤が立ちはだかったからだ。

内藤に先制攻撃を仕掛けたのは小林だった。一九八六年九月、小林は芦原に「内藤を取締役から外すよう」に進言した。しかし、芦原は同意しなかった。それどころか、一九八六年暮れ頃から、小林を関電本体から追い出そうという動きが強まった。

芦原=内藤ラインは関西国際空港会社（のち関西国際空港土地保有）と西日本旅客鉄道会社（JR西日本）の会長のポストへ、小林を転出させるよう工作した。内藤は小林を追い出すために、東京でさかんに政治家に接触をくり返していた。

小林サイドによれば、芦原が関空会社に会長制を敷くように中曽根康弘首相に持ちかけ、会長に小林を就任させる段取りをつけたのも内藤だった。

それを知った小林は関電から体《てい》よく追い出されると思って怒り、住友金属工業の日向方齊名誉会長を訪ね、「守ってくれる」よう頼んだという。

芦原と犬猿の仲の日向に、小林は援軍を頼んだのだ。「敵の敵は味方」という憎しみの論理丸出しの対決となった。

日向は二つ返事で引き受け、中曽根首相に電話をして、「関西国際空港には会長はいらない」との

持論を滔々《とうとう》と述べたという。これで、関空会長に小林を送り込む人事は沙汰《さた》止《や》みとなった。

小林にとって、もう一つの難題が降ってわいてきた。一九八七年一月中旬のことだ。分割・民営化後の国鉄は、会長を民間から起用することになり、各地でその候補者選びが進んでいた。橋本龍太郎《はしもとりゅうたろう》運輸相が西日本旅客鉄道の会長に「小林さんが欲しい」と要請してきた。

裏で働きかけたのは、政界工作が得意な内藤だろうと判断した小林は、これを自分を追い落とすための謀略ととらえた。関電から放り出されるのではないかという強い不安を抱いた小林は、「社業に専念したいので（お断りします）」との大義名分《たいぎめいぶん》を掲げ、政府の要請をひっくり返した。

小林を関電から追放するために、内藤が関空やＪＲ西日本の会長のポストに押し込もうと画策《かくさく》していた、と小林側が言っていることについて問われた芦原は、こう答えた。

〈国鉄の問題も、ウチみたいな公益企業の場合、社会に奉仕ちゅうか、国家に奉仕ちゅうか、そういうことをやらんといかんわけです。もうひとつ、関西新空港の問題もあったんですわ。ＪＲがダメなら、こっちの会長はどうか、と。私も小林を呼んで、「何もかも断るもナンやし、空港は受けたンほうがええんやないか」と伝えた。本人は何も返事をせえへんかったけど、どうやら後から聞くと日向方齊さんに泣きついたらしい〉（注13）

小林は関経連会長の座を狙っていた。日向の後任の九代関経連会長には、宇野収・東洋紡績（のち東洋紡）会長（在任一九八七〜九四年）が就くことに決まっていた。その次の椅子を獲得《かくとく》するためには、関電会長を続投していることが絶対の条件になる。これが、小林が関空とＪＲ西日本の会長を引き受けなかった本当の理由だろう。

一九八七年二月一七日、ＪＲ西日本会長には住友銀行の副頭取やアサヒビールの会長をつとめた村《むら》井勉《いつとむ》が決まった。

「もはやこれまで。総務を押さえられたらおしまいだ」

ホッとしたのも束の間、その直後の二月二〇日、小林は、芦原から来期の人事を持ちかけられて、愕然《がくぜん》とした。小林の腹心で株主総会など総務を担当していた宮崎勇専務を外し、内藤の息がかかっているといわれていた常務を後任に据えたらどうか、という案だった。宮崎には阪神道路公団副理事長のポストが用意されていた。宮崎は拒否し、芦原宅へ押しかけて猛然《もうぜん》と抗議した。

〈「もはやこれまで。総務担当はカナメの人事だ。これをおさえられたらおしまい」。切るか、切られるか。この芦原氏の提案が、小林氏を決起に駆りたてた〉（注14）

小林派の専務の宮崎、取締役の秋山喜久《あきやまよしひさ》が、解任動議に賛成するよう他の役員を説得するために走り回った。

二月二六日、クーデターが決行された。取締役の大半の賛成で、小林は芦原と内藤の追放に成功した。高齢な芦原の黒子として人事を操《あやつ》っていた内藤に対する憎悪と恐怖心が、取締役たちをクーデターに同調させた。

芦原＝内藤の追い落としに成功したが、小林は悲願とした関経連会長には、とうとうなれなかった。

小林はメディアに「私はこれで、もう関西経済連合会の会長はないでしょう」と本音を吐露《とろ》している。織田信長の寝首を掻《か》いた明智光秀という烙印《らくいん》を捺《お》されたからだ。

クーデター事件の原因は、芦原義重があまりに長きにわたって関電を支配した結果、溜まりに溜まった澱《よど》みが暴発したのである。関電の常勤の女性社員を、はっきりとした雇用契約もないままに九年間にわたって芦原邸のお手伝いさんとして使っていた事実も、のちのち暴露されている。

人事抗争を起こす長期政権の病理

関電二・二六事件で小林の腹心として暗躍したのが秋山喜久である。クーデター成功の論功行賞《ろんこうこうしょう》で常務に昇進。専務、副社長と駆け上り、芦原の娘婿の森井の後任として一九九一年に社長の座を射止めた。因果《いんが》はめぐる小車《おぐるま》という言葉があるが、この後、小林と秋山は人事で対立することになる。

一九九九年、秋山の後継人事で、小林は自らの系譜を継ぐ副社長の石川博志《いしかわひろし》を社長に昇格させた。社長を八年つとめ、さらに実力会長として長期政権を狙《ねら》った秋山は、小林の影響力排除を画策して石川を在任わずか二年で退任させ、二〇〇一年に秘蔵っ子の藤洋作《ふじようさく》を社長に据えた。

秋山は関電の最高実力者として、小林がなれなかった第一二代関経連会長（在任一九九九～二〇〇七年）の椅子に座った。

秋山が関経連会長だった最中の二〇〇三年七月一二日、芦原義重は亡くなった。一〇二歳での大往生だった。芦原は八五歳まで、副社長以上が出席して毎月一回開かれる最高経営会議の座長をつとめていたというのだから、驚き入る。

株式会社は業績がすべてだ。業績が落ちればトップのクビが飛ぶ。ところが、電力料金の集金人と発電所の技術者で成り立つ電力会社は、トップを誰にするかを業績と無関係に決めている。誰にくっついて引き立ててもらえるかが決め手となる。役員は御殿女中のようなものだ。役員たちが三度のメシより好きな人事抗争に明け暮れるのはこのためだ。

長期政権の果ての人事抗争は、まさに関電の病理そのものだった。

第3章　住友銀行——儲けのためなら何でもやる剛腕会長の馘首《かくしゅ》

住友の天皇・磯田一郎の末路

一九九三年（平成五年）一二月三日、一三年にわたって住友銀行に君臨した磯田《いそだ》一郎《いちろう》・元会長が亡くなった。死因は肝硬変《かんこうへん》。享年《きょうねん》八〇。

「向こう傷を恐れるな」と行員を叱咤《しった》、〝住友の天皇〟と恐れられた磯田が最後の日を迎えたのは、大阪府下の精神病院だった。六階の特別室に入院していた磯田は老人性認知症に悩み、食事をしたことも忘れて介護人に叱《しか》られるという晩年だった。

そこには、輝かしいバンカーの面影はなかった。住友銀行の役員クラスが見舞いに来たことは、一度もなかったという。

磯田一郎ではなく「河村太郎」という別名で入院していた。元イトマン社長の河村良彦《かわむらよしひこ》は磯田のかつての腹心。「河村」という別名で入院したことに、なにやら怨念《おんねん》さえ感じられる。

磯田の死は「憤死」だの「狂死」だのとささやかれた。最愛の娘がイトマン＝住銀事件の道具に利用されたことを悩んでいたからである。

イトマン＝住銀事件は磯田の親ばかが原因

イトマン＝住銀事件とは、バブルの時代、大阪の中堅商社イトマン（伊藤萬）を通じて巨額の融資が、絵画取引やゴルフ場開発などの名目で引き出された不正経理事件である。イトマンは利益拡大に走る住友銀行の手先として動いており、イトマン＝住銀から流出した金額は三〇〇〇億円ともいわれ、そのほとんどが暴力団などの闇社会に流れた。

元住友銀行頭取の西川善文《にしかわよしふみ》は『ザ・ラストバンカー　西川善文回顧録』でイトマン＝住銀事件に言及した。住銀の最高首脳がイトマン＝住銀事件を口にしたのは初めてだった。

〈今まで私も含めて誰も住友銀行関係者は語ってこなかったことがある。この機会にあえて申し上げよう。イトマン事件は磯田さんが長女の園子さんをことのほか可愛がったために泥沼化したのだと私は思う。私は磯田園子（原文のママ）さんと直接話した機会はなかったのだが、磯田さんの溺《でき》愛《あい》ぶりを示す、こんなことを耳にしたことがあった。後に結婚することになるアパレル会社社長の黒川洋《くろかわひろし》氏と磯田園子さんがロサンゼルスに駆け落ちした。それを認めるわけにいかず困っていた磯田さんは、秘書を派遣して二人を連れ戻させたのだ。磯田さんの秘書は園子さんに振り回されて、本当に苦労したようだ。

そういう磯田さんに、父親として娘の事業を後押ししたい気持ちがなかったわけがない。磯田さ

んが溺愛していることを知って、イトマンの河村（良彦）社長も伊藤《いとう》（寿永光《すえみつ》）常務も彼女の面倒をよく見ていたようだ〉（注1）

〝磯田天皇〟の娘可愛さがすべての出発点だった――。

西川とは対極に位置するのがイトマン＝住銀事件の主役、伊藤寿永光と許永中《きょえいちゅう》であり、彼らと親しかった元特捜検事で弁護士だった田中森一《たなかもりかず》は自伝『反転――闇社会の守護神と呼ばれて』で、西川とまったく同じ見方をしている。

田中は事件にかかわった当初、住銀が五五〇〇億円を優に超える資金を、なぜイトマンに投じたのか、不思議でならなかった。まったく理解できなかったという。

〈伊藤や許、その関係者の話を聞いているうちに、なんとなく合点がいった。つまるところ、イトマン事件は、住銀の天皇、磯田の親ばかが、原因だったのではないか。娘可愛さの度がすぎた結果、起きてしまった事件ではないだろうか。裁判にかかわった関係者のあいだで、このような見方は少なくない。それほど磯田の娘に対する溺愛ぶりは有名だった。

磯田の長女、黒川園子は、西武セゾングループの「ピサ」という高級宝飾品販売会社で嘱託《しょくたく》社員として働いていた。そこで絵画をはじめとする美術品を扱っていた。そこへ出入りするようになったのが、伊藤寿永光である。東京の住銀会長宅に通いつめる伊藤を、磯田は自分の息子のように可愛がっていた。磯田邸に入り浸っていた伊藤は、磯田と住銀首脳との密談を隣室で聞いていたことまであったという。当然、娘の園子とも親しくなったのだろう。真偽《しんぎ》は定かではないが、伊藤と園子の男女の仲をささやく裁判関係者も少なくなかった〉（注2）

なお、商社イトマンは一九九一年一月一日に伊藤萬からイトマンに社名変更した。本書では便宜上、引用以外はイトマンと表記する。

「ロートレック・コレクションを買っていただけませんか」

「園子です。河村さん、先般は何かとご配慮をいただきましてありがとうございました。さっそくですが、じつはピサが買い付けを予定しているロートレック・コレクションの絵画類があるんです。イトマンさんで買っていただけませんでしょうか。あるいはどなたか適当な買い手を探していただけませんか……」

首都高速を走行中のイトマン社長、河村良彦の自動車電話に一本の電話がかかってきた。電話の主は磯田の娘、黒川園子。一九八九年（平成元年）一一月のことだった。

磯田には男女二人の子供がいた。長女が園子。磯田は「園子、園子」と目の中に入れても痛くないほど溺愛した。園子はバツイチだ。同志社女子大を卒業後、一九七〇年に住友金属工業の副社長から住友特殊金属社長に天下った岡田典重《おかだのりしげ》の長男と、住友金属に君臨していた日向方齊《ひゅうがほうさい》の仲人《なこうど》で結婚した。園子は一女をもうけながら、男と米国に〝駆け落ち〟するという奔放《ほんぽう》な面を持つ。一〇年後に、一人娘を引き取って離婚した。

正式に離婚したことから、駆け落ちの相手である、東レにいた黒川洋と再婚した。黒川も華麗なる一族で、叔父に渡辺文夫《わたなべふみお》・日本航空会長、黒川久《くろかわひさし》・元三菱油化会長らがいる。黒川洋は婦人服販売会社ジャパンスコープと革製品販売会社ファーラウトの社長である。園子は両社の取締役。二つの会社は園子夫妻の持ち物だった。

父親の寵愛《ちょうあい》を一身に受け、蝶よ花よと育てられた園子は、家庭におさまるタイプではなかった。一九八二年七月、セゾングループ系の高級美術品・宝飾品販売店ピサの美術品担当の嘱託契約社員として入社した。セゾングループ代表の堤清二《つつみせいじ》に磯田が頼んで入社させたといわれている。

ピサから園子が電話をかけてきた後、河村には園子の夫である黒川洋からも同じ趣旨の電話が入った。

ジャパンスコープの設立（一九八八年）と運営について、河村は何かとバックアップしてきた。払い込みに必要な金（＝資本金）以外、手続きはすべてイトマンがやった。イトマンから経理課長が派遣された。出向のかたちとなり、同課長の給与はイトマンが負担した。赤字のときには運転資金を融通もした。一九九〇年に設立されたファーラウトには、イトマンが二〇％（四〇〇〇万円）を出資した。

イトマン・河村の園子夫妻に対する支援は、もちろん背後に住銀の磯田天皇がいたからにほかならない。

「磯田の番頭」を自任していた河村は、磯田から頼まれて、公私にわたって園子の面倒をみてきた。園子からロートレック・コレクションの買い取りの依頼を受けた河村は、「ぜひご要望に沿えるよう、前向きに検討させていただきます」と答えて電話を切った。

黒川園子からの一本の電話が、闇社会の仕掛け人たちがイトマンを足場に住銀に駆け上がるきっかけをつくった。

イトマンに美術品七〇〇億を売りつけた許永中

園子夫妻から絵画の買い手を探してほしいと依頼された河村は、手記「イトマン問題と私――なぜ磯田一郎氏を恨《うら》むか」（『文藝春秋』一九九一年四月号）にこう書いた。

〈私にはまったくといっていいほど絵画の趣味はなく、審美眼もありません。社内にも絵に造詣《ぞうけい》の深い人間など見当たりませんでした。そこで、入社はまだしていませんでしたが、住友銀行関係者の紹介ですでに知り合っていた伊藤（寿永光）君に絵の話をしてみたのです。そうしますと、伊藤君がすぐに飛びついてきました。

彼は絵画について素人《しろうと》だと思っていたら、「私の知り合いには、絵画をちゃんと知っている人がおりますし、百貨店にも知っている人がおります。是非、私にやらせて下さい」と言ってやりだしたのです〉（注3）

河村は、百貨店の証明書をつける、住友倉庫に保管する、損害保険を掛けることを条件に、絵画を扱うことを決めた。専務の加藤吉邦が絵画担当に任命された。

河村から一任された伊藤は、定宿《じょうやど》にしていた帝国ホテルの一室で黒川園子とピサの美術事業部長に会い、どういう段取りでイトマンが買い取るか、具体的な交渉に入った。

米国のコレクターから東京の画廊が一二億円で手に入れ、ピサは一四億円で購入。イトマンへは一六億円で譲渡することになった。六〇億円から七〇億円での転売が可能で、五〇億円程度の差益をイトマンが得ることができる、といった筋書きが披露《ひろう》された。取らぬタヌキの皮算用である。

伊藤はピサとの交渉を終えた足で、同じ帝国ホテルに事務所を構える許永中に会い、イトマンが購入することになったロートレック・コレクションの転売話を持ち込んだ。

許は、この話にすぐに乗った。許が大阪で建設計画中の美術館が完成したあかつきには、イトマンが購入した原価に五二億円を上乗せし、六八億円で購入することでまとまった。

一九八九年一一月三〇日、イトマンはロートレック・コレクションを一六億七〇〇〇万円で購入する契約を結んだ。さらに、許永中の美術館用にピサから「アンドリュー・ワイエス・コレクション」一式など、四回にわたって追加の購入をした。ピサからの納入額は一二八億円に達した。

だが、結局、許永中はロートレック・コレクションを買わなかった。逆に、関西新聞、関西コミュニティ、富国産業の許永中グループ三社を通じ、イトマンに絵画を売りつけていたのだ。

イトマンはモジリアニの絵画を一六億円で購入したほか、ピカソ、ゴーギャンや日本人では加山又造《かやまたぞう》、平山郁夫《ひらやまいくお》、佐伯祐三《さえきゆうぞう》、青木繁《あおきしげる》、藤田嗣治《ふじたつぐはる》（レオナルド藤田）など巨匠の絵を購入している。許の関連会社三社から買い取った絵画、骨董品は、総額六七八億円になっていた。

許は西武百貨店塚新《つかしん》店（兵庫県尼崎《あまがさき》市）家庭外商三課長で美術担当だった福本玉樹を取り込み、鑑定書の偽造までさせていた。偽鑑定書を使い、絵画を担保にイトマンから、次々と融資を引き出していった。

これら一連の絵画事件の発端《ほったん》が、磯田天皇の娘、園子が勤めていたピサとの取引だったわけである。

「向こう傷は問わない」経営で変貌《へんぼう》

住銀の磯田一郎の時代は、安宅《あたか》産業の救済からはじまった。

一九七七年（昭和五二年）一二月、安宅産業は伊藤忠商事が救済合併することでいちおうの解決をみた。

これに先立ち、同年六月、堀田庄三《ほったしょうぞう》会長は取締役相談役へ、伊部恭之助《いべきょうのすけ》頭取は会長に退き、磯田一郎副頭取が頭取に昇格した。

磯田は頭取就任の記者会見で「一〇〇〇億円をドブに捨てた」との名言を吐《は》いた。「安宅の不良債権（一〇〇〇億円）はドブに捨てたが、三年後には収益ナンバー1の地位に返り咲いてみせる」と内外に宣言したのだ。

〝住銀の法皇〟と称された堀田の時代が終焉《しゅうえん》し、磯田の時代を迎えた。

磯田一郎は一九一三（大正二）年一月一二日、海軍軍人の父親の赴任先の京都・舞鶴《まいづる》で生まれた。父親の故郷が熊本だったので、本人は熊本県人と称した。旧制三高から京都帝国大学法学部に進み、一九三五年の卒業と同時に住友銀行に入行した。

三高から大学まで通算六年間はラグビー漬けだった。スリー・クォーターの名選手として鳴らし、オール関西、オールジャパンのメンバーにも選ばれた。住銀に入行後も休日にはラグビーをやり、行内行事には顔を出さなかった。そのため、同期に昇給、昇進で差をつけられたこともあった。普通の銀行マンとは初めから違っていた。

頭取になってからも、バンカーらしいバンカーには染まらなかった。有名な語録にしても、ラグビーから発想したものが多く、それは「向こう傷は問わない」という名文句に象徴されている。

銀行は減点主義を取る。だから、銀行マンは用心深くて慎重だ。石橋を叩《たた》いても渡らない。だが、磯田は前向きの仕事に対しては得点主義で臨《のぞ》み、「向こう傷は問わない。失敗を恐れるな」と叱咤激《げき》励《れい》した。

堀田〝法皇〟の時代は「逃げの住友」と酷評《こくひょう》された。取引先企業を冷徹にチェックし、危ないとみれば容赦《ようしゃ》なく融資を引き揚げた。徹底した合理主義に裏打ちされていた。

磯田が頭取に就くと「逃げない住友」に転換した。安宅産業（のち伊藤忠商事）、東洋工業（のちマツダ）、アサヒビール（のちアサヒグループホールディングス）、大昭和製紙（のち日本製紙）、イトマンへの役員派遣に見るように、「泥をかぶる住友」へと急速に変身していった。

汚れ仕事を請け負う磯田の裏カード

堀田と磯田の性格は水と油のように見えるが、「裏のカード」を使うという共通点があった。磯田は堀田からその手法を学んだものと思われる。自らが手を汚せないダーティーな役回りをになわせる「汚れ役」が裏カードの本分である。

堀田の裏カードは副頭取の安藤太郎《あんどうたろう》だった。〝東京探題〟と呼ばれた安藤は、政界工作を一手に引き受けて、あまりに権力が強大になりすぎた。頭取の堀田を脅《おびや》かす存在になったため、一九七四年五月、住友不動産の社長に転出させられた。

一方、磯田は裏カードを二枚持っていた。一枚が副頭取の西貞三郎《にしていさぶろう》であり、もう一枚がイトマン社長の河村良彦である。二人ともノンキャリア組の出世頭《がしら》だった。

西貞三郎は一九四六年（昭和二一年）、和歌山商業高校を卒業し入行。働きながら一九五三年に関西大学経営学部（夜間部）を卒業した。東大、京大卒が幅をきかすエリート集団のなかにあって、西が出世階段を昇りつめていくには、人にいえない苦労があっただろう。

拙著（津村正明名義）『住友銀行　イトマン　権力者の背任』で、西のこんな逸話《いつわ》を取り上げている。

〈「住友に西あり」と知れ渡ったのは大正製薬への喰いこみによる。新宿支店長時代の一九七二年のことだ。

大正製薬のオーナー、上原正吉《うえはらしょうきち》氏の妻、小枝夫人は住友銀行新宿支店の貸金庫を利用していた。その対応にあたったのが西支店長であった。彼は小枝夫人をとおして、三菱銀行だけとのつきあいだった大正製薬を住友の顧客にしていった。住友グループの総力を結集した地道な努力が実って、大正製薬のメインバンクは三菱銀行から住友銀行に替わった。三菱銀行の「住友ぎらい」は昔からだったが、大正製薬事件でさらに強まった。

住友銀行は大正製薬を取り込むのに政略結婚までやった。上原正吉氏の跡を継いだ次男、昭二氏の長女、正子さんと、堀田氏の次男、明《あきら》氏を結び付けた。上原明氏は大正製薬社長（のち大正製薬ホールディングス社長）である。この縁組に奔走《ほんそう》したのが西氏である〉（注４）

磯田と西の出会いは大阪・高麗橋《こうらいばし》支店だった。磯田は初の支店長で、西は同支店の行員だった。磯田が出世するのにつれて、西も出世階段を昇っていった。

もう一枚の裏カードである河村良彦は、一九四一年、旧制山口商業高校を卒業し住友銀行に入行した叩き上げである。その抜群の営業成績はのちのちまで語り草となったほど。猛烈《もうれつ》な働きぶりが上司の磯田の目にとまり、名古屋栄町支店長、東京渋谷、銀座の両支店長、取締役人形町支店長を歴任する。

一九七五年一月、副頭取の磯田に呼ばれ、船場《せんば》の老舗《しにせ》問屋・伊藤萬（のちのイトマン）の再建を命じられた。平取《ひらとり》から一ランク上の常務の肩書にしてもらった河村は、副社長としてイトマンに乗り込み、すぐに社長に就任した。

「立て直しが終わったら住銀に戻す」という約束だったが、頭取になった磯田は、河村をイトマンに残した。外部の「汚れ役」をどうしても確保しておきたかったからだ。

河村は磯田の〝裏仕事〟を請け負うことが多くなった。ためにイトマンについた仇名《あだな》が「住銀のタン壺《つぼ》」。これが、イトマン＝住銀事件を引き起こす、人的背景となった。

「河村君、平和相互をやるから株を押さえてくれ」

磯田一郎が悲願としたのが、住友銀行を関西の銀行から東京を拠点とする、名実ともにトップバンクにすることだった。磯田は、住銀が「大阪の銀行」といわれるのが我慢《がまん》ならなかった。

すでに会長になっていた磯田が目をつけたのが、首都圏に一〇〇近い店舗を構える平和相互銀行である。磯田の密命を帯びて、河村は平和相銀獲《と》りに動く。

平和相銀の創立者は小宮山英蔵《こみやまえいぞう》。鉄屑《てつくず》屋で財を成した小宮山は日掛け金融会社を買収し、政財界に働きかけ相互銀行に転換した。

高利貸しが銀行に転換できたのは、戦後の混乱期ならではのことだった。政治家や総会屋、右翼、暴力団が群がり、「闇の貯金箱」と揶揄《やゆ》された。一九七九年六月、英蔵が亡くなると、負の遺産が一気に噴出した。

グループの後継の座をめぐって、英蔵の長男で常務の英一《えいいち》と、英蔵の娘婿《むすめむこ》で専務の池田勉《いけだつとむ》のあいだで内紛《ないふん》が起きた。この内紛は小宮山英一が元東京地検特捜部検事の伊坂重昭《いさかしげあき》・監査役を後ろ盾《だて》にして、池田の失脚に成功したことによって、ひとまず決着した。

その後、一九八五年三月、伊坂によって英一が常務を解任されたことで、四人組と呼ばれた伊坂などの経営陣と、英一ら小宮山家の対立が抜き差しならないものになった。

英蔵の未亡人は、伊坂が想像もしなかったような手段で反撃に出た。小宮山家が保有していた平和相銀株を売却したのである。

買ったのは旧川崎財閥《ざいばつ》系の資産管理会社、川崎定徳《かわさきていとく》社長の佐藤茂《さとうしげる》。小宮山家は管理していた平和相銀の発行済み株式の三四・〇一％を八〇億円で売却した。英一解任の日からわずか九日後の三月二九日のことだった。

佐藤茂の買収資金は、イトマンが一九八二年に設立したノンバンク・イトマンファイナンスが用立てた。佐藤は河村が住銀の銀座支店長の時代から、個人的に付き合いがあった。

「河村君、平和相互の件はやるから株を押さえてくれ」（河村手記）と磯田から直接、指示があったという。

金屏風事件の水面下で進む平相買収計画

平和相銀株式を買い戻そうと考えていた伊坂のもとに、八重洲画廊社長の真部《まなべ》俊生《としき》から、「『金蒔絵《まきえ》時代行列』という金屏風《びょうぶ》を四〇億円で購入すれば株式買い戻しが可能になる」といった趣旨の話が持ち込まれた。京都市の工芸店・象彦が大正時代に旧財閥の三井家の注文で制作した屏風だった。

伊坂は自らが経営していたコンサルタント会社に購入資金四一億円を融資し、屏風を買ったにもかかわらず、株式の買い戻しは実現せず、平相はやがて住銀に吸収される運命をたどる。世にいう「金屏風事件」である。

国会では、社会党議員の久保亘《くぼわたる》が「屏風購入代金の一部が竹下登《たけしたのぼる》蔵相（当時）の秘書、青木伊平《あおきいへい》に流れた疑いがある」と追及した。それから四年後の一九八九年四月二五日、首相となった竹下登はリクルートからの資金提供が発覚し、退陣を表明した。その翌日、「金庫番」だった青木伊平は自殺した。竹下の政権誕生を演出しながら、最後はすべての責めを一身に背負い、自ら命を絶ったといわれている。

水面下では、住銀による合併工作が、着々と進められた。佐藤が買い取った平和相銀株式は住銀に渡った。

一九八六年一〇月一日、住銀は平和相銀を吸収合併した。

河村は磯田の「平相買収計画」を外部に気取《けど》られずに進めるための裏カードの役割を、完璧《かんぺき》に果たした。

会長派vs.頭取派の抗争

イトマン＝住銀事件の出発点は、住友銀行による平和相互銀行の合併にあったといえるだろう。合併によって住銀は、平和相銀が抱える不良債権をすべて抱え込んでしまった。

平和相銀が背負っていた不良債権はじつに六〇〇〇億円。このうち二〇〇〇億円を合併前に償却し、このうち半分の一〇〇〇億円は住銀が負担した。

住銀は関東への本格進出という悲願を果たした。だが、代償は大きかった。四〇〇〇億円を償却しなければならなくなったために、五年半にわたる収益トップの座を他行に譲り渡さなければならなかった。

合併後初めての一九八七年三月期の決算で、住銀は経常利益で第四位、営業利益で第五位に転落してしまった。磯田一郎がとても焦《あせ》った時期とされている。

そこで、磯田は強権を発動する。同年八月二一日、頭取を小松康《こまつこう》から巽外夫《たつみそとお》に交代させた。

小松は平和相銀との合併には消極的で、合併を推し進めたのは磯田だった。住銀が収益トップの座から滑り落ちた元凶《げんきょう》は平和相銀の合併だということは、周知の事実である。行内で磯田会長派と小松頭取派が激しく火花を散らした。

小松頭取を中心とする勢力は、青木《あおき》久夫《ひさお》副頭取と玉井《たまい》英二《えいじ》専務。小松会長、青木頭取とする人事構想だったとされる。経営会議を前に、両派がホテルに陣取って多数派工作に奔走《ほんそう》した。

磯田を棚上げにする人事案は、磯田の懐《ふところがたな》刀で専務の西貞三郎が察知するところとなり、小松は返り討ちにあった。磯田は合併に反対した小松に収益悪化の責任をかぶせ、退任に追い込んだのである。

小松解任劇でも磯田は二枚の裏カードを上手に使った。小松頭取派を壊滅させた西は、論功行賞《ろんこうこうしょう》で副頭取に昇格した。河村は小松の追い落としを狙った情報をマスコミに流す、磯田の裏広報をになった。

磯田、西、河村ラインのほうが、喧嘩《けんか》では一枚も二枚も上手《うわて》だった。

小松を解任したことで、磯田は〝住銀のドン〟と呼ばれるようになり、絶対君主として君臨する。

「向こう傷は問わない」という名文句に象徴される磯田神話がつくられるのは、小松解任以降だ。

住銀は収益トップの座の奪回を目指してひた走る。やがて、バブル景気に突入していき、一九八九年三月期決算で、住銀は収益トップの座に返り咲いた。

イトマン＝住銀事件のプロローグ

〈イトマン事件は、イトマンが雅叙園観光という会社（有名な東京の目黒雅叙園とは別会社）の第三者割当増資を引き受けて資本参加し、雅叙園観光の筆頭株主の協和綜合開発研究所と提携して不動産事業に進出したことに始まる。一九九〇年一月二三日のことだ〉（注5）

住友銀行元頭取の西川善文は前出の『西川善文回顧録』で、イトマン事件についてこう綴《つづ》った。

〈協和綜合開発研究所の社長は伊藤寿永光氏で、メインバンクは住友銀行だった。後に新聞や週刊誌などでさまざまに報じられたが、もともと闇社会との関係が取り沙汰《ざた》されていた伊藤氏は、雅叙園観光株の買い占めで名を挙げた仕手《して》集団コスモポリタン会長の池田保次氏が一九八八年八月に謎の失踪《しっそう》を遂げる前に乱発した手形を回収したといわれている。

その手腕に惚《ほ》れ込んだらしい河村良彦社長が、伊藤氏を企画監理本部長としてイトマンに入社させ、不慣れで業績が不安定だった不動産部門を統括させたのが九〇年二月のことだ、それを境にして伊藤氏はそれまで自ら手がけていた地上げ（都市部の強引な用地買収）などさまざまな問題案件をイトマンに持ち込んで処理しようとした、と報じるマスコミもあった〉（同注5）

闇紳士・伊藤寿永光のバックに山口組宅見組長？

イトマン＝住銀事件には前史がある。西川元頭取が指摘した雅叙園観光事件である。雅叙園観光は、東京・JR山手線目黒駅から歩いて約一〇分、閑静《かんせい》な杉木立に囲まれた一等地に建つ老舗ホテルである。このホテルがスキャンダルの舞台となった。

爆弾発言が飛び出したのは、一九九三年一月一九日、大阪地裁で開かれたイトマン前社長・河村良彦らの公判だった。大阪府民信用組合前理事長の南野洋《みなみのひろし》の証言である。

〈八九年一月中旬に南野は協和綜合開発研究所社長の伊藤寿永光の誘いで、大阪・北区にあるホテルの割烹《かっぽう》店に出向いた。伊藤のほか、山口組の宅見組組長・宅見勝《たくみまさる》とその秘書、許永中が揃っていた。宅見組長は席上、「今後、この伊藤が雅叙園観光を経営していくので、三人仲良くよろしく頼む」と話した〉（注6）

この会合には前段階がある。東京・目黒の雅叙園観光ホテルは、内紛に乗じて元暴力団組長の池田保次に乗っ取られた。池田は融通手形を乱発。決済ができなくなり失踪した。

その収拾に当たったのが、不渡り手形をつかまされた許永中だった。許は身長一七八センチ、体重九八キロの巨漢。頭は禿《は》げ上がりタコ入道のようである。数々の経済事件に介入し、「地下経済の帝王」と呼ばれた。

雅叙園観光の収拾策について合意した債権者の許永中と南野洋は、一九八九年一月初旬、南野が経営する大阪・吹田《すいた》市の料亭「千里石亭」に伊藤寿永光を招き三者会談を持った。イトマン事件の主役となる伊藤と許は、この席で初めて顔を合わせたという。

雅叙園観光の債権者として経営権をにぎっていた許は、伊藤へ経営権を譲渡し、伊藤がコスモポリタンの池田保次が乱発した雅叙園観光の手形の処理を実行することになった。いわゆる「被害者同盟」を結成した許、伊藤、南野の三者は、一蓮托生《いちれんたくしょう》の運命共同体の関係で結ばれたのである。

千里石亭での会食の返礼に伊藤が南野を割烹店に誘った席に、日本最大の暴力団、五代目山口組若頭《わかがしら》で宅見組組長の宅見勝がいたというのだ。イトマン事件の公判で、明らかになった衝撃《しょうげき》の事実である。伊藤の後ろ盾は宅見組組長だったということなのか。

だが、当初二六〇億円程度とみられた雅叙園観光の簿外債務は、七八〇億円に膨《ふく》らんだ。伊藤は窮《きゅう》地《ち》におちいり、伊藤、許、南野は破綻の瀬戸際《せとぎわ》に立たされた。絶体絶命のピンチである。

そこに救世主として現れたのが、イトマン社長の河村良彦である。

住銀関係者の紹介で伊藤と会った河村によって、一九八九年一一月、伊藤がノンバンクから借り入れていた借金を、イトマンがすべて肩代わりすることになった。

年が明けた九〇年二月、雅叙園観光が実施した第三者割当増資をイトマングループが引き受け、筆頭株主になった。その年の五月の株主総会でイトマン社長の河村良彦が代表取締役に就任。雅叙園観光の経営権は、伊藤からイトマンの河村にバトンタッチされた。

伊藤は池田が乱発した手形の尻拭《しりぬぐ》いを、イトマンに見事に押しつけたのである。伊藤・許・南野の「被害者同盟」は雅叙園観光の簿外債務をイトマンに肩代わりさせることに成功し、雅叙園観光の泥沼から逃げ切った。

イトマン常務に抜擢《ばってき》された地上げ屋

一九九〇年二月、伊藤は理事・企画監理本部長としてイトマンに入社する。つづいて、六月末の株主総会後の取締役会で筆頭常務に抜擢《ばってき》される。入社して半年もたたないのに、異例中の異例ともいえる昇進ぶりだった。

河村は手記で、入社の経緯を次のように記す。

〈伊藤君を伊藤萬に入社させたのは、不動産開発事業を手掛けてもらうのと、東京・南青山で計画を進めていた輸入品販売店や高級賃貸マンションも入る東京本社ビルの建設用地取得交渉が難航しており、この地上げをまとめてもらうことでした〉（注7）

権利が錯綜《さくそう》していて、コワモテの地権者が多数いた銀座の銀一ビルの地上げを成功させた伊藤を、暗礁《あんしょう》に乗り上げた東京本社ビル用地の地上げの先兵として招いたのである。伊藤は宅見組とのコネを使うことで地上げを次々とおこない、その他の暴力団とのトラブルも収束させた。

イトマン＝住銀は、これ以降、ゴルフ場開発を中心とした「伊藤プロジェクト」に巨額の資金をつぎ込むことになる。単なる地上げ屋にすぎなかった伊藤が、イトマンの不動産部門をになう筆頭常務に就任する背景が、着々と整えられていったのである。

そこに相乗りしたのが許永中である。許はイトマンへ鹿児島県内のゴルフ場開発や絵画取引を持ちかけた。バブル最盛期の一九八九年から九〇年にかけて、雅叙園観光の経営肩代わり、ピサとの取引、許との絵画取引、伊藤プロジェクトへの不動産投資が、並行して進んでいったのである。

〝老人キラー〟伊藤に籠絡《ろうらく》された磯田

伊藤が住銀の磯田（当時は会長になっていた）に会ったのは、イトマンの常務になる少し前の一九〇年四月二四日。大阪ミナミのホテル日航大阪の一室で、河村が両者を引き合わせた。これを契機に、伊藤は磯田にぴったりと密着する。

『週刊ポスト』（一九九八年八月二一日・二八日特別号、九月四日号）に二回にわたって掲載された伊藤のインタビュー記事に、こうある。

〈私がイトマンを退社する（九一年）十一月八日までの間に、六十七回も広尾（東京都渋谷区）の磯田邸を訪問しています〉

わずか一年半のあいだに、これほどの回数、磯田邸を訪問していたわけだ。住銀の主だった役員だって、こんなに頻繁《ひんぱん》に磯田の家を訪問することはなかっただろう。

河村は手記のなかで、〈磯田さんと親密度を増した伊藤君は、夜中の一時、二時に磯田邸から私のところに報告の電話をかけるまでになっていた〉と書く。

毎晩のように磯田の私邸に通い、老獪《ろうかい》なバンカー・磯田を籠絡《ろうらく》してしまったのだから、伊藤の人たらしぶりは尋常ではない。

伊藤の顧問弁護士だった田中森一は前出の自伝で、〈伊藤寿永光も一種の怪物ではある。よかれあしかれ、伊藤は人に取り入る術に抜きん出ていた〉と描写している。〝老人キラー〟と呼ばれる伊藤は、瞬時に、人のフトコロに喰い込む能力に長《た》けていたのである。

伊藤は磯田に取り入るために、甘い汁も用意していた。

磯田の娘の黒川園子の頼みでロートレック・コレクションを購入したイトマンは、園子の夫である黒川洋が経営するジャパンスコープに、絵画ビジネスの仲介手数料の名目で五〇〇〇万円を支払った。この仲介をしたのがイトマンの常務に就任していた伊藤だった。

「このままでは住銀はヤミ勢力に喰われる」

一九九〇年五月二四日、日本経済新聞がイトマンの不動産投資による借入金が増大しており、今後の課題であるとして「土地・債務圧縮急ぐ」との見出しのスクープ記事を掲載した。

これが、イトマンの経営危機の問題を世間が知ることになる最初のニュースである。

磯田は「リークしたのは巽外夫頭取、松下正義専務らの仕業《しわざ》ではないか」と疑った。伊藤が宿泊していた帝国ホテルの部屋を、磯田が自ら訪ねた。

〈イトマンはマスコミ対策がなっとらん。君がマスコミ対策をしてくれんか。役員に就任してイトマン内部からいろいろ調べてほしいんや。僕自身もマスコミから追っかけられてかなわんし〉（注8）

こうした経緯があって、伊藤は六月二八日、イトマンの常務になったのである。

住銀の頭取の巽は伊藤のイトマン常務就任に猛反対した。これに激怒した磯田は、巽に退任を求めた。

そのあたりのことを、『イトマン事件の深層』は、こう書いている。

〈住銀の二人のトップ、会長磯田一郎と「伊藤寿永光を一刻も早くイトマンから切れ」と主張する頭取の巽外夫の間に決定的な亀裂《きれつ》が入るのは、伊藤が磯田に急接近したあとのことだ。伊藤にぞっこんまいった磯田は九〇年五月、巽に退任を求める。

この時のことを振り返って住銀首脳は「山口組が住銀を乗っ取ろうとした。これが事件の本質だ」という表現で話している。山口組とはこの場合、伊藤のことを指す。別の幹部は「巽さんがあの時、会長の要求通り辞めていれば、イトマンと住銀の被った損失は二兆円になっていただろう」と振り返る〉(注9)

磯田は頭取のクビを切ってでも、伊藤の不動産プロジェクトへの融資や許との絵画取引をつづけようとしていたわけだ。住銀の首脳の発言は、この傍証になる。

住銀の行内では幹部たちが「このままではヤミの勢力に喰われる」と恐怖心をつのらせていた。イトマン常務の座についた伊藤の部屋には、山口組の金庫番である宅見組組長宅見勝の秘書が白昼堂々、出入りするようになっていたからだ。

「伊藤は宅見組の企業舎弟《しゃてい》で、イトマンは宅見組に乗っ取られた」と、関西財界では、こんなひそひそ話が交わされていた。

緊急部長会での血判状

一九九〇年九月一六日付日経新聞が「イトマン関連四社の不動産融資が一兆二〇〇〇億円に達している」と報じ、不動産融資の実態をくわしくリポートした。

これをきっかけに金融機関はイトマン向け融資に急ブレーキをかけた。イトマンに貸し込んでいた住銀は窮地に追い込まれた。

西川善文は前出の回顧録で、「（私が）磯田一郎にとどめを刺した」と書いた。

〈磯田の個人的な問題のせいで住銀全体が危うくなることなど絶対に許せない、と思った。巽頭取に「磯田さんを早く辞めさせてください」と怒鳴ったこともあった〉

反磯田の急先鋒《きゅうせんぽう》は副頭取の玉井英二である。玉井は西川善文の入行当時からの師であり、西川を信頼して働かせてくれた人物だ。

玉井が西川の背中を押した。

〈磯田会長は何だ。こんなはっきりしない宙ぶらりんな状態では行内は収まらない。常務以上の役員はどうにもならん。だれも磯田さんのクビに鈴を付ける気になっていない。俺は磯田さんに睨《にら》まれているから俺がやったら大騒ぎになる。西川君が部長を全員集めなさい。君がやりなさい〉（注10）

一九九〇年一〇月一三日、土曜日。常務企画部長だった西川善文は、緊急の本店部長会を招集した。西川が前面に出ると企《たくら》みがばれる可能性があったので、企画部次長に電話をさせた。用件も何も言わずに、緊急部長会の招集を通知した。

結婚式などでどうしても都合がつかなかった二、三人をのぞく部長全員が、東京・信濃町にある住友銀行会館に顔をそろえた。みなの前で、西川はこう切り出した。

〈「現在のイトマン問題と磯田さんのことをあなた方はどうお考えですか。お一人お一人意見を聞かせてください」

朝の一〇時から午後の二時頃までかかっただろうか。全員からたっぷり意見を聞いた。実に多様な意見があった。

共通して出たのは、磯田会長は口先だけでなく早期に辞めるべきだ、それを巽頭取から磯田会長に言ってもらわねばならない、ということだった。私が最初からそういう提案をしても皆は納得してくれただろう。しかし、それでは（個々の部長に）不満があっても、それが表に出ずに決まってしまう。

そういう心配があったので、全員の意見を集約する形で磯田会長退任要望書をまとめた。印鑑をもっている人は印鑑で、もっていない人は朱肉に指をつけて全員が押印した。昔でいうなら血判状である。

その中には磯田さんの秘書を務めた人物もいたし、それぞれ万感の思いが去来したに違いない。しかし、全員異論はなかった。欠席した人には電話で伝えた。銀行のために今ならなすべきことは何か、皆一致した〉（注11）

このとき、頭取の巽は大阪にいた。部長が大阪に飛び、巽に要望書を手渡した。受け取った巽は「部長会の総意なら、自分が磯田に退いてもらうよう進言するしかない」と腹をくくった。

「会長、職を退いてもらわなければなりません」

九月下旬、住友銀行東京本店で午前一〇時から緊急取締役会が開かれていた。議題は一兆円の不良債権を抱えるイトマン問題だった。

一〇月七日、磯田は会長を退任する意向を表明した。表向きは元青葉台支店長の山下彰則が、仕手集団の光進、小《こ》谷《たに》光浩《みつひろ》に対する出資法違反容疑で逮捕されたことの責任を取るというものだった。もし、この事件が理由なら、辞めなければならないのは磯田ではなく頭取の巽だったはずだ。イトマン事件による引責辞任を隠すために、別の理由を持ちだしたのである。

青葉台事件を持ち出され、巽は弱気になった。一方、会見はしたものの磯田は辞める気配を見せず、やる気満々だった。事態を打開するため、前述のとおり一〇月一三日、西川は部長会を招集、磯田の退任を求める要望書をまとめた。

退任要望書を出した三日後の一〇月一六日、住友銀行東京本店で、専務以上が出席する経営会議が開かれた。森功《もりいさお》の『許永中　日本の闇を背負い続けた男』は会議の様子をこう記《しる》した。

〈冒頭、頭取の巽が自ら緊急動議を発した。

「磯田会長、この際、職を退いてもらわなければならないと考えています」

落ち着いた口調で巽が切り出した。不穏な行内の状況を察知していたとはいえ、あまりにも唐突な解任動議だ。磯田は内心の動揺を押し隠し、静かに言葉を返した。

「なるほど、君がそういう以上、ほかの役員の了解も得ているんだろうな」

「はい、そういうことになります」

他の重役たちは誰も口を挟まない。重苦しい沈黙が続く。ようやく磯田が口を開いた。

「住友銀行の会長が役員会で解任されたということが世間に知れたら、大変な騒ぎになるよ。それでもいいのか」

「覚悟のうえです。決断してください」

やはり、ほかの重役は押し黙ったまま。まさしく一対一の息詰まるような攻防である。またしても沈黙が続いた。そして磯田が意を決したかのようにいった。

「わかった。ただ、いくらなんでも解任ではまずかろう。君たちのいいようにやりなさい。僕はこの場から出て行くから」

こう捨て台詞《ぜりふ》を吐いて会議室をあとにした〉（注12）

磯田が退席した経営会議で、磯田が取締役相談役に退くことが決められた。同時に、腹心の西貞三郎副頭取も辞任することが決まった。

一三年にわたり頭取、会長として住銀に君臨した磯田天皇に対するクーデターが成功した瞬間だ。

戦後最大の経済犯罪の闇

イトマン＝住銀事件が火を噴くのは一九九一年に入ってからだ。

一月二五日、イトマン社長の河村良彦は、取締役会の緊急動議で解任された。磯田一郎は二月五日、住銀の取締役を辞任した。大阪地検特捜部は七月二三日、特別背任の疑いで、伊藤・許・河村を含む六人を逮捕、その後起訴《きそ》した。

イトマンは一九九三年四月、住友金属工業（のち新日鐵住金）の子会社の住金物産（のち日鉄住金物産）に吸収合併され、一一〇年の歴史に幕を下ろした。

裁判は一四年の長期におよんだ。ゴルフ場開発や絵画取引などで三〇〇〇億円の資金が闇に消えた「戦後最大の経済犯罪」といわれたイトマン＝住銀事件の裁判は、二〇〇五年一〇月七日、最高裁が被告全員に上告を棄却《ききゃく》する決定を下して終わった。

伊藤寿永光は懲役《ちょうえき》一〇年、許永中は同七年六ヵ月、河村良彦は同七年である。これでイトマン＝住銀事件の裁判は終結した。

しかし、被害総額はいくらで、資金がどこに流れたかは、まったく解明されなかった。

それにしても、百戦錬磨《れんま》の経営者であった磯田が、伊藤が言ってくることをすべて信じ込むようになったのはなぜか。イトマン＝住銀事件の裁判は終結したが、ことの真相は明らかになっていない。磯田は真相を墓の中に持っていってしまった。

はっきりしているのは、娘への溺愛が、日本のトップバンカーを狂わせたということだ。親ばかが、戦後最大の経済事件の引き金となった。

第４章　フジサンケイグループ——同族支配のグループ総帥を永久追放

鹿内家の経営支配の終焉

フジサンケイグループの鹿内《しかない》家による同族支配は、クーデターでピリオドが打たれた。鹿内宏明《ひろあき》は四日間で六つのポストを失った。

口火を切ったのは産業経済新聞社での会長職の解任。ニッポン放送、フジテレビジョン、サンケイビルの会長職とグループ総帥《そうすい》のポジションにあたるフジサンケイグループ会議議長の辞任とつづいた。グループの最高意思決定機関であるフジサンケイコーポレーション（グループ本社）の会長兼社長も辞任した。

長らくつづいてきた鹿内家の経営支配は、これで終焉《しゅうえん》した。後ろ盾《だて》となっていた財界からも見放されて孤立無援となり、専制君主になろうとした鹿内家のムコ殿の野望は潰《つい》えた。

わずか七分の会長解任劇

一九九二年七月二一日午後一時、東京・大手町の産業経済新聞社（以下、産経新聞社）本社九階役員会議室で定例取締役会がはじまった。会長の鹿内宏明、社長の羽佐間《はざま》重彰《しげあき》以下取締役二〇人が、全員出席した。

この日の議題は株式の譲渡などの承認事案が四～五件。これは難なく承認され、次に移ろうとした瞬間だった。『週刊文春』（一九九二年八月六日号）は、こう報じた。

〈役員会の議長を務めた宏明氏が「それでは次の議題を」と言った時、

「議長！」と大阪代表の澤昭義《さわあきよし》専務が声をかけた。

「どうぞ」（宏明氏）

「緊急動議があります。鹿内宏明代表取締役会長は、産経新聞社の会長には不適格と思われますので、解任決議を提案します」

「そんなの議題にない。あらかじめ議題にないものはダメだ。商法に規定してある」

と反論する宏明氏に

「商法二百六十条で認められています」（澤氏）

「後日の定例役員会で、その話をしよう」

と粘《ねば》る宏明氏の声に被せるように、

「すでに直接利害人なので、この場の役員会の議長は羽佐間さんに」

とサンケイスポーツ代表の近藤俊一郎《こんどうしゅんいちろう》専務が提案。

羽佐間氏が
「ただ今より私が議長をつとめさせていただきます」とした後、「早速、採決に入ります。秘書室長、出席取締役の数を」と言うと、

「全員出ているよ」という野次《やじ》まで（飛んだ）。宏明氏は薄笑いを浮かべながら、

「こんな強引な発言は認められない」

と抵抗したが、羽佐間氏は、

「これは商法で決められたことですので違法ではございません」

とキッパリ宣言。

「鹿内宏明氏の代表取締役会長の解任に賛成の方はご起立を」（羽佐間氏）

の声に、十六名は同時に立ち上がった。この時に、オブザーバーに過ぎない監査役のうちの一人が思わず立ち上がったが、「監査役に議決権はない」と注意され、引き下がる珍事まであった。

「では、反対の方のご起立をお願いします」

の声に応えたのは、わずか三人だった。（筆者注：小島宣夫《こじまのぶお》副社長、嘉幡和夫《かばたかずお》専務、石川真《いしかわまこと》常務）。

三人が着席すると、

「採決されました。散会します」

とあっけなく終わった。その間約七分。

解任決議がなされると、役員は別室で議事録にサインするが、宏明氏は閉会後もしばらく立つことができずに、じっとしていたという〉（注１）

「会長として不適格な行動をした覚えはありません」

それから四時間後の午後五時。社長の羽佐間は専務の澤と笹井武久《ささいたけひさ》をともなって産経新聞本社六階で記者会見に臨《のぞ》んだ。

解任した理由に関して、「会社の将来を託すに足る人物ではない」と明言した。

解任を考えはじめたのは「三年前といえば三年前、四年前といえば四年前」と答えた。

四年前とは一九八八年、宏明がフジサンケイグループ会議の議長代行になった年である。三年前は議長に就任した年だ。宏明がグループ入りした当初から、羽佐間ら〝クーデター派〟は「排除したい」と考えていたことになる。

一夜明けた七月二二日、午後五時一〇分。宏明はフジテレビの第五スタジオで記者会見を開き、声明文を読み上げた。

「私は、産経新聞社会長として不適格な行動をした覚えはありません。しかし、グループ内のこれ以上の混乱を避けることこそ一番の責務と考え、フジサンケイグループの最高責任者である議長、フジテレビ、ニッポン放送の代表取締役会長を辞任します」

声明文を読むだけ。質問には一切答えなかった。満面の笑みを浮かべていたが、その表情とは裏腹に、無念極まりない敗北宣言だった。

反鹿内派のクーデターはシナリオどおり完勝だったが、これは宏明と経営陣のあいだで繰り広げられる死闘の序章にすぎなかった。

フジサンケイグループの支配者・鹿内信隆

クーデターは、なぜ起こったのか。創業家でない鹿内家が、なぜ、グループを支配することができたのか。これを読み解くキーワードは株式である。

フジサンケイグループのアキレス腱は、経営規模の小さなニッポン放送が、規模の大きなフジテレビを支配するという、いびつな構造にあった。この仕組みをつくった鹿内信隆《のぶたか》がフジサンケイグループを支配した。

資本関係の〝ねじれ〟が生じたのは、開局のときまでさかのぼる。

ニッポン放送のルーツは一九五四年（昭和二九年）に、財界が左翼勢力に対抗するためにつくったラジオ放送局である。日本経営者団体連盟（日経連）総理事の櫻田武《さくらだたけし》（日清紡績社長）や今里廣記《いまざとひろき》（日本精工社長）ら財界主流派が発起人になって設立された、日経連直営の保守メディアである。

資本金は三億円。当時の花形産業である造船、鉱業、繊維など日経連加盟企業二〇五社が出資した。会長は日本貿易会会長の稲垣平太郎《いながきへいたろう》、社長は経済団体連合会（経団連）副会長（のち会長）の植村甲午郎《うえむらこうごろう》、専務は日経連専務理事の鹿内信隆、取締役に櫻田武が就任した。

実質的に経営を委ねられたのが信隆だ。信隆はニッポン放送を乗っ取るための布石《ふせき》を次々と打った。中川一徳《なかがわかずのり》著『メディアの支配者』に創立メンバーの藤井正意の回想が記録されている。

〈株主政策はすべて鹿内さんが一人で決め、われわれ準備スタッフにはまったく知らされず発言権もなかった。鹿内さんは自分で全権を握るために、大口の株主を作らず、分散して（株を）小口で持たせたと思う。僕は営業だったが、いい放送局を作ろうという思いばかりで、資本主義のありよ

うというのをほとんど見ていなかった。鹿内さんが来てはじめて、資本主義の凄さを知らされたような感じだった〉（注2）

ニッポン放送を株買い占めで乗っ取り

株式を支配する者が会社を支配する。資本主義の鉄則である。百戦錬磨《れんま》の信隆は抜かりがなかった。小口に分散して株を持たせたのは、絶対的な大株主ができて経営に介入するのを防ぐのと同時に、ニッポン放送の株式を売りやすくするためだった。

ニッポン放送の発足時、信隆の持ち株は四〇〇〇株で、全体の〇・四％にすぎなかった。では、信隆はどのようにして持ち株を増やしたのか。

信隆がニッポン放送社長に就いたのは一九六一年である。前掲書によると、ニッポン放送の元管理局長が、信隆の社長就任の経緯を記《しる》した報告書に、こう書かれていたという。

〈昭和四十三年（一九六八年）頃だったと思いますが、鹿内信隆社長から、「（ニッポン放送株は）今後は、自分が全て買い取るから、退職する社員、あるいは（株を手放す意向を持っている）企業に対し、積極的に交渉をするよう」命じられました〉（注3）

増資の際にボーナス代わりに社員に一〇〇株、三〇〇株といった具合に、少数株式が配られていた。退職した社員が手放した株式は、すべて信隆の持ち株になった。概算すると六、七万株に上った。こうした社員の持ち株以上に大きかったのが、企業名義の株式だった。

〈設立時に二百五十社あった企業株主は宏明解任時には百五十八社と、五十社ほど減っている。（中略）この五十社近い企業の持株も、ほとんどが鹿内家へとわたった。（中略）六五年、いわゆる「昭和四十年不況」の年には一度に二万五千株を手に入れている。主に繊維産業の持株だった。

炭鉱などの閉山が相次いだ六九年には、一気に三万一千株を増やし、鹿内家の持株は八％を超えた〉（注4）

ニッポン放送の発足時には、信隆は微々たる株式しか持っていなかったが、企業が手放した株を買い集めることによって筆頭株主となった。信隆は、事実上、ニッポン放送を乗っ取ったのである。クーデター勃発《ぼっぱつ》時点での鹿内宏明の持ち株比率は一三・一％にまで高まっていた。

財界がつくった反共・反左翼の保守メディア

鹿内信隆は一九一一年（明治四四年）一一月一七日、北海道の生まれ。早稲田大学政経学部卒。戦時中に応召、陸軍経理部主計少尉になる。軍用の製紙会社、国策パルプ工業を設立するとき、信隆は軍側の担当事務官として、日清紡績（のち日清紡）の営業部長の櫻田武や大日本再生製紙社長となる水野《みずの》成夫《しげお》と知り合う。これが、信隆の財界人脈の原点となった。

日清紡績の社長となった櫻田は一九四八年四月、労務問題をおもに扱う日本経営者団体連盟を旗揚げして総理事に就任。信隆を専務理事に迎えた。

櫻田＝鹿内の労務担当コンビは「闘う日経連」を標榜《ひょうぼう》し、日本共産党に指導されたラジカルな労働組合と激突した（労働争議）。後年、信隆は「私のいちばん記録に残すべき時代は日経連時代です」

と語っている。

当時、首相の吉田茂《よしだしげる》の同級生だった日本工業倶楽部《クラブ》理事長の宮島清次郎《みやじませいじろう》の門下生たちが、財界の主流派を形成していた。「財界四天王」と呼ばれることになる小林中《こばやしあたる》（のち日本開発銀行初代総裁）、水野成夫（経済同友会幹事）、永野重雄《ながのしげお》（富士製鐵社長）、櫻田武の四人と今里廣記、鹿内信隆が活躍していた。

日経連のおもな任務は、共産主義を水際《みずぎわ》で防ぐこと。具体的には労働組合対策だった。共産主義革命への危機感は、現代では想像がつかないほど強かった。米ソが対立する冷戦時代に、資本主義を守ることが、財界人の至上命題だった。

左翼の牙城《がじょう》であるマスコミの世界に、保守メディアをつくる必要性に迫られていた。反共マスコミの担当として水野成夫を文化放送に、信隆をニッポン放送に送り込んだ。

水野成夫は一八九九年（明治三二年）一一月一三日、静岡県に生まれる。東京帝国大学法学部卒。東大時代に社会主義思想運動団体である新人会に入り、共産主義運動に身を投じた。

一九二七年、非合法の日本共産党代表として共産主義政党の国際組織であるコミンテルン極東政治局に派遣され、中国で武漢国民政府（汪兆銘《おうちょうめい》らの中国国民党左派と共産党が武漢に建てた政権）の樹立に参画《さんかく》した。水野は帰国後、検挙され、獄中で転向を表明する。

出所後は政治活動を離れ、翻訳業をはじめる。アナトール・フランスの『神々は渇く』やアンドレ・モーロアの『英国史』を翻訳した。

宮島清次郎に、その才能を見出された水野は、転向者でありながら、戦後「財界四天王」と呼ばれる実力者の道を駆け上がっていくのである。

フジテレビの親会社となったニッポン放送

マスコミ対策の本命はテレビ局であった。首都圏ではラジオ、映画、新聞、出版といったメディア関係一五社、団体によるテレビ免許の争奪戦が繰り広げられていた。

財界主流派の後押しを受けて、一九五七年、信隆のニッポン放送と、水野成夫の文化放送が共同出資して富士テレビジョンが開局した。富士テレビジョンは、その後、フジテレビジョンに社名を変更。現在のフジ・メディア・ホールディングスになっている。

信隆の最初の関門は、株式の配分問題だった。主導権をにぎるには、持ち株を増やさなければならない。ニッポン放送と文化放送のラジオ二社と大映、東宝、松竹の映画三社の連合軍同士で、激しい綱引きが演じられた。映画三社はわずか二〇％の持ち株に封じ込められ、ラジオ側が八〇％と絶対多数をにぎった。

前出の『メディアの支配者』は、映画三社のとりまとめ役だった大映社長の永田《ながた》雅一《まさいち》が一〇年後にこう悔《く》やんだと書いている。永田は映画人であると同時に、大言壮語《たいげんそうご》することで「永田ラッパ」の異《い》名《みょう》がついた政商だ。

〈水野君の情熱もさることながら、当時は映画会社が戦後最高にいい年だったから、社長とか会長とか役員はいいよとそんなばかげた条件で承知してしまった。少なくとも株の比率は（ラジオと映画で）五〇、五〇にしておくべきだった。今になってそれがわかったようなわけだが、テレビがこ

んな加速度で発展するとは思わなかったし、つまりは水野君が聡明でぼくが無能だったというしかないのさ（笑）〉（注5）

絶頂期にこそ凋落《ちょうらく》の萌芽《ほうが》が隠されている。これは歴史の法則だが、映画ほど身をもって、これを示した産業はない。娯楽の王者だった映画は、テレビの登場で、あっという間に娯楽のチャンピオンの座から滑り落ちた。

次の勝負はラジオ局同士だった。

〈ラジオ側は、ニッポン放送と文化放送がそれぞれ四〇％ずつ分け合えばよく、対等な関係かと思われた。ところがふたを開けてみると、信隆は巧妙に金融機関三社に三・三％を割り当てることで文化放送分を三六・七％に減らし、ニッポン放送のみが筆頭株主となっていた。信隆にとって株の優位性は、絶対に譲れない経営の基本だったが、水野はそうした目配りに欠けていた〉（注6）

産経新聞を系列に組み入れる

経営の根幹は株式支配にあるといった認識は、芸術家肌の革命家・水野にはないものだった。信隆はポストにはこだわらなかった。一九五七年、富士テレビジョン（一年後、フジテレビジョンに社名変更）の初代社長の座を先輩の水野に譲った。翌五八年、水野は「財界の意向を忠実に紙面に反映する保守メディアをつくる」という要望を受け、産経新聞社の社長を兼務した。

元共産党中央委員の水野は、左翼の手の内を知り尽くしていた。配転・解雇などの荒療治《あらりょうじ》で、就任一年で黒字に転換したが「産経残酷物語」といわれた。

この間、水野は一九六四年にフジテレビの社長を弟分の信隆に譲って、産経新聞に完全に軸足を移した。

水野は晩年、「天才少女占い師」藤田《ふじた》小女姫《ことめ》の占いに凝《こ》った。そのお告げで、プロ野球球団の国鉄スワローズを買収、琵琶《びわ》湖のほとりにサンケイバレイというレジャーランドを建設するなどして、大赤字を出してしまった。

水野を支えてきた櫻田、小林、今里が引退を勧告した。一九六八年一〇月、水野は産経新聞社の社長を辞任した。

水野の失敗の尻拭《しりぬぐ》いのため、財界主流派は、信隆にフジサンケイグループの経営をまかせた。信隆はフジテレビから産経新聞社に出資させ、系列に組み入れた。

この結果、信隆は首都東京で、新聞、テレビ、ラジオの三メディアの実権を掌握《しょうあく》した初めての経営者になった。

雇われ社長からオーナー社長への野望

信隆は財界の雇われ社長からオーナー社長へ変身するという野望を強く抱く。財界の先輩である水野成夫という帽子《シャッポ》を脱ぎ捨てたことが、大きな転機となった。

野望の実現に実際に踏み出したのは、グループの経営をまかされた一九六八年のことだった。

この年、グループを束ねるフジサンケイグループ会議を結成。議長職を設け、自分自身がその椅子に座った。前に触れたが、信隆がニッポン放送株式を「今後、すべて自分で買い取る」と管理局長に指示したのが一九六八年頃だった。

グループ支配の総仕上げの布石を打ったのが一九七八年である。フジテレビはニッポン放送を引受先とする第三者割当増資をおこない、ニッポン放送はフジテレビ株式の五一％を保有する親会社となった。

グループの株式は、ニッポン放送を核とした相互持ち合いの形式となった。

クーデター時（一九九二年七月時点）のラジオ、テレビ、新聞の主力三メディアの株式の所有状況はこうだった。鹿内宏明が持ち株会社的存在のニッポン放送の株式を一三・一％保有。ニッポン放送はフジテレビ株式の五一・〇％を持ち、フジテレビが産経新聞社株式の三七・四％をにぎっていた。ニッポン放送の大株主である信隆は、とうとうフジテレビなど巨大なメディア企業を株式で支配する体制を確立したのである。

美術館を使ったグループ支配の仕組み

フジサンケイグループを掌中にした信隆は一九八五年、グループ総帥の座を長男の春雄《はるお》に譲って引退し、活動の拠点を箱根の彫刻の森美術館に移した。

成功者は美術コレクターになる例が多いが、信隆は美術品蒐《しゅう》集《しゅう》に目覚めたわけではない。美術館を使って、フジサンケイグループを支配する仕組みをつくることに全力を挙げただけである。

信隆が会社支配のマジックに使ったのは現物出資である。親会社が土地などを現物出資して子会社をつくる場合には、事実上、簿価で譲渡でき課税されずにすむという規定があった。現物出資を使えば、まったく新しい会社支配の仕組みが誕生する。

前出の『メディアの支配者』に、そのくわしいプロセスが描かれている。

（一）一九八五年七月、フジテレビは東京・河田町の本社敷地など八二〇〇坪の土地を現物出資し、資本金一七億円のシーエックスエステートを設立。

（二）同年同月、ニッポン放送は足立区にある送信所など二万八〇〇〇坪の土地を現物出資し、資本金八億五〇〇〇万円のエルエフエステートを設立。

（三）同年八月、産経新聞社は絵画二二点、彫刻三点を現物出資し、資本金八〇〇〇万円のサンケイエステートを設立。

（四）同年同月、財団法人彫刻の森美術館はピカソ館に展示しているピカソの作品二五〇点を現物出資し、資本金六億円のハコネエステートを設立。

（五）八六年一〇月、シーエックスエステートを存続会社とし、四社を合併して資本金三二億三〇〇〇万円でエフシージーエステートを設立。持株比率は資本金に従ってフジテレビが五二・六%、ニッポン放送二六・三%、彫刻の森一八・六%、産経新聞二・五%となった。

（六）この合併により、土地の含み益を活用した巨大な資産集積会社が誕生した。土地と美術品の合体は、相対的に後者の価値を飛躍的に増大させた。

前掲書は信隆の狙いをこう分析した。

〈仮に財団法人彫刻の森がさらに美術品を現物出資して会社を設立し、合併させるとどういうことになるだろうか。

二千億円近い含み益を持つ土地に、あと二十億円ほどの相対的に少額の美術品を合体させることで、美術館が過半数に及ぶ支配的な株式を手中にすることが可能になるのである。

そうなれば、美術館が巨大メディア全体を支配する仕組みができあがることになる。美術館の主《ぬし》はいうまでもなく鹿内信隆と春雄だから、鹿内家が美術館からFCGエステートを通して疑似的なオーナーシップを確立することができるのである。これらの巧緻《こうち》なからくりに気付いた幹部は当時、ほとんどいなかった〉（注7）

しかし、信隆の鹿内家が子々孫々まで引き継がれるはずの支配の仕組みづくりは幻《まぼろし》と化した。春雄が一九八八年に急逝《きゅうせい》し、信隆も九〇年に他界してしまったからだ。

フジの黄金期を導いた長男・春雄が急死

一九八五年、グループ総帥は長男の春雄が引き継いだ。

春雄は一九四五年（昭和二〇年）五月一五日生まれ。若いときは放蕩三昧《ほうとうざんまい》の暮らしぶりだったようだ。遊び呆《ほう》けて慶應義塾高校では進級できなかった。米国に留学したがボストン大学も中退。帰国後、一九七〇年にニッポン放送に入社した。

「親の七光り」でトントン拍子に出世階段を駆け上がり、一九八〇年六月、フジテレビの副社長に昇進した。一九八五年六月、フジテレビ、産経新聞社、ニッポン放送の会長になり、フジサンケイグループ会議の議長に就任した。

放蕩三昧の生活がビジネスに役立った。春雄が異彩を放つのはフジテレビの時代だ。かつてフジテレビは二流の局でしかなかった。春雄が副社長に就いた八〇年代、「楽しくなければテレビじゃない」をキャッチフレーズに、ゴールデンタイムなどでの視聴率でトップに躍り出る。フジテレビは「軽《かる》チャー路線」と呼ばれ、黄金期を迎えた。

私生活は奔放《ほんぽう》だった。NHKの人気アナウンサーだった頼近美津子《よりちかみつこ》をフジテレビに引き抜き、その瀬近と結婚して、芸能誌をにぎわした。三度目の結婚だった。

だが、一九八八年四月一六日、春雄は肝炎《かんえん》を発症し、四二歳で急死した。緊急避難的なトップ人事で、信隆が議長に復帰した。

ここから娘婿《むすめむこ》の鹿内宏明の出番がやってくる。

グループ総帥についた婿養子・宏明

鹿内（旧姓・佐藤）宏明は一九四五年五月二六日、東京都で医者の家に生まれた。春雄とは同年同月の生まれ。東京大学法学部を卒業後、日本興業銀行（のち、みずほ銀行）に入行。メルボルン事務所長や国際資金部企画課長を歴任するなど、エリートコースをひた走った。

一九七二年、宏明は信隆の次女の厚子《あつこ》と見合い結婚した。信隆にとって宏明は、春雄に代わるスペアキーだった。春雄が急逝したため、信隆はただちに宏明と養子縁組をした。

佐藤姓から鹿内姓に改めた宏明は興銀を辞め、一九八八年四月にフジサンケイグループ会議議長代行となった。グループ内の雰囲気は異邦人を迎えるようなものだった。

〈(宏明の) 最初の指示は、「社内の東大出身者の名簿を持ってこい」だった。

「学閥《がくばつ》人事をしようというのか」

この話は、反発とともに、すぐにフジテレビやニッポン放送内部に広まった。

「もともと、われわれメディアの人間とは、肌合いの違う人だったんです」

とグループ企業の幹部は話す。

宏明氏は、周囲に何度か、こう口にしている。

「オレは裸の王様じゃないだろうね」〉(注8)

信隆が宏明に期待したのは、銀行マンの経験を生かしたM&A(合併・買収)でグループを大きくすることだった。宏明がメディアの経営に通じている必要は、まったくなかった。

一九九〇年一〇月二八日、後見役の信隆が死去した。享年《きょうねん》七八。宏明は議長を引き継いだ。四四歳でグループ総帥の椅子に座ったが、ここから宏明の人生は暗転する。

宏明は春雄が進めた自由闊達《かったつ》な社風に否定的だった。それでも宏明は、信隆のようにテレビ、ラジオ、新聞、雑誌、レコード会社、美術館など一〇〇社を抱える巨大なメディアグループの専制君主になろうとした。

当然のことだが、宏明は自前の支配体制の確立を目指した。

新たな支配体制を構築するワンマンぶり

一九九一年二月にグループの最高意思決定機関であるフジサンケイグループ本社（法人名はフジサンケイコーポレーション）を設立した。財団法人彫刻の森美術館が四七・三％、フジテレビが三二・七％、ニッポン放送は一五・四％、サンケイビル二・七％、産経新聞社一・五％、ポニーキャニオンが〇・四％出資した。

宏明はフジサンケイグループ本社の会長兼社長に就くとともに、グループの主要四社、ニッポン放送、フジテレビジョン、産経新聞社、サンケイビルの会長職を兼務した。そして四社の社長をフジサンケイグループ本社の役員に据《す》えた。宏明がグループのトップとして、グループ各社の社長に命令をするという構図をつくり上げた。

同グループ本社の会長在任中の宏明は、信隆以上のワンマンぶりを誇示した。「宏明が出社すると、彼の乗るエレベーター以外のエレベーターがすべて停止する」というマンガみたいな逸話《いつわ》が語られた。宏明が会長室に入るまで、他のエレベーターを動かなくしたのだ。

フジサンケイグループの役員たちは「宏明によるグループの私物化」と猛反発した。

批判の嵐の中で、宏明は先制攻撃を仕掛けた。

一九九二年六月、反宏明の急先鋒《きゅうせんぽう》だった羽佐間重彰・ニッポン放送社長を産経新聞社社長に追いやった。鹿内一族の本丸であるニッポン放送は川内通康《かわうちみちやす》社長、亀渕昭信《かめぶちあきのぶ》専務、天井《あまい》邦夫《くにお》常務の宏明派三人組でがっちりと固めた。まず、持ち株会社にあたるニッポン放送を押さえた。

『週刊文春』が一九九二年四月二三日号と六月一一日号で取り上げた宏明への疑惑が、クーデターの引き金となった。

宏明は信隆に対する総額一七億六〇〇〇万円の退職金の支払いを独断で決め、宏明夫妻はこのうちの五億七〇〇〇万円を手に入れたというものである。金額もさることながら、手続きがじつに不透明だった。役員退職金は取締役会で議決され、株主総会で承認を得て決まるが、取締役会は事後承諾だという。

産経新聞社社長の羽佐間は、「退職金疑惑が解任と関係がある」と明言した。

〈宏明氏は自分の地位を固めるため、ニッポン放送などの株をもっと大量に取得する必要があった。そのための資金が何としてでも欲しかったんだ。それがあの退職金額決定のカラクリさ。

実際、彼はそのカネで美津子未亡人（春雄の妻）らから十数万株も買い集めているよ。それも一株六百円なんて超安値でね。それどころか、「このままでは、フジサンケイグループへの鹿内家の影響力が弱まってしまう」とか何とか言って、英子《えいこ》さん（信隆夫人）らの分にまで手をつけようとしたという話さえあるのだ〉（注9）

クーデターの首謀者はフジの日枝

宏明追い落としのクーデター首謀者はフジテレビジョン社長の日枝久《ひえだひさし》である。一九三七年（昭和一二年）一二月三一日、東京都に生まれた。一九六一年、早稲田大学教育学部を卒業し、フジテレビジョンに入社。一九七〇年、日枝などが旗揚げした労働組合を潰すために、信隆は同年、番組制作部門をフジテレビから切り離した。組合書記長だった日枝は営業に出され、左遷《させん》の憂《う》き目に遭《あ》った。

日枝を抜擢《ばってき》したのは春雄である。春雄は電通の協力を得て機構改革を断行。外部委託にしていた制作部門を、左遷された社員とともにフジテレビ本体の編成局に戻し、編成主導の番組制作に変えた。

一九八〇年にフジテレビの副社長に就いた春雄は、ネット営業部長だった四二歳の日枝を編成局長に起用。春雄の下で、日枝は取締役、常務とトントン拍子で昇進し、春雄が亡くなった一九八八年にフジテレビの社長に昇格した。

フジテレビは春雄＝日枝時代の一九八二年、視聴率の三冠王を初めて獲得《かくとく》。以後一九九三年まで一二年間にわたって、三冠王として君臨した。

午前六時から午前零《れい》時までを「全日」、午後七時から一〇時は「ゴールデンタイム」、午後七時から一一時を「プライムタイム」と呼んでいる。三つの時間帯の平均視聴率でトップを奪《うば》えば三冠王になる。テレビ業界では視聴率を「数字」と言い換え、数字が取れる番組やタレントが高く評価される。

信隆は春雄の「軽チャー路線」に危機感を抱き、銀行マンらしい堅実な発想をする、素人《しろうと》の宏明のほうを信頼していた。春雄は生前、宏明を「おやじにまとわりつく金魚のフンみたいなヤツだ」とあからさまに嫌っていたという。

宏明が「軽チャー路線」に染まった日枝らと肌《はだ》が合うわけがない。フジテレビ社長の日枝の力を削《そ》ぐために、宏明は人事権を行使した。

一九九一年暮れ、フジテレビの常務から議長室長になって半年しかたっていなかった三《み》ツ井康《いやすし》が室長を解任され、系列出版社・扶桑社の役員に転出させられた。三ツ井は日枝と若い頃から同志で、腹心中の腹心だった。

宏明は、ウルサ型の羽佐間をニッポン放送から産経新聞社に飛ばしたのにつづいて、フジテレビの実力者である日枝のクビを切ることにしたのである。

切るか、切られるか。日枝らクーデター派は切られる前に宏明の首を取ったのである。

大物財界人・中山素平のツルの一声

クーデターが成功した背後には、財界の意向があった。「オールジャパン」でつくったフジサンケイグループを信隆が乗っ取ったことは、事後承認のかたちでしぶしぶ認めたが、公的な電波を扱うテレビ局を鹿内一族が世襲していることについては、苦々しく思っていた。

宏明が自分の持ち株を増やす手段として、信隆の退職金をお手盛りした問題で、財界の不満が爆発した。財界長老の心証を決定的に悪くした。

クーデター派のメンバーが、こう語っている。

〈成功した最大の決め手は、ある財界大物のツルの一声さ。

「宏明君はマスコミには向かん。番頭が力を合わせ、鹿内家とグループをもり立てていけ」との一言で英子さん（信隆未亡人）は踏ん切りがつき、むしろ積極的に株主への根回しに動き出したし、宏明氏側近の切り崩しにも成功したんだ。宏明氏が気づいた時には、既に遅し。あわてて、親しい平岩外四《ひらいわがいし》・経団連会長に相談に行ったけど、逆に「じたばたみっともないマネをするな」と諭《さと》された。クーデター派の完勝だった〉（注10）

ここでいう財界の大物とは、齢《よわい》八〇を超えた日本興業銀行相談役の中山素平《なかやまそへい》のことである。中山が調停に乗り出した。まず日枝の意見を聞き、次に宏明を呼び出し「辞めたらどうか」と説得し、引導を渡したと伝えられている。

だが、中山の調停は不発に終わる。

〈(調停案の) 骨子《こっし》は、①鹿内宏明はすべての役職を辞任する ②美術関連で何らかのポストを与える ③鹿内宏明が持つニッポン放送株を第三者に預け、三年ないし五年間凍結する、という三項目だった〉(注11)

役職を引く宏明を、それなりに処遇《しょぐう》してやれということだ。

〈羽佐間の回答はにべもなかった。

「はっきり申し上げるが、宏明氏が箱根ならびに美術協会いずれの理事に就くことについても、我々はお断りする」〉(注12)

中山はサジを投げた。これまで、いくつもの企業トラブルを調停し、落としどころを決めてきた中山の神通力が、フジサンケイグループの最終局面では、まったく利かなかった。

宏明と日枝ら経営陣との死闘が、さらにつづくことになる。

宏明復権を潰し、グループ完全支配を目指す

フジサンケイグループから追放された宏明は、グループ経営陣の一掃と自らの復権に執念《しゅうねん》を燃やした。ニッポン放送の大株主として、ニッポン放送の支配権を取り戻し、それを足がかりとしてフジテ

レビのトップへの返り咲きを狙った。

宏明がニッポン放送で復権するようなことになれば、日枝や羽佐間のクビが飛ぶ。日枝らグループの経営首脳は宏明対策に力を注いだ。

一九九六年にニッポン放送を、九七年にフジテレビを相次いで上場させた。株式公開の狙いは、ズバリ、大株主である宏明の持ち株比率を落として影響力を封殺《ふうさつ》することにあった。

上場した結果、一時、五割を超えていたニッポン放送のフジテレビ株式の保有比率は三分の一に低下、宏明のニッポン放送株式の保有比率は一〇%を割り込んだ。

日枝は、宏明排斥《はいせき》の手を緩《ゆる》めなかった。

二〇〇四年、ニッポン放送はフジテレビと共同で貸しスタジオをつくるための原資をつくるという名目で、フジテレビ株式を売却した。この結果、ニッポン放送のフジテレビ株式の持ち株比率は三二・二%から二二・五%と四分の一以下にまで下がった。

宏明復権の芽を断ち切り、グループ内で唯一《ゆいいつ》、意のままにならなかったニッポン放送を完全支配し、グループ企業をすべてコントロールするという日枝のシナリオは着々と進んだ。

二〇〇五年、宏明との抗争に決着がつく。復権を断念した宏明は同年一月、保有していたニッポン放送株式（発行済み株式の約八%）を大和証券ＳＭＢＣ（のち大和証券キャピタル・マーケッツ。二〇一二年に大和証券に吸収合併）に売却した。

これでフジサンケイグループと鹿内家との関係は、完全に切れた。宏明はロンドンに生活の拠点を移した。

ライブドア激震の置き土産

それでも、ニッポン放送がフジテレビの親会社であるという資本の〝ねじれ〟が完全に解消されたわけではなかった。この隙《すき》を突いて、ニッポン放送＝フジテレビの乗っ取りを仕掛けたのが、ホリエモンこと堀江《ほりえ》貴文《たかふみ》が率いるライブドアだった。

「劇場型乗っ取り」として社会現象にさえなったこの騒動は、二〇〇五年四月、ライブドアが保有していたニッポン放送株を、フジテレビがすべて買い取って子会社にすることと、ライブドアにフジテレビが資本参加することで和解した。

フジテレビはライブドアに解決一時金として一四七三億円支払った。巨額の支払いの見返りとして、ニッポン放送がフジテレビの親会社という〝ねじれ〟を解消することができた。二〇〇五年九月、フジテレビはニッポン放送を完全子会社にした。

鹿内宏明やライブドアの堀江貴文と闘い抜いた日枝久は、フジサンケイグループのドンとして、現在にいたるまで君臨することになる。しかし、フジテレビは昔日《せきじつ》の輝きを取り戻すにはいたらず、赤字転落の憂き目にあった。

日枝は安倍《あべ》晋三《しんぞう》首相のゴルフ仲間だが、日枝の長期支配がいまではフジ・メディア・ホールディングスの宿痾《しゅくあ》になっており、とうとうフジテレビが赤字に転落するという危機的な状況を呈している。

第5章　新日鐵――合併後の主導権争いで相討ち

合併後の新会社で勃発《ぼっぱつ》した人事抗争

毒舌の社会評論家として数々の名言を残した大宅《おおや》壮一《そういち》によれば、日本人のタイプは田舎者と江戸っ子に二分される。田舎者は大目標を設定して人生をまっしぐらに突き進む。人一倍、出世欲、権力欲、名誉欲が強い。江戸っ子はなにごとにもよらず淡泊だ。

八幡《やわた》製鐵《せいてつ》と富士製鐵が合併して誕生した新日本製鐵（のち新日鐵住金）が一九七三年（昭和四八年）に、四ヵ月間も「みっともない」（田中《たなか》角栄《かくえい》首相の言葉）抗争をつづけ、逆転につぐ逆転をみせたドラマは、田舎者が相討《あいう》ちになって倒れ、江戸っ子が漁夫《ぎょふ》の利を得た。

人事抗争は、永野《ながの》重雄《しげお》会長（旧富士）が取締役相談役・名誉会長、稲山《いなやま》嘉寛《よしひろ》社長（旧八幡）が会長、藤井《ふじい》丙午《へいご》副社長（旧八幡）が相談役になることで決着した。広島県出身の永野、岐阜県出身の藤井という田舎者同士の喧嘩《けんか》に、「傍観者的な態度をとった」（中山《なかやま》素《そ》平《へい》・日本興業銀行相談役の言葉）稲山は、父親が銀座の大地主という典型的な江戸っ子だった。

人と争うことが嫌いで、喧嘩をしたことがない稲山は、「鉄は国家なり」といわれた時代に新日鐵の会長となり、経団連会長に登りつめた。

新日鐵抗争の真の勝者は江戸っ子の稲山だった。

「辞めさせるのは簡単だよ」

一九七三年一月五日、正月恒例の経済団体連合会（経団連）、日本経営者団体連盟（日経連）、経済同友会、日本商工会議所の経済四団体による名刺交換会が開かれた。

日本商工会議所会頭で新日本製鐵会長の永野重雄は、記者たちに「上を出す（＝辞めさせる）のは簡単だよ」と口にした。これは、副社長の藤井丙午のクビを切ることを意味した。記者たちは色めきたった。メディアのスクープ合戦がはじまった。

口火を切ったのは『週刊朝日』（一九七三年一月一九日号）。「刺しちがえる決意の藤井丙午に、宣戦布告した永野重雄」というタイトルの特集記事を組み、新日鐵のお家騒動が天下に知れ渡った。

社長の稲山が中国に出かけた留守中に、日本経済新聞（一月一九日付朝刊）が、「新社長に通産省事務次官出身の副社長、平井《ひらい》富三郎《とみさぶろう》が就く」人事をスクープした。永野サイドの財界人が日経にリークしたとされる。稲山の留守を狙って、社長の稲山を退任させる人事を新聞辞令で一気に既成事実にしようとしたのだ。

稲山と同じ釜のメシを食べた、八幡製鐵出身の藤井が巻き返しに出る。一月二一日、藤井は帰国した稲山と二人で会う。このとき藤井は、稲山が訪中前に永野から伝えられた人事構想を初めて知った。永野は代表権のある会長に留任し、社長の稲山は代表権のある副会長に就く。そして、副社長の平井が社長に昇格、副社長の藤井と田坂輝敬《たさかてるよし》（旧富士）は代表権のない副会長になる。副会長を三人にするという構想だ。専務の武田豊《たけだゆたか》（旧富士）が副社長に昇進することで、旧富士は次の社長候補をしっかりと温存した。

藤井は「わが闘争　新日鉄を追われて」（『文藝春秋』一九七三年六月号）に、こう綴《つづ》る。

〈「これはいかにもひどいじゃないですか。副会長三人制というが、代表権のあるのは稲山さんだけで、藤井、田坂両副会長には代表権がない。現在、私も田坂氏も代表権のある副社長ですよ。それをとってしまうということは、定款《ていかん》に〝副会長をおくことを得〟と記すだけで、もうなにもすることがなくなっちゃうわけでしょう。気に入らなければサッサと出ていけといわんばかりの案じゃないですか」

さらに、こうなったらわたしが主張しているように、副社長以上はもうぜんぶやめましょう。そして思いきった若返りをやって、後進に道をゆずりましょうと（筆者注・稲山に）進言して、「永野会長がどうしてもやめんということであれば、あなた（＝稲山）も副会長というような席につくのはおかしいから、社長でがんばりなさい。ここがあなたの正念場ですよ」と申し上げたんです。

そしたら、稲山さんも、そうしようということで、翌日（二月二十二日）「料亭の中川」で二人（＝永野と稲山）が相談されて、けっきょく永野構想を白紙にもどして、留任決定となったわけです。相談したという（ことになっている）けれど、じっさいはものの三分ほどだったそうで、稲山さんが「（二人とも）やめましょう」と言い、永野会長は「いや、やめん」と返事したので「それじゃ二人とものこりましょう」と稲山氏が（永野の発言を）受けて、それで留任決定ですわね〉（注1）

代表権のない副会長に棚上げされることに反発したのは、藤井だけではなかった。富士出身の副社長、田坂は代表権のない副会長（になる案）を示されたとき、「こんな中二階の副会長なんて、男が廃《すた》る。受けられない」と激怒して永野に噛《か》みついた。

八幡と富士出身の両副社長の抵抗で、人事抗争の第一幕は終わった。世に言うところの一月、人事凍結事件である。

この人事抗争は合併の副作用であった。

「世紀の大合併」で誕生した新日鐵

一九七〇年（昭和四五年）三月三一日、八幡製鐵と富士製鐵が合併して新日本製鐵が誕生した。八幡社長の稲山嘉寛と富士社長の永野重雄の二人が〝仕掛け人〟である。どちらが先に声をかけたのかについては諸説ある。

〈稲山によれば、「永野さんが鉄鋼連盟会長をもう一年やりたいといいだした。富士、八幡の二社が交互に会長になるので、合併すればできますよ」と（稲山が）ささやいたことがきっかけだった〉（注2）

永野が稲山のささやきに乗った。以後、二人は走り出す。

一九六八年四月一六日、毎日新聞が「世紀の大合併」と大々的にスクープする。太っ腹の永野はあっさり事実を認めた。のちのことだが、小唄の名手の稲山は「私が三味線をひきはじめる前に、永野さんに先に歌い出されて困ってしまった」と絶妙な言い回しをした。

しかし、公正取引委員会は両社の合併に強硬に反対した。両社が合併すると、四品目が独占禁止法違反になるから、四品目を製造する釜石《かまいし》製鉄所を分離すれば認めるという態度だった。

通産省、財界は合併早期実現のため、公取委の案を受け入れるよう永野を説得した。だが、この合併を悲願としてきた永野はガンとして妥協《だきょう》案を聞き入れず、自説を貫いた。

最終的には、問題とされる品目の製造設備やノウハウを富士が他社に供与することで、公取委は態度を軟化させ、合併を認めた。

悲願は敗戦後分割された二社を一つにすること

時計の針を少し戻すことにする。日米決戦に備えて、経済は非常時体制に移行し、製鉄業の大合同がおこなわれた。一九三四年（昭和九年）二月、官営八幡製鐵所と民間五社が合併して日本製鐵が発足する。永野が倒産会社を再建させた富士製鋼は、日本製鐵富士製鋼所となる。従業員がいなくなった富士製鋼の最初の仕事は、ペンペン草の抜き取りとトノサマガエルの追い出しだった。

これは、永野の立身出世物語に出てくる十八番《おはこ》のエピソードである。

官営八幡の出身者が中心の日本製鐵で、永野は異質な存在だった。傍流の永野を引き立てたのは、のちに社長になる三鬼隆《みきたかし》だ。永野はエネルギッシュな言動で頭角を現した。

戦後、常務に昇進した永野は、企画力を買われて経済安定本部の副長官に転出する。次官会議で大蔵省の池田勇人《いけだはやと》や運輸省の佐藤栄作《さとうえいさく》と一緒だった。そのうちに日鐵解体の話が持ち上がり、三鬼に呼び戻される。

敗戦後の一九五〇年四月、GHQ（連合国軍総司令部）の過度経済力集中排除法にもとづいて、日本製鐵は八幡製鐵と富士製鐵に分割された。三鬼は八幡社長、永野は富士社長になった。「生木《なまき》を裂《さ》くように」（永野の言葉）分離させられたときから、三鬼隆と永野のあいだには「俺たちが健在のうちにまた一緒になろう」という密約があった。

三鬼は二年後、日本航空「もく星号」墜落《ついらく》事故で不慮の死を遂げる。永野にとって、八幡との合併は三鬼との約束だった。合併が永野の悲願となったのは、三鬼との男の約束だったからである。

合併の前に大手を広げて公取委が立ち塞《ふさ》がった。合併を実現する方便として、独禁法の針の穴を通すために、釜石製鉄所の分離案が浮かんだとき、永野が「釜石を分離するくらいなら、合併をやめる」と言い切って釜石を守った。「（釜石は）三鬼さんが手塩にかけて育てた製鉄所」という思いがあったからだ。

三鬼の後を継いで八幡の社長に就いたのは稲山だ。生い立ちやビジネスマンとしての経験は、永野とまったく対照的だった。

永野はいつも「僕は田舎の島の貧乏寺の出だよ」と言っていた。広島県呉《くれ》市の沖の瀬戸内海に浮かぶ下蒲刈島《しもかまがり》にある浄土真宗本願寺派の弘願寺である。旧制六高、東大と柔道部で鳴らしたバンカラだ。喧嘩が強くガキ大将だった。

一方、稲山は東京・銀座の大資産家の次男に生まれたボンボンだ。若いときから小唄、常磐津《ときわず》などに親しみ、料亭遊びをした粋人《すいじん》であった。人と争うのが嫌いで、喧嘩をしたことがない。東大を出て商工省に入省、官営八幡製鐵所に配属になる。

製鉄大合同の際にも、古巣の商工省には戻らず日本製鐵にとどまった。日鐵時代、稲山は営業次長として営業部長の永野の下で働いた。

合併後の人事権は永野が握る

剛の永野、柔の稲山と評された。

「稲山さんの性格からいって、永野さんの攻めに押しまくられるのではないか」

合併反対派の筆頭副社長、藤井丙午は役員会でこう述べ、懸念《けねん》を表明した。稲山は「もし永野さんが無理を通すことがあったら、私は永野さんと心中します」と答えて役員会を納得させた。

藤井の危惧《きぐ》は当たっていた。稲山の性格を熟知していた永野は、「稲山与《くみ》しやすし」と踏んだ。

永野は稲山を社長にして、自分は会長になることで合併を実現させた。当時、会長は代表権がない名誉職がほとんどだったが、永野は代表権を持ち、人事権を筆頭に実質的な権力を掌握《しょうあく》した。常務会でも重役会でも、会長の永野が一人でしゃべりまくる独演会となった。

藤井は前出の『文藝春秋』で、こう回想した。

〈稲山さんはご承知のように非常な円満で協調的な人で、人と対立したりするような人間じゃない。片一方（＝永野）は、ぐんぐんと迫力で押してくるような人ですからね。どうしても押されっぱなしになっちゃう。社長室でも専務会の席上でも、稲山社長にむかって、「キミ、責任とってもらうゾ」とはげしい調子でやる。稲山さんは反撃するようなことはしません。むしろ調子をあわせて、事を荒だてないようにするという生き方で（やって）こられたんです〉（注３）
合併会社で、いつも揉《も》めごとのタネになるのが人事である。争いを嫌う稲山は、八幡の社長だった時代から、人間関係がギクシャクするような人事を避けてきた。
稲山が人事でゴリ押ししないのをいいことに、人事は永野のペースで決まっていた。ポストの割り振りや役員の人数では公平でも、重要なポストは富士系が独占した。
企業では人事決定権保持者が最高の権力者である。人事権をにぎった会長の永野が、新日鐵の最高権力者である「帝王」となった。

権限を取り上げられた筆頭副社長・藤井

八幡は官営製鉄所が起源の名門の公家《くげ》集団。一方、富士は倒産会社からのし上がった野武士集団だ。富士の支配人は八幡では課長級にしかなれないといわれたほど、両社の格は違っていた。

しかし、「財界のドン」永野の登場で、力関係は逆転した。カエルがヘビを飲み込んだと陰口が聞かれた。永野に遠慮して人事で妥協を重ねた稲山は、社内でも財界でも人事下手と酷評《こくひょう》された。

このままでいくと、新日鐵は永野商店になってしまう。兄貴分のはずの八幡が、富士の風下《かざしも》に立たされてしまう。

この危機感から藤井は永野打倒に立ち上がる。「（忠臣蔵の）大石良雄《おおいしよしお》（内蔵助《くらのすけ》）の討ち入りの心境だった」と藤井は回想している。

じつは合併した当時から、永野は藤井を難物《なんぶつ》とみていた。八幡のなかで、本気で喧嘩を仕掛けてくるのは藤井だけだとみなしていたからだ。

藤井は営業一筋の稲山に代わって、人事や労働組合対策から経理、政治献金まで一手に引き受け、「財界政治部長」の異名《いみょう》を取っていた。だから、永野は藤井を潰《つぶ》すことを最大の目標にした。

合併以降、人事と政治献金は会長の永野がやることになった。藤井の肩書は筆頭副社長だが、権力の源泉である人事権や、誰に政治献金するかを決める権限を取り上げられてしまった。無力化された藤井は合併後、永野の会長室に一度も顔を出さなかったほど、二人の関係は冷え切った。

永野と藤井はかつての同志

永野が、自分の寝首を掻《か》くかもしれないと藤井を恐れたのは、一九四〇年の〝平生《ひらお》クーデター〟のときの同志だったからでもある。一九三四年二月、官営八幡製鐵所と民営の五社が合併して日本製鐵が発足《ほっそく》する。

〈このとき天下りの会長平生釟三郎《はちさぶろう》の秘書として藤井丙午、富士製鋼から永野重雄が入ってくる。傍系の藤井、永野は「日鉄改革」で意見が一致して立ち上がる。官僚出の重役陣を一掃するクーデターを起こす。革新官僚の岸信介《きしのぶすけ》・商工事務次官はこれを支持した。昭和十五（一九四〇）年にクーデターは成功し、永野は購買部長、藤井は秘書役に昇格し、出世コースに乗った〉（注4）

鉄鋼大合同で誕生した日本製鐵という大舞台で、のちのち新日鐵の権力抗争の主役となる永野、藤井、稲山は縁を結んだ。血気盛んな永野と藤井はクーデターで手を組んだが、稲山はクーデターに背を向け販売部第四課長として、ひたすら仕事に励んでいた。ここに、その後の三人の生き方が現れている。

藤井は早稲田大学専門部在学中に、委員長としてストライキを指揮した。この騒ぎは中野正剛《なかのせいごう》と緒方竹虎《おがたたけとら》が大学と学生のあいだに入って収拾した。その縁で、卒業後、藤井は緒方が幹部だった朝日新聞社に入社した。政治部記者時代に文部大臣の平生釟三郎の知遇《ちぐう》を得て秘書になる。

平生が新生・日本製鐵の会長に就任したのに随伴《ずいはん》して、藤井も入社した。

クーデター事件では藤井が辣腕《らつわん》を振るった。永野が藤井を警戒《けいかい》するようになったのは、藤井の闘争心に自分と同質の出世欲、権力欲、名誉欲を嗅《か》ぎ取ったからだ。

「裏組織に根回しせずにポストに就くのは無理だよ」

永野と藤井の不仲が決定的になる事件が起きた。合併前の一九六五年の国家公安委員の人事だ。元来、なんでも自分中心でないと気がすまない永野は、八幡製鐵の政治資金を一手に握り自分より政界や財界に顔が広く人気がある藤井の存在が気に食わなかった。

当時、国家公安委員会委員だった永野が任期満了となり、後任も財界から推すことになった。総理大臣の佐藤栄作は永野に「人選をおまかせします」と下駄《げた》を預けた。永野は土光敏夫《どこうとしお》を推した。

ところが、土光との交渉中に、内閣官房長官の橋本登美三郎《はしもとみさぶろう》を通じ佐藤から「藤井君を後任に決めた。あの件はなかったことにしていただきたい」との断《ことわ》りが届く。

永野は烈火《れっか》のごとく怒り、「おまかせしますと言っておいて、なんだ！」と佐藤の自宅に怒鳴り込んだ。二階の応接間から言い合う二人の声が響き、秘書たちがオロオロしたという。佐藤は「（国家公安委員は）政府が国会の承認を得て決める人事で、財界で決める人事ではない」と突っぱね、藤井が国家公安委員に就任する。

この事件について、政界のフィクサー、福本邦雄《ふくもとくにお》は『文藝春秋』（二〇〇五年五月号）の文芸評論家福田和也《ふくだかずや》との対談で、こう語っている。

〈昭和四十年に、藤井丙午氏から「国家公安委員を内諾《ないだく》したら、永野（重雄）、今里《いまざと》（廣記《ひろき》）、鹿内《しかない》（信隆《のぶたか》）から『すぐ撤回しろ』と脅かされているんだが」と困惑した電話があった。実は財界主流派では、国家公安委員は土光敏夫に、と内定していたんですね。仕方なく「あなたは表座敷に据《す》えられているけど、永野さんたちは、財界主流派という裏組織の人なんだ。裏組織への根回しをせずに、ポストに就こうとしても無理だよ」と教えてあげました〉（注5）

憎悪むき出しの喧嘩《けんか》に発展

池田勇人政権時代は、「財界四天王」と呼ばれた小林中《こばやしあたる》・日本開発銀行初代総裁、水野成夫《みずのしげお》・フジテレビジョン社長、永野重雄・富士製鐵社長、櫻田武《さくらだたけし》・日清紡績社長の四人に、今里廣記・日本精工社長、鹿内信隆・ニッポン放送社長が加わり、財界主流派を形成した。

財界主流派は国家公安委員、ＮＨＫ、電電公社の経営委員などのポストの人選を一手に握っていた。それで、藤井に「国家公安委員を辞任せよ」と迫ったのである。藤井は、こう書く。

〈土光さんのところへとんでいったんですよ。どうなっているんだといったら、じつは永野氏がすすめてくれているけれども、自分は東芝の再建を引き受けたばかりだし、ご承知のように政界・官界にもカオがないし、自分のガラでもないからねと再三固辞《こじ》しているんです。

じつはわたしのところに、いまこういう電話（公安委員への就任の内示）が来たんで飛んできたんですよ、といったら、それは適任だ、藤井さん、あんたやってくれといって、あのゴツイ手でわたしの手をギューッと握られたんですよ〉（注６）

永野サイドの財界人が意図的に流した噂では、〈藤井氏は国家公安委員になりたいあまりに、永野氏が土光さんを説得しているのを承知で、自分から売り込んだ。土光氏が藤井氏に対して、あなたが適任だといって手を握りしめたのは、謙虚な土光氏がアクの強い藤井氏のやる気を見て降りてしまった（だけな）のだ〉（注７）ということになる。水かけ論だ。

この後、首相の佐藤と官房長官の橋本は、土光と永野、藤井を招いて一席を設け、手打ち式をおこなった。だが、永野は「よくも俺の顔に泥を塗りやがったな」と納得せず、藤井との不仲は決定的となった。

永野は吉田茂《よしだしげる》の側近・白洲次郎《しらすじろう》と広畑製鉄所の外資売却をめぐり、銀座のクラブで取っ組み合いの大喧嘩をした武勇伝を持つ。だが、闘争心とアクの強さでは藤井も人後に落ちない。

両雄並び立たず、だった。合併後、両者が激突するのは時間の問題だった。

藤井はメディアとのインタビューで、「（永野は）非常な権力主義者。何でも自分のいうとおりにしなきゃ承知しない、激しい性格ですよ。ボクもどっちかといえば激しい性格のところがあるから、チヤンチャンバラバラになったということです」（注8）と述べている。

両者の憎悪《ぞうお》むき出しの発言は凄《すさ》まじい。「藤井が国鉄総裁に要請された」と新聞辞令が出たことがあった。すると永野は財界人の集まりの席で、「財界から国鉄総裁になるとかならぬとかいう者がおるらしいけど、よっぽどバカだ」と藤井を罵倒《ばとう》した。

藤井も負けていない。豪胆《ごうたん》といわれた永野について、「あの人は肝《きも》っ玉《たま》が小さい」と切って捨てるといった具合だった。

財界長老が調停に動く

新日鐵の内紛《ないふん》を危惧《きぐ》した財界の長老が調停に動いた。日本興業銀行相談役の中山素平《なかやまそへい》、経済同友会代表幹事の木川田一隆《きかわだかずたか》、経団連会長の植村甲午郎《うえむらこうごろう》、アラビア石油会長の小林中、日本精工社長の今里廣記の五人だ。

この五人は新日鐵合併の〝カゲの五人衆〟といわれ、新日鐵との因縁《いんねん》は深い。中心人物は中山素平と今里廣記だ。永野との関係は親密だった。永野は合併の際、中山素平を参謀《さんぼう》役にして、今里廣記が政財界の根回しをやり、水面下で工作を進めていた。

中山は興銀のトップとして数々の企業合併を推進し、「財界の鞍馬天狗《くらまてんぐ》」と呼ばれていた。中山と今里は長崎県の同郷で、「知恵の中山、行動の今里」と称された。今里は池田政権時代の財界四天王である永野らと行動に共にしてきた財界主流派だ。財界四天王を前出の福本邦雄は「日本の資本主義の鬼っ子」と看破した。

中山は早くから三者同罪論だった。三者とも引くべきだと考えていた。

中山は引き際《ぎわ》の見事さで高く評価されたバンカーだった。中山は興銀頭取を辞めた後、会長の椅子を断って、取締役相談役に就いた。ところが、中山が取締役会に出てみると、重役連中は正宗猪早《まさむねいさ》夫《お》・新頭取よりも、中山前頭取の顔色ばかりうかがっている。「これでは正宗体制にならない」と、中山は一期だけで取締役を去り、以後、相談役として財界活動に専念した。

中山ら五人衆が出した結論は、「権力に執着《しゅうちゃく》しすぎる永野、社外に発言の場を求めるという財界倫《りん》理《り》を無視した藤井、傍観者的態度をとった稲山の三者同罪」だった。

永野に対しては「富士製鐵時代を通算して二十三年間も社長―会長をやった。この間に八幡の社長は四人も交代している。もう十分ではないか」（注９）と批判した。

藤井はマスコミを味方につけるために、永野との暗闘を洗いざらいぶちまけたことが問題視された。

稲山は永野と藤井の対立が勃発《ぼっぱつ》したとき、〈「紅白歌合戦をやっていますね」といった調子で傍観者のようなポーズを取った。木川田一隆氏、中山素平氏など財界実力者から、「ああおとなしいんではね」と疑問が出され、大会社の社長としてカナエの軽重《けいちょう》が問われた〉（注10）

永野と親しい今里が、永野にこうした財界五人衆の意向を内々で伝えた。一月の凍結人事後、「会長、社長は留任で、あとはしかるべくやる」と強気だった永野が最終的に折れたのは、財界の意向に逆らえなかったからだ。

永野と藤井の相討ちで決着

一九七三年四月一五日、神奈川県箱根の永野の別荘で、六者会談が開かれた。永野会長、稲山社長、平井・田坂両副社長、武田・今井大宗（旧八幡）両専務が出席して、今後の人事を決定した。代表権を持つ副社長の藤井は呼ばれなかった。

この席で、会長の永野が取締役相談役・名誉会長、社長の稲山が会長、副社長の藤井が相談役に退き、平井が新社長に就くことが正式に決まった。財界の「三者同罪論」を反映した人事となった。

箱根会談の翌日、稲山が藤井のところを訪れ、「相談役を引き受けてくれ」と伝えた。藤井は、こう答えたという。

〈「後白河法皇《ごしらかわ》じゃないけど、永野院政をしかれることだけは気をつけていただきたい。稲山会長、平井社長、田坂（輝敬）副社長の経営でしっかりやって下さい」とそれだけの注文をつけたんですよ〉（注11）

箱根会談後、ご機嫌《きげん》で帰宅した永野は報道陣に向かって、「藤井君が社長になりたくてマスコミ、政治家などに手を打ったが、万策尽きたんだろう。稲山さんだって藤井君を推さなかったんだからね」と〝勝利宣言〟をした。

藤井は肩書のない相談役となって新日鐵の経営の中枢《ちゅうすう》を外れたことから退職し、一年後の一九七四年の参議院選挙に自民党公認で岐阜地方区から出馬して当選。政界に転身した。

藤井の完敗である。藤井の目的は、権力の源泉である人事権を永野から奪《うば》い返すことにあった。永野は代表権を失い相談役に退いたのだから、藤井は「刺し違える」という所期の目的を達したことになる。両者は刺し傷の大きさ、深さの違いはあったが、権力を失ったという面から見れば相討ちだった。

永野の院政構想を潰した幹部たち

両者が共倒れした結果、漁夫の利を得たのは稲山である。当初は、中二階の副会長に棚上げされるところだったが、会長となり、財界総理である経団連会長に登りつめた。

ナンバー2の稲山が、ナンバー1の永野から主導権を奪った勝負の分かれ目は、副社長の定員だった。永野は八人制、稲山は四人制を主張した。

八人制だと永野の秘書課長をつとめた〝秘蔵っ子〟の武田豊専務が副社長にスンナリと昇格することになる。それなのに八幡系のホープ、阿部譲常務は専務昇格ですまされてしまう。これが四人制だと、武田専務の副社長への昇格はなく、阿部常務は専務に昇格し、武田と同格になる。

人事下手の稲山にまかせていては、永野にかきまわされてしまう。八幡系の幹部社員が結束して、永野が主張した副社長八人制を阻止《そし》したことが、結果的に富士系の武田専務の副社長への昇格、次期社長への布石《ふせき》を食い止めることになった。副社長の定員を何人にするかでは、八幡に軍配が上がった。

永野の院政の構想は、こうではなかったかと推測されている。

通産省出身の平井富三郎をワンポイントにして、秘蔵っ子の武田豊が社長の椅子を引き継ぐ。次が、元八幡社長、三鬼隆の遺児の三鬼彰（出身は富士系）。三鬼彰は隆の長男だった。その後に永野の長男の永野辰雄を据える。社長は富士系で独占する。永野自身は、新日鐵の会長として、経団連の会長を目指すというものだった。

漁夫の利を得た稲山

抗争が終わりを告げると同時に、人事権は稲山に移った。稲山の後の新日鐵の二代目社長には紛争《ふんそう》の緩衝《かんしょう》役として高級官僚出身の平井富三郎（社長在任一九七三～七六年）。三代目社長は田坂輝敬（同七六～七七年）。田坂はもともと富士系だが、副会長に棚上げされる人事で永野と大喧嘩して、稲山に寝返った。

田坂が急逝《きゅうせい》したため、四代目社長は八幡出身の斎藤英四郎《さいとうえいしろう》（同七七～八一年）。稲山が会長時代は、社長は八幡出身者と自分の人脈で固めた。

一九八一年に稲山が会長を退くと、富士のエース・武田豊が五代目社長（同八一～八七年）に就いた。八幡と富士が交互に社長を出す内紛防止のルールにしたがい、八幡のホープ・阿部譲は、新日鐵系のステンレスの大手メーカー、日新製鋼社長（同八〇～八五年）に転出した。三鬼彰は新日鐵の五代目会長（同八九～九三年）に、永野辰雄はグループ会社、大同鋼板（のち日鉄住金鋼板、非上場）の社長になった。

永野は、とうとう経団連会長になれなかった。永野が狙った経団連会長の座を射止めたのは稲山だった。稲山は財界活動を藤井にまかせて、財界とは距離を置いてきた人だ。人と争いごとをしたことがない性格から、経団連でも人事で自分のカラーを出すことを極力避け、「稲山さんは、ドロをかぶるのを嫌う」と財界で批判された。

人事から逃げた稲山は、結局、「帝王」にはなれなかった。それでも新日鐵と経団連を君臨せずとも統治した。人事や政治家に対する根回しが不得手で、ドロドロしたものを嫌う江戸っ子の粋《いき》な体質によるものだろう。命を張ってくれる味方がいなかった代わりに、とことん憎悪されるような敵もつくらなかった。

「鉄は国家なり」の時代に、担がれて経団連会長になった稲山嘉寛は、神輿《みこし》に乗るのが似合う銀座の旦那《だんな》衆だった。

「運も実力のうち」を地でいった人生だった。

第6章　日産——会社を牛耳る労組のボスとの死闘

三人の「天皇」が君臨した日産

〈一九八六年（昭和六一）三月、日産の前会長の川又克二《かわまたかつじ》は動脈りゅうを患い、危篤《きとく》状態で病院に急ぎかつぎ込まれたが、一週間後八一歳で死去した。日本の新聞は、彼は日本の近代自動車産業の生みの親の一人だった、と誉め称えた。葬儀・告別式は、家族や親しい友人のためのプライベートのものと、大がかりな公式のものと二度行われた。

葬儀の責任者は、川又の仕事の上での最も親しかった仲間であり、川又の権力の源泉だった塩路《しおじ》一郎《いちろう》を招待するかどうかで頭を悩ませた。普通なら塩路は公式の告別式で弔辞《ちょうじ》を読んでもおかしくない。しかし、これはまずい。塩路は最近権勢を失っており、経営陣は彼の参列を望まなかった。日産会長の石原《いしはら》（俊《たかし》）は代理人を通じて、参列したら『フォーカス』や『フライデー』のカメラマンに追い回されるだろう、と塩路に警告した。

塩路はこの警告を受け入れ、川又の火葬の場にだけ参列した。しかし、告別式で弔辞を述べた人たち、興銀の中山素平《なかやまそへい》や経団連の稲山嘉寛《いなやまよしひろ》、日産の石原らは、いずれもいろいろの意味で故人のライバルであり、しばしば全力を挙げて川又のやりたいことを妨害《ぼうがい》した連中だ、ということを塩路は興味深く眺《なが》めていた〉（注1）

ノンフィクション作家デイビッド・ハルバースタムは『覇者《はしゃ》の驕《おご》り——自動車・男たちの産業史』で、川又の葬儀の際の塩路と石原の立ち位置の違いをこう描写した。

日産自動車には、かつて三人の「天皇」がいた。日本興業銀行（のちみずほ銀行）出身の九代目社長の川又克二（一九八六年、八一歳で死去）、生え抜きの一一代社長の石原俊（二〇〇三年、九一歳で死去）、自動車労連（のち日産労連）会長の塩路一郎（二〇一三年、八六歳で死去）の三人である。

一九七〇年代後半からの日産は「三頭政治」体制と呼ばれた。川又と蜜月《みつげつ》関係を結んだ塩路が、石原と激しく対立した。日産の経営は迷走をつづけ、一九九九年にフランスのルノーへの身売りに追い込まれた。

川又克二、石原俊、塩路一郎という三人の天皇による社内抗争が、日産没落の元凶《げんきょう》である。

「日産大争議」に送り込まれた組合潰しの男・川又

一九五三年（昭和二八年）七月、日産自動車は会社側が組合の賃上げ要求を拒否し、組合活動の制限と課長の非組合員化を主張したため、一〇〇日間にもおよぶ争議に突入した。

世にいうところの日産大争議である。この争議が、主要登場人物である川又克二と塩路一郎を結びつけた。

川又克二は一九〇五年（明治三八年）三月一日、現在の水戸市で生まれた。一九二九年旧制東京商科大学（のち一橋大学）を卒業。大学を出ても就職口がなかった不況の時代だ。川又の父の知人が日本興業銀行にいて、幸いなことに興銀が雇ってくれることになった。

一九四一年、帝国陸軍に入隊。主計幹部候補生として国内勤務だったので、戦地は経験しなかった。戦後、興銀に復帰。広島支店長のとき、日産自動車への出向を命じられ、一九四七年、日産の経理担当常務に就任した。労働争議が全国各地で吹き荒れ、革命前夜を思わせる時代だった。

興銀が「労組に対抗できる適任者」と川又を見込んだのは、その特異な性格に起因する。

〈川又克二には、部下はもちろん上役でさえも辟易《へきえき》するような、尊大さとぶっきらぼうなところがあった。日本社会で長い間尊重されてきた礼儀というものにも、無頓着《むとんちゃく》な男だと思われていた。彼は傲慢《ごうまん》だった。（中略）川又は、人から嫌がられても気にかけなかった。傲慢でいて、それを押し通せるところに、彼ならではの迫力が生まれたのだ〉（注2）

日産に入った川又は第二組合をつくらせて、組合を弱体化させる方法をとる。このとき、過激な組合潰しのパートナーとなったのが、宮家愈《みやけまさる》である。

宮家は東京商科大学を卒業。大戦中は零戦《ゼロせん》のパイロットだった。戦後、日産に入り、経理部に配属された。エリートコースを歩むことを目指した宮家が、もっともなりたくないと考えていたのが労働組合の幹部だった。経理部を代表して組合に出席した宮家は、会社の解雇《かいこ》権を支持し、急進的な組合と相容《あいい》れない存在となった。

このことが、川又と宮家を結びつけた。川又の後ろ盾《だて》を得た宮家は、日産大争議の最中の一九五三年八月、第二組合をつくり自ら組合長に就任した。第二組合の軍資金は、会社が興銀から借りたカネが会社を迂回《うかい》して出てきた。

川又は第二組合員には「返済しなくてよい」という暗黙の了解のもとに、資金を貸し付けた。動揺している労働者を第二組合員がバーに連れていき、別れ際《ぎわ》に金を渡した。労働者たちは、これをひそかに〝隠れボーナス〟と呼んでいた。

塩路一郎は、この第二組合の強力な戦士として登場してくるのである。

御用組合で頭角を現すスト破りの若者・塩路

塩路一郎は一九二七年（昭和二年）一月一日、東京・神田に生まれた。父親は叔父と小さな牛乳屋をいとなんでいたが、終戦後まもなく死去。幼い弟妹を養うために、さまざまな職業に就いた。日本油脂の倉庫勤務のかたわら、明治大学法学部の夜間部に進んだ。

日本油脂の組合の幹部を占めていた共産党員たちの、目的のためには手段を選ばないやり口を塩路は嫌悪《けんお》した。塩路は組合の幹部からは「資本家のイヌ」のレッテルを貼られたが、反共思想を隠そうとしなかった。

一九五三年に明治大学を卒業、日産自動車に入社した。東大など官学出の成績優秀な学生を採用してきた日産が、私立の、しかも夜間部卒の塩路を採るのは異例のことだった。

日本油脂は戦前、日産自動車と同じ日産コンツェルングループの一員だった。その日本油脂が反組合活動の闘士だった塩路を「ストライキ破りにぴったりな若者」と推薦したことから、入社できたのである。

川又は面接した塩路に強い印象を受け、「骨のあるやつだ。ああいう男こそ必要なんだ」と人事部長に採用するよう申し渡した。

塩路は喧嘩《けんか》屋といわれた本領を、すぐに発揮する。委員長の益田哲夫《ますだてつお》が率いる総評（日本労働組合総評議会）系の全日本自動車産業労働組合日産分会は、全国最強と評されるほどの勢力を誇っていた。横浜工場の経理課に配属された塩路は、またたく間に反組合派として頭角を現す。

入社間もない一九五三年七月から、四ヵ月間におよぶ労働争議が勃発《ぼっぱつ》した。宮家が第一組合の切り崩しを進め、同年八月、労使協調路線を掲げる第二組合が結成されると、新入社員ながら塩路は組合の会計部長の要職に就いた。

塩路はたちまち有名人になった。第一組合の幹部である粒良喜三郎《つぶらきさぶろう》が重役室に出向いたときのことだ。第二組合結成の直前で、部屋には第二組合をつくった宮家愈がいた。それに、粒良がこれまでに見たことのない若い男がいた。粒良は、委員長の益田の指令で、会社に突きつける六項目の要求を携えていた。粒良は第一組合の要求を説明した。

〈「ばかばかしい」と、宮家の隣の若い男が言った。

粒良は次の組合要求を述べた。ボーナスアップの件だった。

「もっとくだらんね」と、その若い男が言った。

粒良が第三の項目を伝え始めると、若い男がまた口を出した。

「あんたもくだらん人だね。こっちまでバカになりそうだから、とっとと出て行ってくれよ」

粒良は、やっとのことで要求を伝え終えると、あたふたと部屋を出た。

「あのゴタゴタ言った若いやつはだれなんだ？」と、知っていそうな人間に尋ねると、

「塩路とかいう男でね、宮家の新しい鞄《かばん》持ちだよ」という答えが返ってきた〉（注３）

結局、第一組合は力がなくなり、日産は第二組合がメインになった。

「組合が認める社長は川又ただ一人」

川又が社長になれたのは、第二組合の指導者である宮家とその部下の塩路の力があったればこそだ。川又と宮家＝塩路はウインウインの関係を築いていた。川又は敵になりそうな人間を組合を使って排除し、その代わりに宮家と塩路が推す人間に中間管理職のポストを与えた。

一九五五年、川又追い落としのクーデターが起きた。社長の浅原源七《あさはらげんしち》は、戦前、社長をしていたが公職追放に遭《あ》い、解除後の一九五一年に社長に復帰した。

浅原は、専務の川又が組合と組んで力をつけてきたことを恐れた。浅原はメインバンクの興銀の役員たちと会合を持った。その席で「川又は未熟だ、野心がありすぎる。組合ベッタリだ」と激しく批判。川又を子会社でトラックをつくっている日産ディーゼル工業に転出させることで、話がついた。

不意打ちを食らった川又は意気消沈し、宮家に「なんとかしてほしい」と懇願した。傲慢不遜《ごうがんふそん》な川又が泣きを入れたのは、後にも先にもこのときだけだ。

宮家にとっても、川又が子会社に追いやられては一大事である。川又が失脚すれば、自分も粛清《しゅくせい》されるのは目に見えている。ただちに宮家は興銀へ出向き、頭取の中山素平と会い、労働者代表として発言した。

〈宮家は、だれかが失敗を犯したのではないかぎり、銀行が社の内政に干渉《かんしょう》するのは誤りだと思うと述べた。明らかに川又は何か失敗したわけではなかった。

中山は言った。「よく聞け。銀行が最も嫌うのは、こういうごたごたに巻き込まれることだ。これはきみたちの問題であって、わしらの問題じゃない」

全ての関係者に組合の力を見せつけるべく、宮家は横浜工場にストライキの指令を出したが、これはほとんどポーズでしかなかった。他からの手助けもあり、宮家は（事態を）乗り切り、川又は日産ディーゼルに行かずにすんだ〉（注4）

川又追い落としが不発に終わり、淺原は二年後に社長を退いた。後任に生産部門の原科恭一《はらしなきょういち》を推した。ところが、このトップ人事を組合が覆《くつがえ》した。「組合が認めるのは川又ただ一人である」と興銀に理解させるべく宮家は奔走《ほんそう》した。

その結果、川又は一九五七年一一月、日産社長に就任した。川又は悲願の社長の座を手にした。以後、川又は宮家と塩路に大きな負い目を負うことになる。

反共の闘士から労働界のボスとなった塩路

反共の闘士として塩路に注目したのがＡＦＬ－ＣＩＯ（米国労働総同盟・産業別組合会議）である。

一九五八年、日産労組書記長になった塩路は、翌五九年、在日米国大使館とAFL－CIOの援助を受け、ハーバード・ビジネス・スクールの短期セミナーに参加した。第一組合潰しと、浅原との権力闘争に勝利する原動力になってくれたことに対して、川又はこうしたかたちで塩路に報《むく》いたのである。早い話、組合潰しの論功行賞《ろんこうこうしょう》である。

米国滞在中、塩路は米国労働界の指導者ウォルター・ルーサーの開けっぴろげなところに感銘《かんめい》を受けた。自動車産業のメッカ、デトロイトの労働組合のトップたちは、塩路を対等に扱ってくれた。彼らはのちのちまで、塩路の親友となった。

塩路は組合のナンバー2に甘んじるような男ではなかった。つねに権力を追い求め、とうとう宮家を追い落とす。

宮家はもともと重役を目指していた男だ。川又を社長にするために、決定的に重要な役割を演じたと自負する宮家は、成功報酬《ほうしゅう》として日産自動車の取締役の座を要求した。

川又も、さすがに現役の労組組合長を取締役にするわけにはいかない。役員へのコースを歩むには、労組の組合長を退かねばならない。しかし、組合長を辞めれば、宮家は権力を失いタダの人になる。

自分の野心のために組合を踏み台にして重役の椅子を狙う宮家への批判が、組合員のあいだで渦巻《うずま》いた。組合内部で、急激に力を失った宮家は、結局、日産を去り、川又が見つけた別の仕事に就いた。

塩路は一九六一年に日産労組組合長、六二年に日産グループの労組でつくる自動車労連の会長になった。七二年には自動車メーカーの主要労組を統合した自動車総連を結成し、八六年まで会長をつとめた。国際労働機関（ＩＬＯ）理事も兼ねた。塩路は労働界のボスとなった。

「日産は塩路の会社なのだ」

一九六六年八月、日産はプリンス自動車工業を合併した。通産省（のち経済産業省）主導による自動車再編である。

プリンス自動車の合併は社長としての川又の最大の功績だ。名車スカイライン、グロリアなどの車種と、中島飛行機の流れをくむ航空業界の優秀な人材を手に入れた。この結果、日産はトヨタ自動車に迫る国内第二位の自動車メーカーに飛躍した。

塩路が天与の才を持つ組織化の達人であり、偉大な喧嘩屋であることを証明してみせたのが、プリンス自動車の合併のときだ。プリンスの労働組合は、塩路が大嫌いな社会党（当時）系の総評傘下《さんか》に入っていた。塩路はプリンスの組合と一緒になろうなどという気持ちは毛頭なかった。最初から相手を潰してしまおうと考えていた。

〈塩路は、早くから日産側についたプリンスの組合幹部の助けを得て、プリンスの全労働者についての情報を入手していた。その情報をもとに、彼はプリンスの労働者を五つのカテゴリーに分類した。

Aは、すでに日産寄りで塩路に従う人々である。Bは優秀な労働者で、転向しそうな人々。Cは中間で、どちらにつくか分からないので注意が必要だが、大体がまじめな労働者だった。Dは政治的でプリンス寄りの人間である。一部の人々はこちらに転向するかもしれないが、それは最後になってからだろう。Eの労働者は敵方である。塩路の考えでは急進派、もしかすると隠れ共産党（員）かもしれない〉（注5）

プリンスの組合の役員たちは高級料亭に招待され、日産側につくなら将来を約束するが、さもなければ職を失うことになると脅かされた。

一般の労働者については、塩路の手下が彼らを近くの食堂に連れていき、説得を試みた。日産側についた労働者は、それぞれ五人の同僚を次の集会に連れてくるよう依頼された。これは、塩路が不倶《ふぐ》戴天《たいてん》の敵としている共産党のオルグのやり方そのものだった。

日産がプリンスを合併したとき、プリンス労組の中央委員会メンバー四五人のうち四三人が塩路についた。労働者七五〇〇人のうち七三〇〇人以上を塩路は獲得《かくとく》した。

プリンスの組合指導者だった鈴木孝司は、こう回想している。

〈おれは敗北したのではない、征服《せいふく》されたのだ。（日産は）塩路の組合というよりも、塩路の会社そのものなのだ。塩路があまりにうまくやっているので、塩路の上にいるはずの川又も、実はそれを知らないでいるのだろう〉（注６）

人事権を握り、役員人事や経営に不当介入

プリンスの組合指導者が、塩路を日産の独裁者とみなしたのは的を射ていた。

塩路は権力志向の強い男だった。労使一体化路線を進めた塩路が労組の指導者になってから、それまで年中行事となっていたストライキはぴたりと止《や》んだ。

川又は組合対策に気をつかうことなく、生産に専念できた。その見返りとして、川又は塩路に人事権を与えた。人事権は権力そのものである。人事権を掌握すれば人を自由自在に動かすことができる。

人事・労務部門は、塩路派の巣窟《そうくつ》といわれるようになった。日産社内では、労組（＝塩路）の同意がなければ人事や経営方針が決められないほどの影響力を行使し「塩路天皇」と呼ばれた。

高杉良は小説『労働貴族』で、一人の社員にこう語らせている。

〈塩路会長の悪口をいうことは、絶対にタブーで、社員同士で飲んでいるときでも、危なくて話せなかった。塩路批判でもしようものなら、お庭番みたいなスパイがいて、確実に塩路会長の耳に入る仕組みみたいだった。現実に、左遷されたり、飛ばされた者の事例を知っている〉（注7）

塩路は役員人事にも介入した。塩路が首を縦に振らなければ役員になれなかった。役員人事の季節になると、ご機嫌伺《うかが》いに塩路のもとを訪れる候補者が後を絶たなかった。

あるとき、日産ディーゼル工業の社長人事をスクープした記者がいた。本人もその事実を認め、朝刊に書くことになった。ところが深夜になってその役員が「明日の夕刊まで待ってくれないか」と頼み込んできた。

理由を聞くと、「明日朝一番に塩路さんにご挨拶《あいさつ》に行くことになった。その前に新聞辞令が出たら社長就任がパーになる」と言うのである。その記者は夕刊まで待って記事にした。

銀座のクラブで、日産の労務担当重役が直立不動で塩路を出迎えたという話もある。

塩路が経営に不当介入するほどの権力を行使することができたのは、社長の川又が人事権を塩路に丸投げしたからである。

川又克二は一九七三年一一月に岩越忠恕《いわこしただひろ》にバトンタッチするまで一六年間、日産のトップとして君臨した。岩越社長時代の四年間も、川又は会長として院政を敷いた。川又＝塩路の蜜月は二〇年間もつづいた。

日産社内で語り継がれている川又のエピソードがある。川又は芸者を後妻にしたが、この女性が紫色がとても好きだったので、日産はバイオレットという名前の新車を売り出した。本当の話である。

塩路の天敵となる野心家・石原

川又＝塩路の二人の前に立ち塞《ふさ》がったのが、塩路の〝天敵〟となる石原俊である。

石原俊は一九一二年（明治四五年）三月三日、東京・麹町《こうじまち》に生まれた。一九三七年、東北帝国大学法文学部を卒業、日産に入社した。東大など一流大学の卒業者は官庁や財閥《ざいばつ》系の金融機関に入るのが定番だった。地方大学を出た石原は、日産コンツェルンの創設者・鮎川義介《あいかわよしすけ》が一九三三年に設立したばかりの新興企業である日産自動車に入り、経理畑を歩いた。

戦時中には徴用《ちょうよう》を免れ、戦争に行かなかったので、とんとん拍子で昇進した。石原の世代はほとんど戦争に行ったから、社内に競争相手がいなかった。

石原はなかなかの野心家であった。

〈仲間内の飲み会で「俺は40歳代で社長になってみせる」と公言し、日産の創業者鮎川にも「君は将来、日産を背負う男だ」と期待されていた〉（注8）

淺原源七社長時代の一九五一年に、三九歳の若さで石原は部長になった。だが、〝政変〟で川又に社長が交代し、閑職《かんしょく》に回された。経理部長から輸出担当に異動になった。輸出はいまなら花形部門だが、当時はあって無きがごとき部署だ。五〇人以上の部員を抱え、全社にまたがる財務・経理を仕切っていた経理部長から部員が十数人の輸出担当に飛ばされた。浅原派と見なされ、みえみえの左遷だった。

一九六〇年、日産の輸出担当取締役だった石原は、米国日産自動車の社長に任命された。体《てい》よく本社から飛ばされたわけだ。一九六五年まで米国子会社の社長をつとめた。

本社の取締役に復帰した石原は、国内市場向けに、排気量一〇〇〇ccの「サニー」の製造を提案した。この案に川又は激しく反対したが、のちのちこのサニーが日産のベストセラー・カーとなった。

一九七三年に川又が社長を退くとき、誰もがサニーを日産の主力ブランドに育てた石原が後継社長に就くものと思っていた。

川又は、石原を外して岩越忠恕を起用した。塩路が石原を嫌っていたからだ。石原にやっと出番が回ってきたのは四年後。六五歳のときだ。

石原が、自分が社長になることを知ったのは、塩路から「おめでとう」と言われたときだった。キングメーカーが、川又と塩路の二人いることを思い知らされた。

「打倒トヨタ」を掲げた攻めの経営

一九七七年六月、石原俊は社長に就任した。派手なデビューぶりだった。「打倒トヨタ」を掲げて、颯爽《さっそう》と登場した。〝攻めの石原〟と、マスコミは一斉に書きたてた。

一九〇センチ近い巨漢で鋭い視線を持った石原は、「サニー」をヒット商品にしたことでも知られ、メディアの受けもよかった。デビューと同時に、期待される経営者の列に加わった。

社長就任から三ヵ月後、石原は本社勤務の全社員を集めて、こう宣言した。

「私は二年後に国内販売シェアでトヨタを抜いて、日産を日本一の会社にしてみせる」

しかし、これは空振りに終わる。新車開発には最低四年の期間が必要なのである。ニューカーによるシェアの拡大は望めない。

当時の日産は金欠病で、販売店に報奨金を大盤振る舞いする余裕がなかった。報奨金なしで、販売店にノルマだけを課した。これは販売店をないがしろにした無茶苦茶な拡大方針であり、販売シェアに、てきめんに跳《は》ね返ってきた。

石原の就任時に三〇・一％あった国内販売シェアは、翌年には二八・八％に低下。シェア拡大路線はあえなく挫折《ざせつ》した。トヨタを抜くどころか、差は広がった。

国内販売の失敗を取り戻すべく、石原は方向を変え、新経営方針「グローバル10」を打ち出した。世界の自動車生産における日産のシェアを一〇％に引き上げるという目標を掲げた、攻めの経営である。この「グローバル10」が、その後一〇年近くつづく労使対立の導火線となった。

「フェアレディZ」の功労者への嫉妬《しっと》

「グローバル10」を達成するため、石原は、二人の男の封殺《ふうさつ》に全力を挙げる。

一人は米国市場開拓の最大の功労者である片山豊《かたやまゆたか》だ。片山は、トヨタ自動車の豊田英二《とよだえいじ》やホンダの本田宗一郎《ほんだそういちろう》とともに、米国の自動車殿堂入りを果たした快男児だ。ところが、石原が社長になると、片山の名前を口にすることはタブーとなった。

片山は、米国でダットサンブランドの車を売りまくった。最大のヒットになったのが、一九七〇年に発売した「Zカー《ズィー》」。日本名で「フェアレディZ」という若者をターゲットにしたスポーツカーだ。日本車なんかに見向きもしなかった米国の若者に「Zカー」を「DATSUN240Z」のブランドで売りまくった。

しかし、片山の名声が高まれば高まるほど、石原との亀裂《きれつ》は深まった。石原は、片山を本社の役員にしなかっただけでなく、日産から追い出した。

一九八一年、石原は「DATSUN」ブランドを廃止し、世界統一ブランドとして「NISSAN」を採用する方針を打ち出した。片山を連想させる「DATSUN」を葬《ほうむ》り去ったのである。さらに、若者向けにつくっていた「Zカー」を高級車へと衣替《ころもが》えしてしまった。

「Zカー」の生みの親である片山は、「ブランドはユーザーのもの。売る側の都合を押しつけてはいけない」と述べている。まさに至言である。

「DATSUN」を使わなくなったため、全米で日産のクルマは販売不振におちいり、経営状態が悪化した。片山の名声に嫉妬《しっと》した石原の失政のツケは、じつに大きかった。

塩路憎しで経営判断を誤る

石原は、もう一人の男の抹殺《まっさつ》に全精力を注ぐことになる。日産労組を独裁的に牛耳《ぎゅうじ》り、労働界全体にも巨大な発言力を持つ〝天皇〟塩路一郎を叩《たた》き潰すことである。

最初の対決は、人事権を誰がにぎるかであった。労使協調路線の名を借りた労組（＝塩路）の経営介入がある限り、日産に二一世紀の繁栄はないと考えた石原は、塩路から人事権を取り上げることを決断した。

塩路は当時、米国に乗用車生産工場をつくることを主張していた。この工場の労働者がＵＡＷ（全米自動車労働組合）に加盟することで、塩路は国際的な自動車労組の指導者になる野望を抱いた。塩路の若い頃からの友人たちがＵＡＷの幹部になっていたことも、多分に影響した。

一九八〇年一月、石原は米国での現地生産計画を発表した。石原は川又の支持を取りつけ、塩路の野望を打ち砕いた。塩路が主張した乗用車ではなくトラックの生産拠点をつくることにして、ＵＡＷを排除した非組合の工場にしたのである。

小型トラック工場は米テネシー州に建設され、一八〇〇億円の巨費が投じられた。石原は二一世紀を見据えた長期ビジョンに基づき米国進出を決めたわけではなかった。この後遺症は大きかった。

石原は米国で乗用車を生産しなかったため、米国工場をドル箱にすることができなかった。乗用車をつくっていれば、米国で稼ぐことができたのに、塩路の案を忌避《きひ》することばかりに力を注いだため、チャンスを逸した。

今日にいたるまで日産が米国市場でトップ３に入ることがないのは、最初にボタンを大きく掛け違えたからである。

「英国進出を強行したら生産ラインを止めるぞ」

一九八一年一月、石原が英国工場の建設計画を発表したことで、石原と塩路の全面戦争は避けられない事態となった。剛毅《ごうき》で知られる石原は「会社の方針は経営が決める」として、英国進出を塩路にまったく相談しなかった。

ただちに塩路が率いる自動車労連は東京・大手町の経団連記者クラブで会見して、英国進出に反対を表明した。

「日産　深刻な社内亀裂《きれつ》」「内憂外患　日産の英国進出」「ついにお家騒動」――新聞各紙はいっせいに書き立てた。

塩路は「強行したら生産ラインを止めるぞ」と石原に迫った。海外進出に慎重《しんちょう》な会長の川又が塩路を支持し、社長の石原を批判したため、社内は大混乱におちいった。

塩路が英国進出に反対したのは、米国進出にあたって自分のアイデアをコケにされた恨《うら》みがあったからだといわれている。いわば私憤である。

英国の労働組合は塩路が大嫌いな左派が支配しており、米国のＵＡＷのように人的パイプがなかったことが「ノー」の判断を加速させた。塩路は英国進出反対の狼煙《のろし》をあげることで、石原の失脚を狙ったのである。

英国進出問題では、石原が不利な立場に立たされた。労組は「英国は山猫スト（指導部の承認を得ずに、組合員が突発的、散発的にストライキをおこなうこと）が多い。計画した生産ができず、日産本体の経営が危うくなる」と主張した。山猫ストは本当にあったので、石原は返す言葉がなかった。

流れが変わったのは一九八二年のことだ。〝鉄の女〟といわれた英国のマーガレット・サッチャー首相が来日した。来日の目的は日産の英国進出を進展させることだった。サッチャーを迎えたのは進出に反対の川又で、賛成派の石原はあいにく海外に出張中だった。

サッチャーの来日で、日産の英国進出問題は日英両国の政治上のテーマになった。振り子は石原に振れた。

日本政府は、日産の英国進出を国家が後押しするプロジェクトに格上げした。経団連の長老たちは川又に反対をやめるよう説得した。流れを読むのに長《た》けていた川又は、反対の立場を撤回した。

一九八三年、川又は相談役に退き、石原が完全に主導権をにぎった。ここから塩路への本格的な反攻がはじまる。

「塩路会長の恥ずべき行為は日産を弱体化させる」

塩路攻撃の火の手があがった。組合員に郵送された「日産の働く仲間に心から訴える」という文書である。日付は一九八三年（昭和五八年）九月。「日産係長会、組長会有志」とある。全編、塩路一郎批判だった。

『週刊文春』（一九八三年一〇月二七日号）は文書の内容をくわしく報じた。

〈塩路会長が自動車労連会長に就任して以来二十一年の歳月がたちました。（中略）しかし、最近、塩路会長が会社の内外で行っている恥ずべき行動は、日産の企業基盤を弱体化させるばかりであり、（中略）生産現場の中核を担う我々の係長会・組長会のメンバーは、もうこれ以上、塩路会長の行

動についていくことができない、と決意し、ここに立ち上がりました。（中略）

いかに経営者を追いつめるかだけに全力を傾注してきた塩路会長の目的は何でしょうか。それは、以前のように会社から甘い汁を吸えなくなり、自分の権力の範囲が段々狭められていくのに、あせりを感じた塩路会長が昔の権力を取り戻すため、組合や生産現場をバックに混乱を起こさせ、あわよくば、経営者を追い出したい。ここに塩路会長の真の目的があるようです〉（注9）

この文書の作成には石原直系の常務クラスが関与したと噂《うわさ》されたが、真偽《しんぎ》は不明である。労連本部の指示で、労連会長を誹謗《ひぼう》する悪質な怪文書として回収され、焚書《ふんしょ》にされたという。日産内部でいうところの「焚書事件」である。

「フォーカス」された労働貴族のカネと女

写真週刊誌『フォーカス』（一九八四年一月二七日号）の記事が塩路にトドメを刺したといわれている。見出しは「日産労組『塩路天皇』の道楽――英国進出を脅かす『ヨットの女』」。

神奈川県・三浦半島の相模湾《さがみわん》に面したヨットハーバー、佐島《さじま》マリーナで、塩路が「いま建造すれば四〇〇〇万円を下らない」自家用のヨットに若い女を乗せている写真が掲載されている。

〈ヨットの持ち主の名は、塩路一郎（57）。日本第2位の自動車メーカー、日産自動車の巨大労組、自動車労連会長。また、自動車メーカー各社の労組のセンターである自動車総連の会長でもある。

ほかにも肩書きはゴロゴロ。

57年の年収が１８６３万円。７ＬＤＫの自宅を東京・品川区に所有し、組合の専用車プレジデントのほかにフェアレディＺ２台（１台は本人所有、１台は日産車体所有）を使用。「労組の指導者が銀座で飲み、ヨットで遊んで何が悪いか」と、広言してはばからない人物である〉（注10）

日産社内で「あのフォーカス事件」として、ひそかに伝承されている。石原による塩路追い落としの仕掛けが見事にハマった瞬間である。

長年におよぶ組合内独裁や労働貴族と呼ばれる豪華な生活に不満をつのらせていた工場勤務の組合員からの批判が火を噴き、塩路は事実上、解任されるかたちで、一九八六年二月、自動車労連と自動車総連会長を辞任した。

「社長任期中の大半は塩路氏との対決」

石原は塩路の追い落としに成功した。後年、石原は「社長任期中の大半は、塩路氏との対決に時間を費やした」と語ったほどだ。

石原の艶聞《えんぶん》について書いておく。彼の全盛時代、年末になると旧経団連会館で、パーティー形式の日産自動車のマスコミ懇親会が開かれたが、なぜか女優の松坂慶子《まつざかけいこ》がゲストとして顔を出していた。

松坂はいまでもＮＨＫの大河ドラマに出たりしているが、当時の彼女はバリバリの人気女優で、出席した記者たちは「なぜ、どうして、（石原と）どういう関係なの？？」と首を傾げていた。

石原は塩路を潰すために金に糸目をつけなかった。

佐藤正明《さとうまさあき》は『日産　その栄光と屈辱《くつじょく》——消された歴史　消せない過去』で、「マスコミを使った塩路批判・中傷《ちゅうしょう》記事は、海外プロジェクトがスタートした八〇年の春から本格化した」として、こう書いた。

〈「ホップ、ステップ、ジャンプ」。石原さんが立てた塩路抹殺《まっさつ》劇のシナリオである。誹謗《ひぼう》中傷の怪文書を執拗《しつよう》に流し、イメージダウンを図るのがホップ。金と女というお決まりのスキャンダルを捏《ねっ》造《ぞう》するのがステップ。怪文書と捏造したスキャンダルを週刊誌や月刊誌などのマスコミに売り込み、問題を経営政策からスキャンダルじみた権力闘争にすり替え、塩路さんを失脚させるのがジャンプである。

怪文書と労組トップのスキャンダラスな写真が頻繁《ひんぱん》にマスコミに出回れば、日産のイメージダウンは避けられないが、組合員を動揺させる効果はある。石原さんの狙いはそこにあった。

その一方で自動車労連副会長をはじめとする組合幹部と水面下では接触して、悪魔のささやきで転向を促《うなが》し、最後は会社は手を汚さず組合の手で塩路さんを組織から追放する。これが石原さんの描いたシナリオである。その実行部隊は社長室、人事部、広報室である〉（注11）

石原が社長のとき、日産は多い年には年間で七〇〇億円もの宣伝広告費を支出していたが、そのなかから「反塩路＝塩路潰し」のための対策費が捻出《ねんしゅつ》されていたと佐藤は指摘した。この軍資金は、合法的な経費である宣伝広告費として計上され、凄《すさ》まじい効果を発揮したという説である。

ただ断っておかなければならないのは、佐藤は塩路ときわめて近しい存在だったということだ。佐藤は『投資経済』という株式の業界誌の記者から、日経が『日経産業新聞』を立ち上げるときに中途入社した人物で、日経では電機と自動車担当記者しかやっておらず、自動車担当記者、同編集委員として一時期、〝日経の顔〟といわれた。

この当時の日本経済新聞の産業部（企業を担当するミクロ経済を取材する部門）では、塩路にきわめて近かった佐藤と、石原に深く食い込んでいた記者・長谷川秀行が鋭く対立していた。

長谷川は流通業界を取材して『日経流通新聞』におもに記事を書いていたセクションのエースと呼ばれ、当時、飛ぶ鳥を落とす勢いだったダイエー社長の中内㓛《なかうちいさお》の公私にわたる〝同志〟的存在だった。佐藤の専横を快く思わなかった編集幹部が、長谷川を流通経済部から産業部に異動させ、日産自動車を取材させた。

「記者として、（倫理観から見て）いささか問題のある」（当時の日経編集局の幹部）二人を嚙ませることで、日経は日産自動車の取材で〝保険〟を掛けた、とのうがった見方もある。

経営破綻《はたん》につながった国際戦略の大失敗

〝闇の帝王〟である塩路一郎を葬り去った石原は、一九八五年六月、社長職を久米豊《くめゆたか》に譲り、自ら会長となったが、経営の実権は手放さなかった。

結論を言おう。塩路追い落としの大義名分《たいぎめいぶん》として掲げた「グローバル10」は大失敗に終わり、日産の経営破綻《はたん》の遠因となる。

スペインのモトール・イベリカへの資本参加は、巨額の赤字しか生み出さなかった。イタリアのアルファ・ロメオとの合弁事業や、ドイツのフォルクスワーゲン（ＶＷ）との日本での小型車の生産も、あえなく失敗した。

従来の「ＤＡＴＳＵＮ」ブランドを「ＮＩＳＳＡＮ」ブランドに統一したことは、致命的な戦略ミスとなった。北米市場を筆頭にグローバルマーケットで歴史と競争力を持っていた「DATSUN」ブランドを自ら放擲《ほうてき》したことが、日産が長期的に低迷する原因となった。

ちなみに、現在、ロシアやインドの新興市場に投入する低価格車の「DATSUN」ブランドは、静かにではあるが復活している。

英国進出は塩路が牛耳る労働組合の反対にあって、工場の稼働が大幅に遅れた。石原が推し進めた国際戦略は惨憺《さんたん》たる結果をもたらし、国内シェアは低下をつづけた。

「グローバル10」の急拡大路線の最大のツケは、巨額の負債となって跳《は》ね返ってきた。一九九〇年のバブル崩壊で、日産の財務体質は一気に悪化した。一九九二年六月、辻義文《つじよしふみ》の社長就任を機に、石原は相談役に退いた。

その後も日産の経営は長期にわたって低迷がつづき、塙義一《はなわよしかず》社長時代の一九九九年に、フランスのルノーの軍門に下った。

そして二〇〇〇年に、コストカッターと異名を取るカルロス・ゴーンが乗り込んできた。ゴーンは現在にいたるまで長期政権をつづけている。

独裁者しか統治できない企業体質

抗争の主役たちは、政敵に責任をなすりつけた。塩路一郎は「石原俊が推し進めた海外進出の多くが失敗に終わり、巨額赤字を生んだ」ことを、日産の経営破綻の理由に挙げた。石原は「日産が苦境におちいった原因は組合にある」と塩路が経営危機の元凶だと指弾した。

二人とも、自分の責任を棚に上げて、相手の責任をあげつらった。笑止千万というほかはない。彼ら二人は経営戦略の違いで対立したわけではない。怨念《おんねん》対怨念。やられたら、やり返す。憎悪をむき出しにした喧嘩でしかなかった。

怪文書の表現をそのまま使えば、「錆《さび》は鉄より生じて鉄そのものを亡ぼす」のである。

日産という企業内に生じた川又、塩路、石原という鉄錆が日産を亡ぼした。日産をサバイバルさせ、名経営者と謳《うた》われるようになったカルロス・ゴーンも長いあいだ独裁者として君臨して、いまでは新しい、大きな鉄錆と化している。

独裁者でなければ統治できない企業体質そのものに、日産の敗北の根本原因があることは、今も昔も、ずっと変わっていないのである。

第7章　神戸製鋼――闇勢力を招き入れた内紛

企業トップとヤクザ幹部が出席した結婚式

一九九一年六月、野村證券は大口顧客への二〇〇億円もの損失補塡《ほてん》が発覚し、当時の田淵節也《たぶちせつや》会長、田淵義久《よしひさ》社長の「両田淵」が辞任した。

後任社長は債券畑出身の酒巻英雄《さかまきひでお》。酒巻は〝ノルマ証券〟といわれた苛烈《かれつ》な営業ノルマを全廃し、営業の正常化を宣言した。

ところが実態は違っていた。クリーン野村を誓った翌年（一九九二年）から、小池隆一《こいけりゅういち》という総会屋の親族企業に利益供与をつづけていたのだ。年間五億円の儲けが出るように細工した。

証券界のガリバー、野村のスキャンダルをスクープしたのは北海道新聞（一九九六年九月）だったが、野村は有力ブロック紙の報道を完全に無視し、「通常の取引で違法性はない」と強弁《きょうべん》した。

ところが一九九七年三月六日、野村は一転して「証券取引等監視委員会がこの問題について調査中。

利益供与の疑いの濃い取引が五件あった」ことを明らかにした。記者会見したのは斉藤惇《さいとうあつし》副社長。のちに東京証券取引所のトップになった人物だ。翌七日、社長の酒巻は辞意を表明した。

小池隆一は、野村の株式三〇万株を保有する大株主という立場を利用して不正な取引を要求。大和、日興、山一の四大証券の株式をやはり三〇万株ずつ持っており、利益供与を求めた。

四大証券の株式購入資金や株取引の原資が第一勧業銀行（のち、みずほ銀行）から融資されていることが報じられるや、事件は一気に第一勧銀疑惑に様相を変えた。

第一勧銀の本店に対する東京地検特捜部の捜査が電撃的にはじまったのは、一九九七年五月二〇日午前九時だった。検事や事務官、総勢一〇〇人、前代未聞《みもん》の人数であった。捜索は総会屋・小池に対する野村證券の利益供与事件の関係先という位置づけだったが、東京地検特捜部のターゲットは最初から第一勧銀だった。

これが野村證券＝第一勧銀の総会屋への利益供与事件の顚末《てんまつ》である。

一九九〇年（平成二年）四月二八日、東京・港区のホテルオークラ別館「曙《あけぼの》の間」で、神戸製鋼所の若い社員の結婚披露宴がおこなわれた。

ホテルオークラでおこなわれていたのは、この野村證券＝第一勧銀総会屋利益供与事件で逮捕された小池隆一が師と仰いだ、総会屋・木島力也《きじまりきや》の長男の結婚式だった。

神鋼からは牧冬彦《まきふゆひこ》会長、亀高素吉《かめたかそきち》社長や、その後社長になる熊本昌弘《くまもとまさひろ》が出席した。第一勧業銀行も頭取以下、七人が出席した。

席次表によると一〇人掛けテーブルの数は二五。二五〇人が木島ジュニアの前途を祝福した。式場中央のメインテーブル（主賓席）には亀高素吉や、一九九七年六月二九日、自宅の書棚にビニール紐をかけて首を吊《つ》って自殺した元第一勧銀会長の宮崎邦次《みやざきくにじ》（出席時の肩書は頭取）、三菱地所会長の高木丈太郎《たかぎじょうたろう》（同社長）が座っていた。野村證券からは役員や総務部の幹部など数人が招かれた。

「招待客のリスト作成には、小池隆一が深くかかわっていた。式当日も席順など、こまごましたことをホテル関係者に指示していた」（出席者の一人）。小池にとって、この結婚式は〝木島直系〟であることを出席者に認知させる絶好の機会だった。

この結婚式が異様なものに映るのは、一九六九年から七〇年にかけて起こった「神戸製鋼所の内紛《ないふん》劇」に関与した町井久之《まちいひさゆき》をはじめとする、広域暴力団の最高幹部が数人出席していたからだ。

会長・社長などトップや幹部が顔を出さざるを得なかった三〇社は「総会屋の木島になんらかの弱みをにぎられていた」ということになる。「結婚式に大物がそろうように根回しした」といわれている亀高はもちろんのことだが、欠席したくてもできなかった企業人たちは、会社レベルなのか個人レベルなのかは別にして、「（木島に）きんたまをぎゅっとつかまれていた」ことになる。

席次表が出席者（特に経済人）と総会屋・木島との関係性を、ものの見事にあぶり出していた。この結婚式は、表社会と裏の人間の結びつきをあざやかに映し出していた。

拙著『戦後六〇年史 九つの闇』で取材したときの神鋼側のコメントはこうだった。

〈「神鋼では、ヒラ社員の結婚式に、歴代社長がそろって出席するのですか？」と聞いてみた。

「亀高は秘書室長時代に鈴木博章《ひろあき》社長（第一一代、七四年一一月から一年一〇ヵ月、社長として在任）から木島を紹介された経緯もあり、それ相応の敬意を払って付き合っていた。（ただ）子息の結婚式への出席は特別なことと言われても仕方がない」と広報部長が答えた〉（注1）

総会屋と手を組んで神鋼を牛耳る男たち

一九九七年夏、「大企業不祥事事件の黒幕――亀高素吉。一勧と野村を巻き込んだ男の裏の実態に迫る」と銘打《めいう》った一種の怪文書が筆者のもとに送られてきた。

〈外島《としま》（健吉《けんきち》）、曽我野《そがの》（秀雄）問題は、二人の対立が、総会屋の〝総元締め〟児玉誉士夫《こだまよしお》と児玉に連なる木島を神鋼深く呼び込んだ。火中の栗を拾ったのは、故鈴木博章だった。彼は定年間際の総務部長。誰もがやがて静かに退社すると考えていた。ところが、児玉（誉士夫）と握手することによって、一躍脚光を浴び、たちまち、社長へと昇りつめた。鈴木の下で活躍していたのが亀高素吉。この男は今日に至るまで、総会屋と手を結んで神戸製鋼所を牛耳《ぎゅうじ》ってきた。神鋼を泥《どろ》まみれにした張本人である〉（注2）

亀高バッシングのこの怪文書の発信源は、「神鋼内部」との説が根強く流れていた。

神鋼の内紛劇で、児玉の手足となって働いたのが木島だった。「児玉亡き後、もっぱら木島が（神鋼を）食い物にした。白昼堂々、本社に乗り込むこともしばしば。行きも帰りも、社員は廊下に整列して、最敬礼させられた」と怪文書は告発した。

木島の長男の神鋼入りについて、亀高は写真週刊誌『フライデー』（一九九七年八月八日号）に日比谷公園で直撃インタビューされて、「試験を受けて入ったんです。情実入社ではありません」と答えている。

以下、前出の拙著『戦後六〇年史 九つの闇』で取材した神鋼側のコメントを引用する。

〈「木島の出身地、新潟営業所に赴任させたが、まるで仕事をしない。上司が困り切っていた」との内部証言もあった。彼は、華やかな結婚をした妻とも別離、今は「英語が少しできるので、ニューヨークに勤務しているとのことだ」（広報部長が社員の勤務地を伝聞形式で伝えるとは。神鋼とはいったい、いかなる会社か!?）。

木島の妻の妹婿《いもうとむこ》・Oが系列の神鋼商事の総務部の運転手をしていることが判明している。Oは木島のジュニアの結婚式にも夫婦で出席した。

『フライデー』誌の質問に対する亀高の答えは、「木島さんが亡くなったあと、その家族の方の就職の面倒を見るといったことはあったかもしれません」である。

この点を、広報幹部にただすと、

「調べたことがないので、事実関係はわからない」

「何故、調べないのか？ 事実でないなら、はっきり否定すべきではないか」とたたみかけると、

「――――」（否定せず）で終わった〉（同注2）

神鋼が児玉誉士夫、木島力也に食いちぎられる原因をつくった経営陣の内紛は、まるでガン細胞のように社内を蝕《むしば》んでいたのである。

自前の高炉が悲願だった神戸製鋼

神戸製鋼所は一九〇五年（明治三八年）九月、戦前の有力財閥《ざいばつ》であった鈴木商店が小林製鋼所を買収したのが起源。一九一一年（明治四四年）六月、鈴木商店から独立し、株式会社神戸製鋼所として発足《ほっそく》した。

鈴木商店は、第一次大戦の好況時に大番頭の金子《かねこ》直吉《なおきち》が推し進めた急激な業務拡大で、売上高で三井・三菱を上回る日本最大級の商社・企業集団にのし上がった。

しかし、超積極経営が裏目に出て、関東大震災後に経営が悪化。一九二七年（昭和二年）、台湾《たいわん》銀行の融資打ち切りが引き金となって倒産。昭和初期の金融恐慌《きょうこう》の発端《ほったん》をつくった企業グループである。

金子が種をまいた企業は神戸製鋼所、帝人、ＩＨＩ、日商岩井（のち双日）など枚挙《まいきょ》にいとまがない。

神鋼が創立者としているのは、第五代社長の田宮嘉右衛門《たみやかえもん》である。愛媛県の新居浜《にいはま》で生まれた。住友樟《しょうのう》脳製造所をへて、鈴木商店に採用された。鈴木商店が小林製鋼所を買収して神戸製鋼所に改称した際に、初代支配人として就任。社長就任は一九三四年。従業員四一人からスタートし、従業員七万人の大企業に育て上げた。

一九四五年八月、日本は敗戦。翌九月、田宮は神鋼の社長を辞任した。ここから神鋼の戦後がはじまる。

戦後の神鋼の実力者は浅田長平《あさだちょうへい》である。大阪府出身で京都帝国大学を卒業。田宮の後を継いで第六代社長に就いたが、ＧＨＱによる公職追放を受けて辞任。公職追放が解除された一九五二年一一月、第八代社長として復帰した。

鈴木商店がつぶれた後、浅田は田宮の部下として爪《つめ》に火をともす思いで神鋼を支えてきた人物だ。

地元の神戸新聞は、一九七六年七月から三年にわたって、神鋼、帝人、日商岩井といった大企業を開花させた鈴木商店OBたちの証言を連載した。単行本は絶版となっていたが、電子書籍『海鳴りやまず――神戸近代史の主役たち』四部作として復活した。このうちの第四部をもとに「神鋼の内紛」にいたる足跡をたどる。

この内紛が、野村證券＝第一勧銀の総会屋利益供与事件へとつながる原点となっているからだ。

川崎製鉄（のちJFEホールディングス）や住友金属工業（のち新日鐵住金）と同様、平炉《へいろ》メーカーだった神鋼にとって、自前の高炉を持ち銑鋼《せんこう》一貫体制（鉄鉱石から鋼材の生産までの工程を連続しておこなうこと）を整えることが、戦前からの悲願であった。

平炉とは銑鉄《せんてつ》、屑鉄《くずてつ》などから鋼をつくる炉。高炉は鉄鉱石から銑鉄を製出する炉。耐火煉瓦《れんが》で築いた溶鉱炉が、高炉のシンボルである。

尼崎製鉄と尼崎製鋼を一括買収

戦後、川鉄は千葉に高炉を建設した。住金も小倉製鋼を吸収合併。それぞれ銑鋼一貫メーカーの道を歩みはじめていた。

一方、神鋼は出遅れた。金融（銀行の支援）がネックになった。鈴木商店の主力銀行だった台湾銀行はもはや存在しない。やむなく第一銀行（のち第一勧業銀行、その後みずほ銀行）に融資を依頼し、主力銀行になってくれるよう頼み込んだが、第一銀は川鉄だけでも荷が重い状態だった。全面的に頼ることができる銀行を持たない弱みが、神鋼の企業活動を制約した。

〈「尼崎《あまがさき》製鉄をお宅で何とかしてもらえないだろうか」

浅田のところへ話を持ち込んだのは三和銀行である。三和は尼鉄のメーンバンクで、大株主でもあったのだが、尼鉄にはほとほと手を焼いていた〉（注３）

尼崎製鉄（尼鉄）は、このとき完全に経営に行き詰まっていた。兄弟会社の尼崎製鋼（尼鋼）が長期ストで倒産。尼鉄がもらうべき銑鉄代金、一〇億円近くが焦《こ》げついた。三和銀は高炉進出に立ち遅れた神鋼なら飛びつくと考えて、売却話を持ち込んだのだ。

浅田は二つ返事で引き受けた。尼鉄を支配下に置くことで、銑鋼一貫体制の格好が、どうにかつく。それ以上に、三和銀との金融パイプが太くなることが魅力だった。

神鋼の足元を見透かした三和銀は、倒産した尼鋼もついでに面倒をみてくれと要請した。尼鉄は高炉を持っていたが、尼鋼は平炉。さすがに浅田は二の足を踏んだ。それでも金融の後ろ盾を失いたくないとの思いから、結局、一九五四年、尼鉄のみならず尼鋼まで引き受けた。

下手《へた》すれば神鋼が共倒れになるおそれがある、リスキーな買収だった。浅田は尼鋼の再建に、曽我野秀雄を副社長として送り込んだ。

尼鉄の再建功労者・曽我野

曽我野秀雄の肩書は副社長だが、実際の経営は彼がみた。曽我野は荒法師《あらほうし》とも暴れん坊とも呼ばれた辣腕《らつわん》の営業マンだった。前出の神戸新聞に、彼はこう語っている。

〈「行ってみて驚いた。累積赤字は40億円、借入金が21億円ばかりある。そのうえ不良債権のようなものが10数億円。借入金は一部タナ上げ、残りは利息なしの長期返済にしてね。一般債権者にも掛け合って、半分以上を債務免除にさせた。再建したら必ず恩返しはする、と頭をこすりつけてね、納得して貰った」〉（注4）

会社を座礁《ざしょう》させた前社長が経営の旨としたのは「高賃金、高能率」だった。だから、尼鋼の社員は同業他社より頭一つ抜きん出た高給取りだった。

曽我野は高賃金、高能率などはクソくらえ、と言い放った。従業員は、その気迫にタジタジとなり見違えるばかりに、よく働いた。

天も味方した。スエズ運河の閉鎖で造船ブームが到来した。つくった端から、製品は造船所に売れた。尼鋼は三年目に借金を完済し、整理を完了した。

立ち直った尼鉄と尼鋼は一九五八年に晴れて合併し、新生・尼崎製鉄としてスタートを切った。立ち直ったのは曽我野の力によるところが大きかった。曽我野は新生・尼崎製鉄の副社長に就いた。

神鋼を高炉メーカーに育てた外島

尼鉄、尼鋼を立ち直らせたことで、浅田は三和銀行という太い金融のパイプを得た。そこで、悲願としてきた神鋼本体の高炉建設に乗り出す。神戸市の埋め立て地に高炉を建設。一九五九年（昭和三四年）一月、神鋼灘浜《なだはま》工場（のち神戸製鉄所）で、一号高炉の火入れ式が挙行された。

一号高炉の完成を目前にした一九五八年一一月、浅田は「灘浜は見通しがついたし、あとは若い者にまかせたほうがええ」と言って、専務の外島健吉《としまけんきち》にバトンタッチする。

外島は一九〇二年（明治三五年）六月三〇日生まれで、奈良県の出身。京都帝国大学工学部採工冶《や》金《きん》科を卒業、神戸製鋼所に入社した。灘浜に高炉建設を主張する若手技術者の先頭に立っていた。

浅田は、早くから外島を後継者と決めていたようで、外島より社歴、役員歴の長い重役連を差しおいて外島を専務に起用し、次に社長に大抜擢《だいばってき》した。

一号高炉の火入れをおこなったのは、新社長になったばかりの外島だった。

「長い社長時代に、何が一番嬉しかったかといわれると、やはり、この日以外にない」と、外島は述懐している。

外島は一号高炉を建設したのを皮切りに、尼崎製鉄の吸収合併、加古川《かこがわ》製鉄所の建設と、平炉メーカーだった神鋼を一貫製鉄所に育て上げた。一九七二年に会長、七四年に相談役に退いた。七六年からは神戸商工会議所会頭をつとめた。

外島が社長在任中に、裏社会の介入《かいにゅう》を招く内紛が発生するのである。

尼鉄との合併話のこじれ

神鋼社長の外島と、その頃には尼鉄の社長になっていた曽我野とのあいだで、抜き差しならぬ対立が生じた。神鋼と尼鉄の合併話が、こじれたのだ。

神鋼の製品の特徴は線材《せんざい》と棒鋼《ぼうこう》だったが、これだけでは一人前の製鉄会社とはいえない。兵庫・加古川に近代的な製鉄所を建設し、名実ともに一流の一貫メーカーになるには、鋼板《こうはん》や形鋼《かたこう》など花形製品の品揃えが不可欠だった。

尼鉄の社長に就任した曽我野は、加古川製鉄所の高炉着工をひたすら待っていた。

〈「いくら優秀な製品を作っても、その間に市場をさらわれてしまったのではなんにもならない（中略）」

加古川を待ち切れなかった曽我野は（昭和）38年、大阪・堺に薄板《うすいた》工場をつくる。原料であるホットコイルは八幡《やわた》（当時）の堺製鉄所から供給を受けるという変則体制だった。

生粋《きっすい》の営業マンである曽我野にしてみれば、たとえ変則であれ、（製品を作って）市場の先取りはなんとしてもやっておきたい事柄であったようだ。いかにも大胆、荒法師の異名《いみょう》をとる曽我野らしいやり方である。

当時を知る尼鉄マンによると、

「まさに号令一下、全力を挙げて（堺の薄板工場を）建設した。その時の曽我野さんの迫力たるや、すさまじいものがあった」〉（注5）

だが、薄板工場は赤字。八幡から買っていたホットコイルが当初の見込みより高くついたからだ。材料のコストが高すぎて、利益が出なかったのである。

これに危機感を抱いたのが、神鋼会長の浅田と社長の外島だった。堺が赤字では、加古川の製鉄所計画に支障が出ると判断して、尼鉄との合併を前倒しで進めることにした。

曽我野は堺工場が採算に乗ってから合併を考えていたが、浅田は待ったなしで事を進めていった。スッタモンダの挙げ句、結局、両社は一九六五年四月一日付で合併した。

合併を機に浅田は会長を退き、相談役になった。同時に尼鉄の社長だった曽我野が、神鋼の副社長に就いた。

神鋼に食い込む右翼と総会屋

合併をめぐるわだかまりがあったから、社長の外島と副社長の曽我野がうまくいくわけがなかった。合併から四年後の一九六九年から七〇年にかけて、両者は激突した。

神鋼が一九六八年、八〇〇〇万円を投じて尼崎スチール物産の株式一六万株を買い増したのが事件の発端だ。尼崎スチールは尼崎製鉄の子会社だったが、経営が思わしくなく「倒産は時間の問題」とされていた。買い増しは、副社長の曽我野の指示でおこなわれた。

社長の外島に無断で買い増しがおこなわれ、しかも尼崎スチールの社長が曽我野の遠縁にあたることから、外島は激怒した。「責任を取って副社長を辞任せよ」と曽我野に強く迫った。

追い詰められた曽我野が駆け込んだ先が、右翼の巨魁《きょかい》・児玉誉士夫のもとだった。いかにも、荒法師といわれる曽我野らしい荒っぽい行動だ。

児玉は「外島追い落とし」に力を貸すことを約束し、事件に介入してきた。

しかし、尼崎スチールは一年後に倒産し、株券は紙屑《かみくず》同然となった。

この倒産を境に、児玉は外島側に寝返る。このとき、児玉の意向に沿って動いたのが総会屋の木島力也だった。

木島は児玉のダミーとして、神鋼内部に深く食い込んでいく。

児玉を社長派に引っ張り込むのに重要な役割を果たした人物がいる。神戸新聞は、この人物について直接、言及していないが、わかる人にはすぐピンとくる記事を書いている。

〈灘浜の建設を通じて、外島や浅田の前に彗星《すいせい》のように現れた一人の男がいた。文書課長鈴木博章（後の社長）である。

（昭和）32年、神鋼金属の合併で本社に戻り、労務課長になるべきところを文書に回った。灘浜では埋め立てについての神戸市との折衝、地元の酒造組合や住民との交渉——と、巨体に似ず敏捷《びんしょう》に動き回り、一人でまとめあげた。

この鈴木の活躍を見て、外島は「この男、なかなかできる」という印象を持ったと言う。鈴木はこの後東京支店総務課長になり、37年には社長外島の秘書役を務めることになる〉（注6）

鈴木は冒頭で取り上げた怪文書で「児玉誉士夫と握手することによって、社長に昇りつめた」と糾《きゅう》弾《だん》されている。

日本でもっとも怖い男・児玉誉士夫

評論家の大宅壮一《おおやそういち》は児玉誉士夫と何度も対談し、興味深い分析をしている。

〈児玉誉士夫と膝《ひざ》をまじえて、ひと晩ゆっくりと語りあうことによって私がえた結論は、彼は危機の求道者《ぐどうしゃ》だということである。少年時代から今日まで彼が歩んできたあとをふりかえってみると、彼はいつでも自らの手で危機を設定し、ときには創造もしている。自分の身辺に絶えず小さな〝戦争〟をつくり出し、その中に自ら挺身隊《ていしんたい》として突入して行くことに最大な喜び、陶酔を感じているのだ。恐らく日本人の中で、その生涯において、彼くらい大量の危機をむさぼり、くぐりぬけてきたものは少いであろう。いわば彼は〝危機中毒者〟である〉（注7）

児玉は田中角栄《たなかかくえい》元首相、田中の〝刎頸《ふんけい》の友〟といわれる国際興業オーナーの小佐野賢治《おさのけんじ》とともに、ロッキード事件で起訴《きそ》された。一九七六年七月二七日、田中角栄は五億円の受託収賄《しゅうわい》と外国為替《かわせ》・外国貿易管理法違反の容疑で逮捕された。ロッキード社から五億円のワイロを受け取った「総理の犯罪」として、日本中が騒然となった事件である。

所得税法違反（脱税）と外為《がいため》法違反に問われた児玉は判決を前に、一九八四年一月一七日、入院先の東京・新宿の東京女子医大付属病院で死去した。脳梗塞《のうこうそく》による心不全。享年《きょうねん》七二。児玉の病死によって、公訴は棄却《ききゃく》された。

「日本でもっとも怖い男」とみなされた児玉誉士夫は、一九一一年（明治四四年）二月一八日、福島県安達《あだち》郡本宮町に生まれた。一七歳のとき、上京し、当時、先鋭的といわれた右翼団体・建国会に入会。天皇直訴《じきそ》事件や井上準之助《いのうえじゅんのすけ》蔵相脅迫事件で三度服役する。

戦時中、海軍航空本部嘱託《しょくたく》となって「児玉機関」をつくり、中国・上海《シャンハイ》を拠点に物資を調達。莫大《ばくだい》な資産を残し、終戦直後の自由党結成に七〇〇〇万円とダイヤ・プラチナなどを拠出。鳩山一郎《はとやまいちろう》、大《おお》野《の》伴睦《ばんぼく》、河野一郎《こうのいちろう》ら党人派（官僚出身ではなく政党生え抜きの政治家の派閥《はばつ》）を中心に政財界に人脈をつくり、「政界の黒幕」と呼ばれた。

一九六〇年の安保改定反対闘争の前年の、いわゆる「帝国ホテル光琳《こうりん》の間密約事件」に児玉は絡《から》んでいる。岸信介《きしのぶすけ》首相が安保改定について大野、河野両派の協力をとりつけるため、大野伴睦、河野一郎と「次の総理は大野、その次は河野」と密約し、念書までつくった事件である。大野、河野ら党人派の後ろ盾だった児玉は、この密約の立会人になった。

だが、大野伴睦への政権譲渡を誓約《せいやく》したにもかかわらず、次の総裁公選で岸が池田勇人《いけだはやと》支持に回ったことから、立会人の児玉が激怒。新総裁誕生を祝うレセプションの会場で、大化会《たいかかい》（児玉が会員の右翼団体）の元会員・荒牧退助が岸を刺した。

児玉はハッタリではなく人を殺せる人物である。いつでも、どこへでも刺客《しかく》を差し向けることができることから、児玉は恐れられた。

児玉人脈の広がりは右翼、暴力団、総会屋は言うに及ばず、政治家、財界人、官僚、マスコミ、文化人の世界にまで広がっていた。文字どおり、「戦後最大の黒幕」「最後のフィクサー」だった。

児玉が送り込んだ総会屋・木島力也

立花隆《たちばなたかし》は「児玉誉士夫とは何か」（『田中角栄研究——全記録』下巻に収録）にこう書いている。

〈児玉の主要業務はアンダーグラウンド・コンサルタント業である。ウラ世界のよろず相談受付所である。持ちかけられた相談の内容によって、彼はある場合はフィクサー（まとめ役）となり、ある場合はブローカーとなり、ある場合は、仕掛け人、工作者となる。こうした業務を遂行《すいこう》していく上で、彼の領域を超えた顔の広さがなによりものをいう〉（注8）

経営者は児玉の名前を聞いただけで震《ふる》えあがったが、その一方で、揉《も》めごとの解決に児玉の力を借りた。

神鋼の副社長の曽我野は、よろず相談受付所の児玉のもとに駆け込んだ。児玉が神鋼の揉めごとの処理係として送り込んだのが、木島力也である。

木島は一九二六年、新潟県紫雲寺《しうんじ》に生まれる。政治家になるという青雲の志《こころざし》を抱いて上京。豆腐屋などで働いた後、一九五〇年代頃に、総会屋の谷口勝一の門下生となる。谷口は久保祐三郎《くぼゆうざぶろう》系の理論派総会屋だった。

木島は一九六〇年に独立して事務所を構える一方、現代評論社をつくり『現代の眼』の発行人となった。新左翼のゲバルト学生に愛読された『現代の眼』はじつに奇妙な雑誌だった。広告は銀行、証券、重工業の一流企業ばかり。執筆陣は新左翼応援団の大学教授や評論家たち。総会屋が出した雑誌でベストセラーになったのは、後にも先にも『現代の眼』だけである。

最後の大物総会屋といわれた小川薫《おがわかおる》は、木島が総会屋の代表選手のように持ち上げられていることが腹に据《す》えかねたようだ。自著『実録　総会屋』でこう書いた。

〈もともと、木島氏は、最初は谷口勝一氏の番頭みたいなことをやっていて、総会で発言していたこともある。しかし、彼の発言など中身があったとは思えない。他人を「バカヤロー」と恫喝《どうかつ》、罵《ば》倒《とう》するのが得意な男だった。

『現代の眼』という左翼雑誌をやっていたが、「なんだ、左翼に対して本を出版して、カネを資本家からせしめるのか」なんて、よく私は言ったものだった。広告だか何だか知らないが、ただの取り屋ではないか〉（注9）

ヤクザや右翼が総会屋業界に進出

一九六八年五月五日、一人の長老の総会屋が亡くなった。その総会屋の名前は久保祐三郎。この世界を取り仕切る大御所だった。城山三郎《しろやまさぶろう》の直木賞受賞作『総会屋錦城』のモデルとされている人物である。

久保が元気な頃には、総会屋には総会屋のルールがあって、暴力団や右翼は、株主総会には寄りつけなかった。児玉誉士夫が総会屋の世界に本格的に登場するのは、久保が亡くなって以降のことである。

久保が亡くなり、総会屋の世界は完全に戦国時代に突入した。それまで株主総会の進行役だった総会屋は、このときから企業の用心棒になり、暴力団や右翼が総会屋の世界にどっと流れ込んできた。

大野伴睦、河野一郎といった党人派が政権を取れなかったことから、児玉の政界の黒幕としての地位は低下した。そこで、総会屋の世界に進出して巻き返しをはかったのである。

久保亡き後、久保祐三郎系の流れをくむ総会屋が新たな後ろ盾を必要としたという裏事情もある。自分たちの勢力を維持するために、児玉グループと手を組んだ。これで総会屋の世界は、あっという間に児玉一色に塗り替わった。木島も児玉の門を叩《たた》いた。

久保系の木島と児玉グループは共闘して、一九七〇年前後に起きた数々の企業の内紛へ介入していった。第一銀行と三菱銀行の合併潰し、神戸製鋼のトラブル処理を請け負ったのが代表例だ。第一銀行と三菱銀行の合併潰しについては、後で触れる。

児玉の暴力装置・町井久之も絡む

神鋼副社長の曽我野からの依頼で首を突っ込んだ児玉は、途中で社長の外島側に寝返る。その際に児玉が示した調停案が「曽我野は辞めさせるが、辞め賃を払ってやれ」というものだった。

辞め賃をひねり出すために使われたのが、元広域暴力団東声会《とうせいかい》会長・町井久之《まちいひさゆき》の会社、東亜相互企業が所有する那須白河高原の土地だった。

敗戦直後の銀座は、いまでは想像がつかないほど廃墟と化していた。ヤミ屋とスリ、かっぱらいが横行し、暴力がはびこるこの街は、警察も手を出さないほどの無法地帯だった。

この頃、めっぽう腕っ節の強い韓国人が現れ、ドル買いのヤミ屋や露天商、パチンコ屋のあがりをかすめ取って、暗黒の世界で着々と勢力を伸ばしていった。

一八五センチは優にあろうかという巨漢で、一発のパンチでチンピラたちが吹っ飛んでしまうほどの力持ちだったから、「ファンソ」の異名で恐れられていた。ファンソとは、韓国語で力が強い雄牛のこと。日本語では猛牛となる。

この人物が町井久之。韓国名は鄭建永《チョンコンヨン》。一九二三年（大正一二年）七月二〇日、いまの東京都港区西新橋近くの佐久間町で生まれた在日韓国人二世だ。

専修大学専門部中退で、戦後、腕力を武器に銀座に進出した当時、町井の配下は三〇人そこそこだった。だが、胆力《たんりょく》と知力にものをいわせて、一九六〇年代初めには、一五〇〇人の構成員を擁《よう》する暴力団東声会を組織するまでになった。

クラブ、レストランなどを傘下《さんか》に持った水商売のコングロマリットとして銀座で暴れ回り、〝銀座の虎〟と呼ばれた。世の中が落ち着くにつれて、西銀座から六本木へと勢力を伸ばしていった。

町井は、山口組三代目組長・田岡一雄《たおかかずお》と兄弟分の盃《さかずき》を交わしており、古くからの在京の任侠《にんきょう》団体としても、無視できない存在となった。

町井はプロレスラーの力道山《りきどうざん》の紹介で知り合った児玉誉士夫の暴力装置の役割をになうことになる。力道山の本名は、金信洛《キムシルラク》。朝鮮北部（のち北朝鮮）の出身だ。

児玉の人脈を通じて、町井は自民党の大野伴睦や河野一郎などの大物とパイプを築き上げた。日本と韓国の国交正常化交渉でも暗躍。やがて軍事政権を誕生させた朴正煕《パクチョンヒ》大統領の厚い信頼を得て、日韓をまたぐフィクサーとして、その名を轟《とどろ》かせた。

警視庁の暴力団壊滅の頂上作戦により、一九六六年九月、東声会は解散した。

東亜相互企業の設立は一九六三年四月。町井は暴力団東声会を解散して、東亜相互企業の社長として実業家に転身する。

町井の白河高原リゾート開発計画

福島県西白河郡西郷村《にしごう》の白河高原。一九六〇年代半ばに、町井はこの地で二五〇万坪にのぼる土地買収を計画。近代農場を中心に乗馬、ゴルフ場、テニス、射撃などのスポーツ施設とホテルや温泉を組み合わせた壮大なリゾート構想を描いていた。「那須白河高原総合開発」である。

土地の買収に必要な資金は一六〇億円あまり。土地の造成費やゴルフ場の開発費などで一五〇億円。

もろもろで三〇〇億円を超す莫大《ばくだい》な資金が必要だった。

東京新聞ソウル支局長をつとめた城内康伸《しろうちやすのぶ》は『猛牛（ファンソ）と呼ばれた男』で、こう書いた。

〈「そのときに、町井さんがカネが足りなくなって朴鐘圭（パク・チョンギュ、大統領警護室長）に泣きついたんだ。それで（韓国）外換銀行が出てくるんだ。朴鐘圭が朴大統領に頼んで、それで外換銀行がどーんと（カネを）出したんだ」

このように語るのは、読売新聞元ソウル特派員・嶋元謙郎だ。一九六八年、韓国大統領の朴正熙は、韓国政府直営だった韓国外換銀行による東亜相互企業への融資を許可した。朴正熙は許可にあたって、「白河には演習で行ったことがある。あそこはいい」と語ったという。

西郷村には戦前、旧陸軍の軍馬補充部白河支部があった。朴正熙は旧日本陸軍の士官学校を卒業。白河での演習に参加したことがあり、彼にとってなじみの深い土地だったことが幸いした〉（注10）

韓国外換銀行から日本不動産銀行（のち日本債券信用銀行、その後あおぞら銀行）を経由して、五四億円の融資が実行された。国会で当時の社会党議員が、この疑惑を質《ただ》している。町井は韓国外換銀行という〝打ち出の小槌《こづち》〟を使って、白河高原を開拓した農民から山林を、次々と買い上げていった。

五億円の土地を三一億円で買い上げた神鋼

神鋼が曽我野の辞め賃を捻出《ねんしゅつ》するために、この山林が使われた。副社長の親類の会社に山林を売り、それを神鋼が買い上げ、三億円の利ザヤを捻出する方法が採られた。

神鋼は一九六九年九月、福島県西白河郡西郷村の通称台上開拓地の八二万六〇〇〇平方メートルの土地を購入。東亜相互企業側に三二億二五〇〇万円を払った。

竹森久朝《たけもりひさあきら》『見えざる政府――児玉誉士夫とその黒の人脈』によると、〈台上地区は白河市郊外から那須高原にいたる傾斜地をさすが、地価の評価にはばらつきがあり、最低で坪当たり八百五十円、最高に見積もっても二千円だった。しかし、神戸製鋼に対する売り値は坪当たり一万二千円という高値〉(注11)。

東京地検特捜部は、神戸製鋼が五億円の土地を六倍強の価格で購入したことを重視。神鋼の内紛劇につけ込んだ土地の売買とにらんだ。

しかし、結局、東京地検特捜部は立件できなかった。

〈警視庁は、これを悪質な恐喝《きょうかつ》事件とみて、神戸製鋼東京本社の総務部長を参考人として呼んで事情聴取を求めたところ、その総務部長氏が、

「警視庁を一歩出たら、体に穴が開くかもしれない。生命の保証がないかぎり、真相を語ることはできない」

と証言を拒否してしまったのだ〉(注12)

〈神戸製鋼は、しめて三二億二五〇〇万円を東亜相互企業に払った。たかだか五億円前後の土地を六倍強の値段で買わされたのである。町井は、この中から一〇億円を児玉に〝斡旋《あっせん》〟の謝礼として差し出した。一方、児玉はこの謝礼金の中からまとまった金(一説では一億円前後だったという)を曽我野副社長に渡した〉(注13)

曽我野秀雄は一九七〇年一一月の役員改選期(当時は年二回決算)に副社長を辞めた。技術屋がト

ップの椅子に座るのが常だった神鋼で総務部出身の社長がつづくようになったのは、この事件が〝一件落着〟してからである。

木島は神鋼への影響力を強めた。神鋼所有の牧場を手に入れ、名馬ハイセイコーの馬主として知られるようになる。ハイセイコーの「セイコー」は神戸製鋼の「製鋼」から採ったものだと信じられている。

『見えざる政府』を著《あらわ》した竹森は、マフィアを結束させるのは〝オメルタ（黙契《もつけい》）の掟《おきて》〟だ、と書いている。黙契とは、「無言のうちに互いに意思が一致すること」である。亀高と木島は〝黙契の掟〟を結んでいたのだろうか。

野村證券＝第一勧銀総会屋利益供与事件への連鎖

一九九七年三月六日、野村證券は小池隆一という総会屋の親族企業に利益供与していたことを公式に認めた。親族企業の社名は小甚ビルディング。資本金四五〇〇万円の会社の口座を、株式の新規公開をアドバイスする第一企業部に開設して、年間五億円の儲けが出るように細工してきたのだ。

小池隆一は野村證券の株式を三〇万株保有する大株主という立場を利用して、不正取引を要求した。大和証券、日興證券、山一證券の各大手証券の株式もやはり三〇万株ずつを保有し、小甚ビル名義の口座で、野村同様に不正取引をおこなっていた。

四大証券の株式購入資金や株取引の原資が第一勧業銀行から融資されていることが報じられるや、事件は一気に第一勧銀疑惑に発展した。

第一勧銀本店で東京地検特捜部の捜査が電撃的にはじまったのは、一九九七年五月二〇日午前九時だった。検事と事務官、総勢一〇〇人が第一勧銀本店に黙々と入っていくその姿がテレビに映し出された。

小池隆一の知名度は決して高くなかったが、第一勧銀は系列ノンバンク経由分を含めると五〇〇億円もむしり取られていた。

野村證券＝第一勧銀の利益供与事件は、歴代の経営トップの相次ぐ逮捕によって、空前の金融スキャンダルとなった。

小池は一九四三年（昭和一八年）五月、新潟県加茂《かも》市に生まれた。高校中退後さまざまな職を転々とした後に上京、一九六八年に総会屋の世界に足を踏み入れ、玉田大成に弟子入りする。玉田は広島グループ代表の小川薫の義弟だった関係から、小池も広島グループの一員として活動するようになる。

一九八二年一〇月、利益供与を禁じた改正商法が施行されると、小池は総会屋の表舞台から消える。小川の前掲書によると、小池が木島と結びつくきっかけになったのは、小池が発行する情報紙『訴える』で右翼の大物・児玉誉士夫を呼び捨てにしたことからだった。木島の差し金で、児玉系の総会屋や東声会の幹部に小池は攻撃された。

〈その一件から、小池隆一君は木島氏に接近する。木島氏は、児玉先生の名前で、第一勧銀、野村證券に食い込んでいたが、小池君もそのつながりに便乗する。（中略）小池君という男は抜け目がなくて、目端《めはし》が利いた。自分より力を持っている者に擦《す》りよっていくのが得意だったような気がする〉（注14）

第一勧銀本店に東京地検特捜部が捜査に入った直後、頭取を辞任することになった近藤克彦は苦《く》渋《じゅう》に満ちた表情でこう語った。

「（木島の）死後も、呪縛《じゅばく》が解けず対応を変えることができなかった」

第一勧銀が呪縛にかかったのは、木島自身に対してではない。木島のバックにいる児玉の影に怯《おび》えて呪縛が解けなかったのだ。

およそ大物とはいえない小池につけ込まれたのは、小池の背後に児玉の名前を最大限に利用した木島がいて、その木島の背後霊のように児玉本人や児玉と親しくしていた町井久之の東声会という暴力装置が存在していたからである。

第一銀行と三菱銀行の合併潰しからの因縁

第一銀行の合併潰しで、総会屋の嶋崎栄治と木島力也は共闘した。

一九七一年、第一銀行と日本勧業銀行が合併して第一勧業銀行が誕生した。この合併の二年前の六九年、第一銀行の長谷川重三郎《はせがわじゅうざぶろう》頭取と三菱銀行（のち三菱東京ＵＦＪ銀行）の田実渉《たじつわたる》頭取は両行の合併で合意した。

「三菱に呑み込まれる」

この合併に猛反発したのが、代表権のない会長に祀《まつ》り上げられていた第一銀行会長の井上薫《いのうえかおる》だった。

井上は合併を潰すために総会屋を利用した。その中心にいたのが、大物総会屋の嶋崎栄治である。総会屋やブラック系の雑誌が井上の味方になり、合併反対の援護射撃をした。

嶋崎の隊列に木島も加わった。木島と井上の関係が生じたのは、嶋崎が紹介したのが発端だったという。

第一勧銀の三代目会長である藤森鐵雄《ふじもりてつお》（第一銀行出身）は、「井上さんが木島と深く付き合うようになったのは、この合併潰しからだ」としたうえで、こう証言している。

〈（井上会長は）特殊株主、つまり第一銀行に大きな影響力を持っていた総会屋たちに、取締役にも圧力をかけさせた。総会屋たちの意を体《たい》した木島が実行した。木島まで利用した井上さんの働きで合併はつぶれ、その後の第一勧銀誕生に繋《つな》がった〉（注15）

合併は失敗し、頭取の長谷川は辞任、井上が頭取に返り咲き、二年後の第一銀行と日本勧業銀行の合併を成功に導く。

木島は「三菱・第一合併潰し」に協力して、井上に恩を売ったのである。児玉が企業の内紛に介入する際には、ほとんどの場合、配下を使う。「三菱・第一合併潰し」に使ったのが木島カードだった。主役は児玉で、木島は脇役だった。

一九八四年に児玉は死亡し、九三年に木島が亡くなったが、恐怖の呪縛は解けなかった。

金融事件につきものの犠牲《ぎせい》者が出た。第一勧銀相談役の宮崎邦次《みやざきくにじ》（元頭取・会長）は一九九七年六月二九日、自宅書斎の書棚にビニールのひもをかけ、首を吊った。午後五時五九分に死亡が確認された。享年六七。

宮崎は一九七〇年に、第一銀行の神戸支店次長として神戸製鋼所の担当になった。このとき、エリート・バンカーは転機を迎えた。宮崎は三和銀行とのメインの座の争奪戦に勝ち抜き、神鋼の経営の中枢に食い込んだ。一九七一年一〇月、第一銀行と日本勧業銀行と合併、日本最大の銀行、第一勧業銀行が誕生した。

翌年四月、宮崎は本店企画部に呼び戻され、大蔵省担当（いわゆるＭ《モ》Ｏ《フ》Ｆ担）に抜擢される。井上薫の秘書役になるチャンスを摑《つか》み、エリートとしての階段を駆け上がっていった。

神戸製鋼所と井上薫。そして木島力也。井上の子飼いであった宮崎は、第一勧銀の深い闇を体感していた。この闇を断ち切るには、死ぬしか選択肢《し》がなかったのだ。宮崎も〝オメルタ（黙契）の掟〟を無意識のうちに意識していたのだろうか。

総会屋の呪縛でがんじがらめに

神鋼は総会屋の呪縛でがんじがらめになった。第一勧銀の利益供与事件の二年後、神鋼で総会屋への利益供与が発覚した。大阪府警は一九九九年一一月、九七年に神鋼から計三〇〇〇万円を受け取った商法違反の容疑で、総会屋の奥田一男を逮捕した。商法改正を機に関係を断つための「手切れ金」だったという。

一九九六年以前については時効（三年）だったため立件されなかったが、利益供与は一〇年以上つづいていたとされる。

「東の木島、西の奥田」が神鋼の総会屋といわれていたが、木島が一九九三年に死亡。それ以降、奥田が神鋼の利権を一手にしたのだろうか。

総会屋への利益供与が立件された一九九七年当時の神鋼の役員構成はこうだった。

総務担当は梶原廣常務で、総務を総括する副社長がこの後社長になる水越浩士《みずこしこうし》。社長は熊本昌弘《くまもとまさひろ》（その後会長）、会長は亀高素吉（同相談役）だった。

専務に昇格していた梶原と亀高は辞任したが、会長の熊本と社長の水越は報酬を六ヵ月間返上しただけで幕引きをはかった。

野村證券＝第一勧銀の総会屋利益供与事件で、歴代トップが全員退任したのに比べて、あまりにも大甘な対応だった。「本気で総会屋と絶縁する気があるのか」と厳しく批判された。

水越、熊本、亀高ともに総会屋の窓口である総務部長や総務担当役員の経験があった。「児玉と握手して、社長の椅子を手に入れた」といわれる鈴木博章以来、総務部が社長のポストに就く登竜門となり、総務担当者で社長の椅子をたらい回しした。技術出身のトップが長期にわたって不在だったことが、神鋼が低迷から抜け出せない原因だ、との指摘もある。

総会屋の介入を許した内紛の爪痕《つめあと》はいまも癒《い》えていない。

第8章　ＪＲ――国営企業解体に乗じた権力奪取

国鉄改革三人組――長男格・井手はＪＲ西日本へ

一九八七年（昭和六二年）四月一日、国鉄は解体され、難産の末にＪＲ各社が誕生した。本州は東日本、東海、西日本の三社に分割され、国鉄時代に「改革三人組」と呼ばれた男たちが、それぞれ役員に就き、その後、三人は社長に就任した。

東日本旅客鉄道（ＪＲ東日本）は松田昌士《まつだまさたけ》、東海旅客鉄道（ＪＲ東海）は葛西敬之《かさいよしゆき》、西日本旅客鉄道（ＪＲ西日本）が井手正敬《いでまさたか》である。

あれから二八年が経ち、三人組は明暗が分かれた。

三人組の長男格は井手正敬である。国鉄を分割したとき、井手は国鉄本社総裁室長として分割案作りにたずさわった。エリートを自任していた井手はなぜか、本丸のＪＲ東日本ではなく、意にそぐわないＪＲ西日本の副社長となった。配下の社員を引き連れて乗り込んだ井手は、現地のプロパーの社員から「ボート・ピープル」（難民）と陰口を叩《たた》かれた。

この人事に井手は大いに不満で、のちに知人に「こんなところ（JR西日本）に骨は埋《うず》められない。もともと国鉄民営化が終わればJRへは行かずに福井の田舎に戻って本でも読むつもりだった」（注1）と愚痴《ぐち》をこぼしたという話がある。

東日本は首都圏、東海が東海道新幹線というドル箱路線を譲り受けたのに対し、関西は私鉄王国だ。企業規模の大きい巨大な私鉄との競争が激しい地域で、西日本は最初からハンディを背負っての旅立ちだった。

一九九二年、JR西日本社長に就任した井手は、ハンディを克服し経営を軌道に乗せるため、経費削減、収益重視の路線を突き進んだ。さらに、社長・会長を一一年つとめ、二〇〇三年に相談役に退いてからも院政を敷いた。

JR西日本は〝井手商会〟と呼ばれた。井手は誰も逆らえない存在となり、「井手天皇」と尊崇《そんすう》されるようになった。

二〇〇五年四月二五日、乗客ら一〇七人が死亡し、五六二人が負傷したJR福知山《ふくちやま》線脱線事故が起きた。二〇〇六年に社長になった山崎正夫《やまざきまさお》は、利益偏重《へんちょう》の経営方針が安全軽視につながったとして、井手イズムの一掃を目指した。

井手、南谷昌二郎《なんやしょうじろう》、垣内剛《かきうちたけし》の歴代社長三人は二〇一〇年四月、業務上過失致死傷容疑で在宅強制起訴された。大阪高裁は二〇一五年三月、三人の元社長に無罪を言い渡した。南谷と垣内は陳謝したが、井手は遺族との面会を避けつづけ、遺族から激しい批判を浴びている。

福知山線の事故が、井手の影（陰）の部分を象徴しているといってもいいかもしれない。

次男格・松田はサプライズ人事でJR東日本へ

次男格の松田昌士は、JR東日本の常務に転じた。副社長をへて、一九九三年に社長、二〇〇〇年に会長に就いた。国鉄民営化の本丸であるJR東日本のトップに松田が起用されたのは、サプライズだった。東大出のキャリアがごろごろいる国鉄本社のなかで、北海道大学出身の松田は非キャリアの分類だったからである。

三人組のなかで、超エリートコースを歩んできた東大卒の井手正敬は当然、JR東日本に行くものだと思われていた。同じ東大出の葛西敬之も東京志向が強かった。傍流《ぼうりゅう》の松田はJR北海道が有力視されていたが、大逆転が起こった。

当初、運輸大臣に留任すると見られていた三塚博《みつづかひろし》が、中曽根《なかそね》康弘《やすひろ》内閣の大臣から外され、橋本龍太郎《はしもとりゅうたろう》に替わったことが、首脳人事に微妙に影響した、といわれている。

国鉄民営化は三塚と改革三人組の連携によって成就《じょうじゅ》した、といっても過言ではない。三塚の更迭《こうてつ》は、民営化後、三塚が三人組と手を組んで〝運輸族〟のドンとして力をつけることを阻止《そし》する、政治的な狙いがあったとされている。三塚を外し、三人組をバラバラにした。

運輸大臣に就いた橋本は慶應義塾大学出身ということもあって、東大閥《ばつ》が大嫌いだった。官僚そのものの井手を外し、野人《やじん》の色合いの強かった松田を抜擢《ばってき》したと、永田町では解説されている。運輸利権を三塚ら旧福田派から、橋本の旧田中派が奪い取る狙いがあったと指摘する向きもある。

二〇〇五年一二月二五日に発生したＪＲ羽越《うえつ》本線脱線事故の責任を取り、松田はＪＲ東日本会長を辞し、取締役相談役に退いた。

期せずして、二〇〇五年に発生した東西の脱線事故で、三人組の二人がＪＲの表舞台から去った。

三男格・葛西はＪＲ東海で二〇年間君臨

現在も、現役で活躍しているのが三男格の葛西敬之である。二人よりも年齢が若い葛西は、ＪＲ東海の取締役総合企画本部長に就任。常務、副社長と、トントン拍子に昇進し、一九九五年に社長になった。ワンマン経営を推し進め、東海道新幹線を徹底的に強化する路線を敷いた。東海道新幹線への集中投資により、ＪＲ東海は大幅な増収・増益を達成した。

葛西は二〇〇四年に会長、一四年に名誉会長に退いたはずなのに、代表権を持ちつづけ院政を敷いた。社長就任以来、二〇年間、ＪＲ東海に君臨しつづけている。

葛西は代表的な親米反中のタカ派の論客として知られる。中京財界でもその言動を警戒《けいかい》する経営者が多い。リニア新幹線技術の米国への輸出を主導する一方、中国に対する新幹線の技術供与は国益を損《そこ》なうと主張して猛反対した。

親米反中のウルトラ保守の安倍晋三《あべしんぞう》を熱心に応援しており、安倍政権に強い影響力を持っている財界人だ。第一次安倍政権時に教育再生会議の委員に就任し、第二次安倍政権下、籾井勝人《もみいかつと》のＮＨＫ会長就任は葛西の強い推薦で実現した、といわれている。

毎年一兆円の赤字を垂れ流した国営企業

三人組が歴史の表舞台に登場するのは、一九八〇年代の国鉄改革からである。

国鉄の経営は、東海道新幹線が開通した一九六四年（昭和三九年）から破綻《はたん》の兆《きざ》しをみせはじめていた。同年度に三〇〇億円の赤字に転落して以来、一度も黒字になることなく悪化の一途《いっと》をたどっていた。

一九六六年度に利益積立金を使い果たし、八〇年代に入ると、垂れ流しつづける赤字は毎年度一兆円を超えた。国から助成金を得ても焼け石に水だった。

鈴木善幸《すずきぜんこう》内閣は一九八一年三月、第二次臨時行政調査会（第二臨調、土光敏夫《どこうとしお》会長）を設け、国鉄改革など財政再建に向けた取り組みを開始した。

当時の国鉄は、一九八〇年度から五ヵ年の「経営改善計画」が進行中だった。職員を七万四〇〇〇人減らして三五万人体制にすることや、地方路線のバスへの転換などを掲げていた。

このため、土光臨調は一九八一年七月の緊急答申（第一次答申）では「当面、改善計画の早期かつ着実な実施を図る」とし、経営改善の進捗《しんちょく》状況を見守る方針を示した。

国鉄内部には、微温的なこの答申に、危機感を抱く課長クラスが少なからずいた。国鉄は過去、数次にわたる再建計画にことごとく失敗し、もはや後がなかった。

国鉄再建には抜本的な改革が不可欠と確信していた経営計画室の筆頭計画主幹だった井手正敬、職員局の能力開発課長の松田昌士、経営企画室計画主任の葛西敬之の三人は、定期的に会合を持ち、「現経営陣のいうような糊塗《こと》策ではダメだ」と結論づけた。

国鉄分割・民営化を目指す改革三人組

国鉄入社年次が二年ずつずれている三人は、井手をリーダーに、松田が参謀《さんぼう》兼まとめ役、葛西が切り込み隊長の役割をになった。

中心人物の井手正敬は一九三五年（昭和一〇年）四月三日、福井県に生まれた。父親は元文部事務次官。東京都立戸山高校、東京大学経済学部を卒業。五九年に日本国有鉄道に入社した。

〈当時、国鉄は「国鉄に入れなかった人が運輸省に入省していた」というほど優秀な人材を集めていた。井手は学習院初等科からラクビーで鍛《きた》えたスポーツマンであり、当時を知る人によれば、統率力のあるファイターだったという〉（注2）

国鉄では、エリートコースの職員局畑を歩き、労務対策を担当する。仙台鉄道管理局総務部長、総裁室秘書課長、総裁室長などを歴任した。一九八一年当時は、経営計画室の筆頭計画主幹だった。

参謀タイプの松田昌士は一九三六年（昭和一一年）一月九日、北海道北見市に生まれた。父親は元札幌駅長で、親子二代の国鉄マンである。六一年、北海道大学大学院法学研究科を修了、国鉄に入社した。北大時代は民法学者をめざしたこともある。柔道部で鳴らし、スキーも得意だった。門司《もじ》鉄道管理局総務部長、北海道総局総合企画部長、再建本部事務局次長などを歴任した。一九八一年当時は職員局の能力開発課長だった。

馬力のある熱血漢の葛西敬之は一九四〇年（昭和一五年）一〇月二〇日、兵庫県明石《あかし》市で生まれた。父親は国語の教師で、都立高校の教壇に立っていたことから、葛西は東京で育った。東京都立西高校から東京大学法学部に進み、六三年、国鉄に入社した。

国鉄に入った動機は、落とした学生証を荻窪《おぎくぼ》駅に受け取りにいった際、同駅の助役から「あなた、東大法学部じゃないの。国鉄に入ったらいいよ。出世が早い。四年で課長、一〇年で部長、二〇年たったら局長です」（注３）と勧められたことによる。

入社三年半たって、旅客局旅客営業部の都市交通課の係長をしていたとき、人事院の在外研究員制度で米国のウィスコンシン州立大学マディソン校に留学した。この際、小荷物担当課課長補佐の四年先輩の井手正敬に意見を聞いてみた。

「留学して英語ができるようになったって、国鉄では何の役にも立たない。本筋から外れるだけだ。断ってこい」（同注３）と言われた。

井手の妹が結婚した相手の妹と葛西は結婚して、井手とは姻戚《いんせき》関係で結ばれた。

米国の「即断型」に比べ、日本の職場は先送りばかりだ。留学から帰ってきた葛西は苛立《いらだ》ちをつのらせていた。仙台鉄道管理局総務部長、経営計画室計画主任、職員局次長を歴任した。

一九八一年、葛西は仙台から本社の経営企画室に戻ってきた。

国鉄の幹部候補生は、ほぼ二年周期で地方局の実習生、本社の課員、地方局の課長、本社の課長補佐、地方局の部長と昇進していく。三人が本社勤務になったことから「改革三人組」を結成する条件が整った。

三人組は国鉄の分割・民営化を視野に、行動を開始した。それぞれが上下の年次に同志を広げていく。「国鉄再建が臨調の主題となる場合に備える」という名目のもとに、社内に非公式の勉強会をつくった。ここには七〜八人の若手が集まった。

最年長の井手は辞表をフトコロにして、強力なリーダーシップを発揮した。東京・神田の飲み屋でアンコウ鍋をつつきながら、国鉄再建を語りあった。

自民党運輸族の三塚博に接近

三人組は隠密裡《おんみつり》に自民党運輸族の一人、三塚博に接近していくことになる。

〈その日は朝から冷たい雨が降っていた。一九八一年の暮れ、私は二年次上の井手正敬氏、二年次下の葛西敬之氏とともに自民党の交通部会長、三塚博氏をひそかに訪ねた。

三塚氏の地元である仙台管理局に勤務経験を持つ葛西氏の縁で実現した朝食会で、我々は国鉄の抱える問題点をつぶさに説明した〉（注４）

松田昌士は日本経済新聞に連載した「私の履歴書」に、「改革三人組」の結成のくだりをこう綴《つづ》った。

この席で三人は、職場の荒廃《こうはい》ぶりを縷々《るる》説明した。トイレ掃除などの雑務は管理者の仕事、遅刻、早引けが横行し、ヤミ休暇やヤミ出張がはびこり、それを本社幹部は見て見ぬふりで、職場規律は緩《ゆる》みきっていた。「なんとかしないと国鉄は潰れます」と必死に訴えた。

国鉄のおもな労働組合は、国鉄労働組合（国労）、国鉄動力車労働組合（動労）、鉄道労働組合（鉄労）、全国鉄施設労働組合（全施労）の四つがあった。

一九七〇年、国鉄当局は、労使が協調して経営を効率化させる生産性向上運動（マル生《せい》運動）を本格化させた。運動を支持した鉄労は国労と動労の脱退者を取り込み、組合員数を増やしていた。中間管理職が組合の乗り換えを後押ししたことから、国労は不当労働行為だと主張して、反転攻勢に出た。

一九七一年一〇月、国鉄総裁の磯崎叡《いそざきさとし》が国会で不当労働行為を認めて陳謝《ちんしゃ》し、マル生運動は二年足らずで中止の憂《う》き目をみた。

労使協議（現場協議）は吊《つ》るし上げの場と化し、労組の要求に唯々諾々《いいだくだく》として従う場面がくり返された。規律は乱れ、ヤミ休暇などが横行《おうこう》した。

三人組は国鉄の荒廃した現状を、三塚に説明した。国鉄をここまで荒廃させた原因は、経営者の自覚のなさと、労組のエゴにあった。三人組は現状維持《いじ》派が多い自民党に、国鉄改革を働きかけることを決意したのだ。

「国鉄は五年以内に分割・民営化すべき」

第二臨調では、一九八一年九月に発足《ほっそく》した第四部会で、国鉄改革の実質的な審議がおこなわれた。慶應義塾大学教授の加藤寛《かとうひろし》部会長は雑誌に「国鉄を解体すべし」、時事通信解説委員の屋山太郎《ややまたろう》参与は「国鉄労使国賊《こくぞく》論」を発表して、分割・民営化のキャンペーンを展開した。

これに歩調を合わせるように、国鉄の現場の古くからの悪い慣行が次々とマスコミにリークされ、国鉄全体が世論の集中砲火を浴びた。「国鉄解体は当然」とする世論が形成されるようになる。

一九八二年七月、第二臨調は「国鉄は五年以内に分割・民営化すべき」と明記した第三次答申を鈴木善幸首相に手渡し、国鉄そのものの消滅に、大きく舵《かじ》を切った。同年一一月に発足した中曽根康弘内閣は、積極的に分割・民営化を進めていくことになる。

一九八三年六月、国鉄再建監理委員会が発足した。二年後に総理大臣に答申するというスケジュールで、分割・民営化の具体案づくりがはじまった。

国鉄改革の第二幕が上がった。

監理委員会の鍵をにぎるのは、委員長で住友電気工業会長だった亀井正夫《かめいまさお》と委員長代理で臨調の担当部長をつとめた加藤寛。そしてもう一人、事務局次長として運輸省から送り込まれた林淳司（のち運輸事務次官）の三人のサムライだった。

水面下で自民党、官邸に働きかける

第二臨調の、国鉄側の窓口を担当したのは葛西敬之である。国会で承認された経営改善計画をスタートさせていた国鉄も、運輸省も、臨調の審議に協力する意思はまったくない。葛西は閑職《かんしょく》に近いポストに就いたわけだが、この環境を逆手《さかて》に取って臨調の主任調査員をつとめた総務庁官房審議官の田《た》中一昭《なかかずあき》と知り合い、国鉄の在り方を検討する臨調第四部会（部会長＝加藤寛）に人脈を広げていった。

経営陣も労働組合も「できるだけ、現状維持でいきたい」というのが本音だった。

そのため、葛西の言葉をそのまま使えば、「サスペンスドラマのような日々が続いた」。

〈分割・民営化という、典型的な「非連続の経営」を口にするのは、ごく少数にすぎず、周りじゅうに敵がいた。反対派の監視は厳しい。電話は、盗聴されていると思わなければならない。同志は、みんな、偽名と符丁《ふちょう》でやりとりする。タクシー券も、行く先をチェックされるから、目的地から離れたところで降りる。

そんなふうにしながら、仕事が終わった夜や休日に、臨調と自民党、さらに首相官邸を同時に動かす隠密作戦を続ける。

臨調では、中曽根首相のブレーンだった屋山太郎氏や加藤寛氏、さらに瀬島龍三《せじまりゅうぞう》氏と、官庁から出ている首相秘書官の目を避けて接触した〉(注5)

土光臨調の参謀で伊藤忠商事相談役の瀬島龍三は、葛西の妹の仲人《なこうど》だ。

葛西の水面下での働きかけが実り一九八二年二月、自民党は「国鉄再建に関する小委員会」の設立に踏み切った。この通称、三塚小委員会が改革派の秘密事務局となり、情報の発信基地となる。葛西は三塚小委員会と深夜に会議を重ねた。

〈自民党の改革案は、実質的に自分が書いた。新規採用の停止、安全対策以外の設備投資のとりやめ、職場の規律を乱す労使慣行の廃止、事故の補償交渉の早期決着など——国鉄の内にも外にも強い抵抗があったことを、すべて実現するように、盛り込ませた。

「瀕死《ひんし》のときは、塗炭《とたん》の苦しみがあると『死ぬことこそが、救いとなる』と思うようになる。国鉄には、塗炭の苦しみを与えた方がいい。苦しい状況に追い込み続けなければ、改革の火は燃え続けない」

有力者を一人ひとり、そう説得した〉(同注5)

国鉄再建監理委員会が発足すると、本社経営計画室の計画主幹となった松田昌士が、その窓口となり、本格的に国鉄再建に取り組む場所を得た。職員課長になっていた葛西は、要員の合理化策を中心に、全面的に監理委員会の作業をバックアップした。

みせしめの降格人事で飛ばされた井手

こうした最中に自民党内の運輸族が事実上、分裂《ぶんれつ》した。分割・民営化に反対する加藤六月《かとうむつき》に対して、三塚博は改革派に軸足を移し、一九八四年七月『国鉄を再建する方法はこれしかない』と題する本を出版した。

それまで「経営改善計画が失敗した場合には分割・民営化する」としてきた自民党の党方針を大転換し、三塚は分割・民営化を前面に押し立てた。

葛西は日本経済新聞に連載した「私の履歴書」にこう書いている。

〈(この本は)三塚さんの要請を受け、私たちは水面下で協力した。国鉄労働組合(国労)は「三塚委員会の背後にはKIM(キム)がいる」という噂《うわさ》を流布《るふ》し、国鉄内部でも公然の秘密となっていた。葛西(K)、井手正敬(I)、松田昌士(M)のイニシャルを並べたものだ。そして三塚本は国鉄内で禁書扱いとなる〉(注6)

三塚小委員会の秘密事務局として、三人組が水面下で動いていることが、国鉄の経営陣の耳にも届くようになっていたわけだ。

この当時の「学士」(国鉄本社採用大卒者のキャリア組)は一七〇〇人で、改革派は一%にすぎない二〇人程度だった。大半は日和見《ひよりみ》だが、実権は国体護持《ごじ》派(分割・民営化反対派)がにぎっていた。KIMは国体護持派の猛烈《もうれつ》な巻き返しに遭《あ》う。

まず槍玉《やりだま》に挙がったのは、首謀者の井手正敬である。経営計画室主幹から一九八二年七月に総裁室秘書課長に昇格、第八代総裁高木文雄《たかぎふみお》(元大蔵事務次官)、第九代総裁仁杉巌《にすぎいわお》に仕えていた。

三塚小委員会と組んで国鉄の分割・民営化を総裁に進言する動きをみせたことから、「跳《は》ね上がりが徒党を組んだ」として、国鉄主流派から排除される。主流派とはもちろん、国体護持を目指す多数派のことである。

一九八四年九月、井手は総裁室秘書課長から東京西鉄道管理局長に左遷《させん》になった。本社の経営中枢《ちゅうすう》から弾き飛ばされた。みせしめの降格人事であった。

北海道に左遷された松田

半年後の一九八五年三月、今度は松田昌士が経営計画室主幹の椅子を追われ、北海道総合企画部長に回された。

松田は「北海道総局勤務を命ず」という内命を受けた。発令直後、東京・丸の内の国鉄本社に近いパレスホテルのバーで午後一〇時過ぎ、部下と酒を飲みながら「これで終わった」と思った。翌朝には辞表を叩きつけるつもりだった。

三塚代議士の第一秘書も駆けつけ、必死の説得を受けて考えを変え、故郷・北海道に戻ることにした。松田は、赴任《ふにん》にあたって先輩たちの、陰の支援があったことを後で知る。

〈当時、経営陣で唯一《ゆいいつ》、改革派の理解者として支援していただいた竹内哲夫常務理事が左遷の話を聞きつけ、二年後輩の大森義弘《おおもりよしひろ》北海道総局長に相談。「このままでは松田がつぶされる。そちらで引き受けてくれ」と根回ししてくれていたらしい。

北海道での役職は総合企画部長。私のための臨時ポストだけに部下は二人の秘書と運転手のみ。

赴任後、同じ道産子《どさんこ》の大森さんが「副局長」を発令して体裁を整えてくれたが、これも本社が関与しない現地のみの肩書きである。本社から「松田を局長に昇格させるな」と言われた大森さんの苦肉の策だった〉（注7）

松田は短気を起こさず国鉄にとどまった。これがのちのち、ＪＲ東日本社長の座を手繰《たぐ》り寄せるチャンスとなった。

葛西が本社に残った理由

粛清《しゅくせい》の嵐が吹き荒れた。改革の連判状に名を連ねた同志たちが、次々と本社を出された。改革派の分断、島流しだ。

だが、葛西だけは職員課長のまま本社に残った。それでも職員局の課長会議に一人だけ呼ばれないなど、完全に干された状態がつづいた。葛西に電話する相手は偽名を使ったといわれた時期である。葛西は、〈部下までが「凄《すご》みを感じる」と言うようになっていた自分には魔手は届かない〉（注8）と達観していた。

三人組のなかで、なぜ葛西一人だけが本社に残ったのかをめぐっては諸説がある。

〈「左遷すると出先で何をやらかすか分からない。敵に回すと怖いから本社の座敷牢《ろう》に置いた」という説（葛西はこの説を採っている）。「国鉄中枢の職員局は合理化問題を抱え、国労、動労相手に交渉できる人間が（葛西の）他にいなかった」など。いずれも葛西の秘められたパワーを念頭に置いた推測だが、事実は違った。

次は葛西が危ないと聞いた三塚は国鉄の最高責任者に会って言った。「よもや葛西君まで飛ばすんじゃないでしょうね。そんなことをすれば政府と党に弓を引くことになりますよ」〉（注９）国鉄の最高責任者は総裁の仁杉巌《にすぎいわお》である。三塚はブレーンである葛西を救済するため、政治的な圧力をかけたわけだ。

これで葛西は首の皮一枚でつながり、改革派は、反撃する際の橋頭堡《きょうとうほ》を本社に残すことができた。

改革派vs.国体護持派の暗闘

国鉄の経営陣は、独自の再建案を国鉄再建監理委員会に提出すべく動いていた。仁杉巌総裁以下全重役が加わり、「分割・民営化しなくてもやっていける」とする独自の再建案づくりがはじまった。

仁杉巌は高木文雄総裁の後任として一九八三年一二月、政府が充てたものだ。〈中曽根は後年、「仁杉さんを推薦したのは（元首相の）田中角《たなかかく》さん」〉（注10）と明かしている。国鉄生え抜きの技術者で、国鉄の常務理事から西武鉄道の副社長をへて、日本鉄道建設公団の総裁に就任していた。

仁杉は一九八四年六月、日本記者クラブの会見で「基本的には分割・民営化に賛成」と述べた。ところが、この発言の直後、副総裁はじめ幹部から強烈《きょうれつ》な反撃に遭い、前言を撤回するはめになる。発言の真意を説明する声明まで発表させられるという醜態《しゅうたい》をさらした。

国体護持派に取り囲まれた仁杉は、重役の勉強会を週一～二回のペースで進め、一二月末に「経営改革のための基本方針」が完成した。

分割・民営化に対抗して「民営化は受け入れるが、分割を拒否し、全国一社制のまま特殊会社に移行する」という非分割・民営化案だった。葛西の言葉を借りるなら「虫のよい問題先送り案」である。

国鉄首脳は、各界の反応を探り、手応えありとの楽観的な判断を下した。

首脳陣は、分割・民営化に反対とみられていた田中角栄に接触をはかったが、頼みの綱の田中は一九八五年二月二七日、脳梗塞《のうこうそく》で倒れてしまった。

国体護持派は秘密役員会で改革派を封じ込めにかかる。改革派のリーダーである井手秘書課長を東京西鉄道管理局長に飛ばすとともに、再建監理委員会との窓口だった経営計画室の松田を飛ばした。若手も地方に追放された。

一方、改革派は役員会が作成した国鉄の再建案を独自のルートから入手したりするなど、暗闘が繰り広げられた。

「覚悟を決めてやりたまえ。国家は君たちを見捨てない」

一九八五年七月末、国鉄再建監理委員会による答申が予定されていた。そこで葛西が動いた。

〈5月のある日、私は瀬島龍三さんを訪ね、国鉄内部の情勢を説明した。「監理委員会の答申が出ても、いまの体制では面従腹背《めんじゅうふくはい》のまま何も進まない。人事の刷新が必要です」と訴えた。

瀬島さんは「重役がある日全員いなくなったら、国鉄の輸送は大混乱するだろうか」と聞く。私は「重役がいなくたって、列車は毎日同じように動きますよ」と答えた。瀬島さんは「そうか。1カ月ぐらい止まるかと思っていたのだが」と、少し安心したような表情を浮かべた。

帰り際、その日に限って瀬島さんがエレベーターの前まで送ってくれた。意外に思った私に、瀬

島さんはこう言った。「覚悟を決めてやりたまえ。国家は君たちを見捨てるようなことはしない」〉（注11）

改革派を排除する動きは一段と強まった。葛西が課長をつとめる職員課は、課全体が孤立しているような状態だ。組織内で争えば、人事権をにぎっているほうが強い。

「国鉄改革をめぐる戦いは、こちらの負け」

葛西は、そう思いはじめた。負け戦になっても、これだけは明らかにしておかなければならない。

〈「この際、名乗りをあげて大義名分を世に明らかにし、戦いの意味を残すべきではないか」――。だが私の提案は、仲間たちを尻込《しりご》みさせた。「過激すぎる」「組織の秩序を乱したと言われる」というのである。

特に若手の一部に慎重論が強かった。彼らは形勢が決定的に不利になれば、乗り換えられるようにしておきたいと思っているようだった。「改革派」などと言っても、一枚岩ではないことを実感する。

それでも、20人が自筆で署名し、意見書はできあがった〉（同注11）

一九八五年六月一四日、井手、松田、葛西ら改革派代表の七人は、国鉄改革連判状を携《たずさ》えて、三塚博・自民党国鉄再建小委員会委員長に国鉄の人事刷新を訴える挙に出た。連判状を持参したときに同行した四人は、本田勇一郎文書課長、南谷昌二郎労働課長、大塚陸毅《おおつかむつたけ》秘書役、細谷英二《ほそやえいじ》経営計画室主幹である。

民営化後、本田はＪＲ西日本の取締役営業本部長などをへてＪＲ西日本コミュニケーションズ社長。

南谷はＪＲ西日本の取締役人事部長などをつとめ、井手の後任の社長になった。大塚はＪＲ東日本の取締役財務部長などを歴任し、社長に昇格した。ＪＲ東日本総合企画本部投資管理部長などを経験した後、副社長に昇格した細谷は、一時国有化されたりそな銀行会長、りそなホールディングス会長に転じた。

事態は急変する。

〈ある朝、いつものように出勤すると、エレベーターで分割民営化反対の中心人物である副総裁と乗り合わせた。私（＝葛西）の顔を見るなり「君たちの行動力には脱帽する。負けたよ」と話しかけてきた。ほかにも多くの職員が乗り合わせているのが目に入らないかのような、切迫した口調だった。副総裁はそのまま先に降り、残された私には、何のことかわからなかった〉（同注11）

総裁以下、経営陣七人を更迭

官邸でも大きな動きがあった。国鉄再建監理委員会の最終答申をひかえて、再建監理委員の加藤寛は一九八五年四月、国鉄経営陣の入れ替えを進言した。

監理委員会委員長の亀井正夫も五月一五日の記者会見で「答申案を提出した後、仮に国鉄の現執行部がそれを尊重しなければ、総裁には代わってもらわざるを得ない」と切り込んだ。

〈敵がボロを出す。上司で、分割・民営化反対の急先鋒《きゅうせんぽう》だった幹部が、「分割・民営化の答申が出たときに、すぐに反対するなんてばかなことはしない。従うふりして、骨抜きにしてやればいい」と口を滑らせた〉（注12）

敵失がオウンゴールとなった。その記事を目にした第四部会参与の屋山太郎は六月、首相に注進する。後年、屋山は読売新聞紙上でこう証言している。

〈国鉄の首脳陣が、監理委員会で民営化の方針が出ても反故《ほご》にしよう、と話していることがわかり、それを中曽根首相に伝えた。すると、辞めさせるべき幹部の名前を挙げるように言われたので、臨調委員の瀬島龍三さんらに相談し、翌日、８人の名簿を届けた。

最終的には１人を除き７人更迭《こうてつ》で公表された。首相には、国鉄改革で自民党が壊れるのではという恐さもあったと思う。更迭を決断された時にはホッとしたのを覚えている〉（注13）

中曽根は仁杉総裁らの更迭を決断した。六月二一日、仁杉総裁を首相官邸に呼んだ。仁杉は辞表を出した。首相は仁杉の辞表を差し戻して、「全重役の辞表と一緒に、改めて持ってくるよう」に指示した。

仁杉のほかに六人の辞表が受理されて首が飛んだ。縄田《なわた》国武《くにたけ》副総裁など、屋山が更迭を主張した八人のうち七人が職を辞した。

仁杉は二〇一五年一二月二五日、肺炎のため死去、一〇〇歳だった。国鉄総裁経験者で最後の存命者だった。

間髪《かんはつ》を容《い》れず、杉浦喬也《すぎうらたかや》・元運輸次官が後任の総裁に決まる。

〈首相の周辺では、更迭する幹部の人数をいたずらに増やしても世間の耳目《じもく》を集めるだけだから、仁杉総裁に加えて、分割民営化反対の中心人物である副総裁と、労務担当常務理事の３人だけを辞めさせるという案もあったという。それを「決断するなら中途半端ではなく、徹底した方がよい」

と主張したのが瀬島龍三さんだったという〉（注14）

更迭劇から一ヵ月ほどたった一九八五年七月二六日、国鉄再建監理委員会は、国鉄は民営化し、旅客部門を五部門、貨物部門を全国一社とする最終答申案を発表した。

改革三人組と自民党運輸族の三塚博、臨調の瀬島龍三の連係プレーだった。

「覚悟はあるんだろうな。君は何人、総裁を殺すつもりだ」

歯車の大逆転がはじまった。分割・民営化反対の役員は七人が更迭となったため、一四、五人いた役員は半分に減った。本社の局長クラスも大部分が国体護持派で、分割には反対だった。新総裁に就いた杉浦は、各地に散っていた改革派を本社に呼び戻した。

一九八五年七月、井手は総裁室審議役兼経営企画室審議役、再建推進本部事務局長として戻ってきた。翌八六年二月、総裁室長、同一二月には広報部長を兼務。国鉄改革の〝顔〟となる。

北海道にいた松田には六月末、葛西から「すぐに東京に来てほしい」と電話があった。理由を尋ねると「次期国鉄総裁に決定した杉浦喬也に会ってほしい」とまくしたてた。

電話を受けた松田は千歳《ちとせ》まで車を飛ばし、最終の飛行機に搭乗。翌日、東京・杉並区の杉浦の自宅の応接間に座った。

改革派の参謀である松田が杉浦体制を支える戦略として示したのは、総裁の近くにいて「ヒト、モノ、カネ」をにぎる秘書、文書、主計課長ポストを改革派の人間が独占する人事案だった。

〈突然の来訪にもかかわらず、杉浦さんは胸襟《きょうきん》を開いて私の話を聞いてくれた。この時、私が総裁の秘書役として推したのは同志の一人である大塚陸毅氏（のちＪＲ東日本社長）である。「大塚君はどんな人だ」。問いかける杉浦さんに私は「とにかく自分を信じてほしい」と訴える。すると即座に「松田を信用する」と応じてくれた。

「井手を筆頭に我々が皆で支えるから、馬上、豊かに乗ってほしい」。翻訳すれば「細かいことは任せてほしい」という意味だが、そんな私の説得をおおらかに受け入れてくれた〉（注15）

松田は札幌から呼び戻され、分割・民営派の司令塔である本社経営計画室の主幹として返り咲いた。

改革一派に対する周囲の目は冷ややかだった。杉浦が新総裁に就任後、初の全国総務部長会議を開いたとき、分割・民営化について質問する部長は一人もいなかった。物言えば唇《くちびる》寒し。賛成も反対もうかつなことは口にできない寒々とした雰囲気だった。

杉浦は国鉄ＯＢとの結束をはかろうと、八月のある日、本社大会議室で現役幹部らとの昼食懇談会を開いた。葛西が率いる職員局が余剰人員対策として一〇万人の合理化策を本格化させていた時期のことだ。

〈「君が葛西君か」。かつて総裁だった磯崎叡さんが話しかけてきた。「49年に10万人の要員削減をやった時、私はいまの君と同じ職員課長だった。その結果、下山《しもやま》総裁の事件が起きたんだ」

連合国軍総司令部（ＧＨＱ）の命令で始まった大規模な要員削減のさなかに、下山（定則《さだのり》、初代）総裁が遺体で発見された。いまだ自殺、他殺両説が乱れ飛ぶ、戦後史の謎である。

磯崎さんは冷ややかな口調で、さらに続けた。「覚悟はあるんだろうな。君はこの時代に何人総

裁を殺すつもりなんだ」〉（注16）

一〇万人合理化で最大労組の国労を切り崩す

一九八五年一二月末の第二次中曽根改造内閣で、三塚は念願の運輸大臣になった。これは改革三人組が三塚と連携した成果だった。

一九八六年、改革派の陣容が整った。井手が総裁室長として全体を統括。松田は国鉄再建実施推進本部事務局長となり、運輸省との折衝《せっしょう》や新会社のフレームづくりを担当した。葛西は職員局次長として雇用と労働組合を担当した。秘書役に大塚陸毅、文書課長に本田勇一郎、労働課長が南谷昌二郎。連判状を持参した同志が名を連ねた。

再建監理委員会が求める新会社の要員は計二一万五〇〇〇人。一〇万人の合理化が必要になる。しかも一九八七年の新会社のスタートから逆算して、一年ほどしか時間はない。

一九八六年一月、分割・民営化に賛成した鉄労（鉄道労働組合）と動労（国鉄動力車労働組合）、全施労（全国鉄施設労働組合）は、国鉄当局と労使共同宣言に調印した。宣言には余剰人員対策の推進やスト権行使の自粛《じしゅく》が盛り込まれた。三つの組合は組織を温存することを最優先させた。

当時最大の組合だった社会党系の国労（国鉄労働組合）は、分割・民営化に絶対反対を表明化した。労働組合を担当した職員局次長の葛西は、反対派を峻別《しゅんべつ》し、断固排除する強硬路線を採った。動労と手を結び、国労を切り崩していった。国労では、民営化後の雇用に不安を抱いた組合員の脱退が相次ぎ、その結果、国労は分裂、少数組合に転落した。

一九八五年一一月二九日、中核派（革命的共産主義者同盟全国委員会）が起こした国電同時多発ゲリラ事件で、国電は一日麻痺《まひ》。通勤通学の足を奪《うば》い、国民の怒りを買った。世論は国鉄の分割・民営化を強く支持する方向に大きく傾いた。

世論の追い風を受けた葛西は、国労攻撃の手を緩めなかった。友好関係を結んだ動労の幹部を前にしておこなった講演で、「分割・民営化を遅らせれば、自然に展望が開けるという理論を展開している人たちがいる。国労の山崎俊一委員長です。私はこれから山崎委員長の腹をぶん殴ってやろうと思っています」（注17）と発言したが、もはや、国労に反撃する力は残っていなかった。

国鉄職員二七万七〇〇〇人のうち、ＪＲ各社に二〇万人が採用され、五万三〇〇〇人が退職・転職した。再就職未決定者七六〇〇人を含む二万四〇〇〇人は国鉄清算事業団の職員となり、三年を限度に再就職のあっせんを受けることになった。ほとんどが国労の組合員だった。

中曽根は後年、「（ダブル選の圧勝で）国労は足腰がたたなくなってしまい、鉄労が勢力を得て逆転した。法案の成立もスムーズに進んだ」（注18）と回顧した。

民営化のもう一つの目的は、日本最大・最強の労組といわれた国労を潰し、社会党の力の源泉となっていた総評（全日本労働組合総評議会）を解体させることにあった。中曽根は、その政治目的を達成した。

霞が関の権力交代で三人組の人事も番狂わせ

一九八六年一一月二八日、日本国有鉄道改革法案など国鉄改革関連八法案が国会で成立した。運輸相は三塚から橋本龍太郎に交代していた。第三次中曽根内閣の運輸相は、三塚の留任が有力視されていたが、閣僚でありながらニューリーダー擁立《ようりつ》の動きをみせたことが、中曽根首相の怒りを買い、運輸大臣には橋本が起用された。

変わり身の早い運輸官僚は橋本に乗り換え、三塚は急速に影響力を失った。

霞が関の権力交代劇が、新生ＪＲグループの役員人事に大きな影を落とした。国鉄分割・民営化の立て役者が、三塚運輸相、杉浦国鉄総裁、井手総裁室長らだったことは間違いない。

だが、三塚の失脚で、運輸相の橋本龍太郎と元運輸次官の住田正二《すみたしょうじ》に、新生ＪＲグループの役員人事を決める役どころが回ってきた。住田は臨調第四部会長代理、監理委員会委員をつとめた官僚で、国鉄改革の推進者の一人だった。

ＪＲグループの首脳人事は首相、官房長官、運輸相の三人で決める。自民党は介入《かいにゅう》させない。自民党運輸族のドンで前運輸相の三塚の意見は聞かないということだ。

最大の焦点《しょうてん》は、日本一の私鉄となるＪＲ東日本の首脳人事である。会長には山下勇《やましたいさむ》・三井造船相談役、社長は住田正二・元運輸次官で落ち着いた。会長は財界から、社長は運輸官僚ＯＢが就任した。

ＪＲ東日本の社長ポストは杉浦総裁が有力という見方があったが、杉浦の後ろ盾《だて》が三塚だったため、可能性が消えた。中曽根首相と近く竹下登自民党幹事長＝橋本運輸相ラインにパイプを持つ住田が起用され、杉浦は国鉄清算事業団理事長に回された。

三塚、杉浦が権力を失ったことから、改革三人組のリーダーだった井手の人事が覆《くつがえ》されることになる。

国鉄職員のＪＲ各社への割り振りは、総裁室長の井手が中心となって進めてきた。改革派の割り振りについていえば、当初、東日本は井手と秘書役の大塚、東海は職員局次長の葛西、西日本は労働課長の南谷、九州は文書課長の本田、北海道は経営計画室審議役の松田が行くことになっていた。

しかし、この人事構想は白紙に戻った。ＪＲ東日本の社長となる住田が、井手の受け入れを拒否したからだと取り沙汰《ざた》されている。三塚色が強かった井手を住田が嫌ったものとみられた。

一九八七年四月一日、ＪＲグループが発足した。

東日本は松田昌士が常務取締役・総合計画本部長、大塚陸毅が財務部長。東海は葛西敬之が常務取締役・総合企画本部長。西日本は井手が副社長となり、本田勇一郎が取締役・営業本部長、南谷昌二郎が取締役人事部長として補佐することになった。

井手は西日本に押し込められ、下馬評にも挙がらなかった松田が東日本の中枢の位置を占めた。改革派のリーダー・井手が都落ちし、松田が本丸の東日本で大抜擢されたことが、民営化したＪＲの最大のサプライズ人事だった。

以後、ＪＲグループは、東日本の松田を中心に回っていくことになる。

国鉄改革の負の遺産「ＪＲ東の革マル問題」

感情的なもつれもあって、「三人組」とは不仲なまま、一九八七年四月の分割・民営化の時点で傍系会社に回された元国鉄幹部は、メディアの取材にこう話している。

〈彼らはインフォーマルなグループを作って活動している。私には声がかからなかったけれど、オレが、オレが、と前へ出たがる彼らとは、どうしてもウマが合わなかった。三人組は仕事ができる、と言われるが、役人なんていうのは、下の人間が働けば、上に乗っかるヤツは誰でも務まるものですよ。我《が》が強い連中だから、一歩、置かれた立場が変われば、主張がぶつかり合って対立するのは目に見えていた〉（注19）

案の定、三人組に亀裂《きれつ》が生じる。原因は労働組合問題だった。

東日本の松田は周囲のたび重なる忠告にもかかわらず、最後まで過激派セクトの革マル派（日本革命的共産主義者同盟革命的マルクス主義派）の松崎明《まつざきあきら》を切れなかった。松崎は本人が認めているように、革マル派結成時の副議長だ（ＪＲ総連幹部当時には関係は切れたという）。

松崎が動労でカリスマ的な指導力を発揮したのは、一九七〇年前半のマル生運動反対の局面である。国鉄総裁の磯崎叡が国会で不当労働行為を認めて陳謝し、辞任に追い込まれたことはすでに書いたとおりだ。動労は完全勝利し、この闘い以降、「鬼の動労」と呼ばれるようになる。

松崎は組織防衛のため、それまでの方針を変え、分割・民営化賛成に回った。いち早く、分割・民営化に賛成を表明していた鉄労など三労組とともに、鉄道労連（全日本鉄道労働組合総連合会、のち略称をＪＲ総連と改称）を結成。一九八七年二月、鉄道労連の下部組織である東鉄労（東日本旅客鉄道労働組合、ＪＲ東労組の前身）の委員長に就いた。

ＪＲ発足の三ヵ月後の一九八七年七月、鉄労組合長だった志摩好達が、突如《とつじょ》として鉄道労連からの脱退を表明した。志摩の背後で、この鉄道労連脱退を画策《かくさく》していたのが、ＪＲ東日本常務として労務を担当していた松田だった。

ＪＲ東日本への革マル浸透問題を告発した西岡研介《にしおかけんすけ》によれば、〈この志摩氏が鉄道労連からの脱退を表明した直後、ＪＲ東日本に対し、当時の政府筋から「スタートしたばかりのＪＲで労働組合が分裂すれば、行革の成果に傷がつく」とプレッシャーがかかった。すると松田氏は手のひらを返したように身を引き、志摩氏の計画は挫折《ざせつ》した〉（注20）

脱退騒動の責任をとって、志摩は鉄道労連役員を辞任。完全に組織統一したＪＲ総連では旧鉄労系役員に代わって、松崎が率いる旧動労系の発言力が強まった。

松田は松崎と、その背後にいる革マル派を分割・民営化に利用したうえで使い捨てようとしたが失敗。その弱みから松崎に屈服《くっぷく》したというのである。松田と松崎の二人三脚ぶりを、西岡はこう報じている。

〈91年９月、松田氏（当時、副社長）は山形県の「天童ホテル」で開かれたＪＲ東労組「ユニオンスクール」で、松崎らＪＲ東労組幹部の前で挨拶《あいさつ》し、当時、労働組合からの徹底した革マル派排除に動いていたＪＲ東海やＪＲ西日本の労政を批判した上で、こう発言した。「松崎委員長と私だけじゃなくて、皆さん方と会社全員が、経営陣ともっと癒着《ゆちゃく》していいはずであります」〉（同注20）

松田の癒着発言以降、松田の後を継いで社長となった大塚陸毅や清野智《せいのさとし》は、労政改革に及び腰になった。

百戦錬磨《れんま》の闘士である松崎は抜かりなかった。松田が分割・民営化を完遂《かんすい》するために自分を利用したうえで、使い捨てにすると見透かしており、保険をかけた。

松崎が最大の武器としたのが、昔の「鬼の動労」を髣髴《ほうふつ》させる革マル派の活動家だった。この最終兵器をチラつかせることで、ＪＲ東日本の経営陣を屈服させた。

西岡はＪＲ東労組元幹部の発言をこう書く。〈「松崎はことあるごとに『列車を動かすのは大変だが、止めるほど簡単なものはない。俺がこれから電話すれば、山手線を一発で止めることができる』とＪＲ東日本の経営陣を恫喝《どうかつ》してきました」〉（同注20）

ＪＲ東日本では、革マル問題が最大のタブーとなった。

ＪＲ東日本には現在、八つの労働組合がある。最大の労組はＪＲ総連傘下のＪＲ東労組。対立するのがＪＲ連合（日本鉄道労働組合連合会）傘下のＪＲ東日本ユニオン（ジェイアール東日本労働組合）だ。ＪＲ総連はＪＲ東日本、ＪＲ北海道、ＪＲ貨物で多数派を形成している。ＪＲ連合はＪＲグループ最大の労働組合でＪＲ東海、ＪＲ西日本、ＪＲ四国、ＪＲ九州で多数派だ。四国と九州にはＪＲ総連系の労組はない。

ＪＲ連合は、ＪＲ総連を「革マル派の影響下にあり、ＪＲ総連系が多数派を占める東日本や北海道では、会社がＪＲ総連系の組合に『異常に偏重する労政』が行われている」と主張している。ＪＲ連合は革マル派の排除・暴力追放の民主化闘争を進めており、かつて最大の労組だった国労と共闘している。

一方、ＪＲ総連は、「ＪＲ連合系が多数派を占める東海や西日本では、ＪＲ福知山線脱線事故の要因ともなった日勤教育や、ＪＲ連合系以外の組合に所属する者に対し昇進差別が行われている」と主張。両者は激しく対立している。

東海と西日本は、ＪＲ総連傘下の組合を少数派にしたが、松田はＪＲ総連との蜜月《みつげつ》関係を温存したまま会長を引退した。ＪＲ東日本は、国鉄改革の最大の負の遺産といわれる革マル派の問題を引きずったままになっている。

ＪＲ東海の葛西は「国鉄改革は未完だ」と松田を激しく批判した。ＪＲ東日本とＪＲ東海の折り合いが悪いのは、トップの確執《かくしつ》に根差しているからである。

権力者になった三人組の評価はいかに

最後の国鉄総裁となった杉浦喬也は、運輸省と国鉄にとって、分割・民営化という考え方は、「革命」であったと回想している。民営化に反対する国鉄内の圧倒的多数の国体護持派と闘い、不可能とみえた国鉄改革を実現した三人組は、革命の志士であった。

国鉄の改革三人組は、ＪＲ各社の社長、会長となり、いずれも独裁色の濃い権力者となった。三人組は、権力の奪取《だっしゅ》を最初から目指した。そのために民営化後の青写真を描き、それを実行し、成功に導いた。

旧経営陣の追い落としは、あくまで手段。目的は権力を掌握すること。権力奪取が目的である。

これが、課長クラスの三人組が独裁的な権力者になりえた最大の要因である。

国鉄革命を成就し、ＪＲ各社の権力者となった三人組の評価は、歴史の審判に委《ゆだ》ねられる。

第9章　帝国ホテル——名門ホテルの怨念に蝟集《いしゅう》する闇紳士

「帝国の犬丸か、犬丸の帝国か」といわれたワンマン社長

愛知県犬山《いぬやま》市の博物館明治村に帝国ホテルの中央玄関がある。二〇世紀の建築界の巨匠フランク・ロイド・ライトによって設計された歴史的建造物だ。明治村の案内にこう記されている。

〈メインロビー中央には三階までの吹き抜きがある。中央玄関内の全ての空間は、この吹き抜きの廻りに展開し、その個々の空間は、床の高さ、天井の高さがそれぞれ異なっており、大階段、左右の廻り階段を昇る毎に、劇的な視界が開かれる。

建物内外は、彫刻された大谷石《おおやいし》、透しテラコッタ（素焼きのタイル）によって様々に装飾されている。特に左右ラウンジ前の大谷石の壁泉、吹き抜きの「光の籠柱《かごばしら》」と大谷石の柱、食堂前の「孔雀《くじゃく》の羽」と呼ばれる大谷石の大きなブラケット（建築用語で持送り《もちおく》：壁面や柱から水平方向に突出する部分を支える部材）は、見る者を圧倒する。

吹き抜かれた大空間の中を光が上下左右に錯綜《さくそう》し、廻りの彫刻に微妙な陰影を与え、ロビーの雰囲気を盛りあげている〉（注1）

帝国ホテルの旧館は、一九六八年（昭和四三年）に新館建設のため解体され、玄関部分のみを明治村に移設、保存された。二〇〇四年、国の登録有形文化財となった。また、二〇〇七年には「帝国ホテル関連遺産」の一部として近代化産業遺産に認定された。

帝国ホテルの旧館、通称「ライト館」の取り壊しと新館建設の大騒動が、「帝国の犬丸《いぬまる》か、犬丸の帝国か」といわれたワンマン社長、犬丸徹三《てつぞう》が失脚する原因となった。

接客業とは思えない傲岸不遜《ごうがんふそん》さ

評論家の大宅壮一《おおやそういち》は犬丸を「ホテル業のために生まれてきたようなもので、文字どおりに日本のホテル界のヌシである」と評した。だが、初めから望んだ仕事ではなかった。

犬丸徹三は一八八七年（明治二〇年）六月八日、石川県能美《のみ》郡根上《ねあがり》村の機織《はたお》り工場の家で生まれた。郷土の期待を一身に背負い、外交官になるという青雲の志《こころざし》を抱いて上京。東京高等商業（のち一橋大学）在学中に、ストライキの先頭に立ったことがある。一九一〇年、卒業したが、ビリから三番目の成績で就職口はなかった。日露戦争後の不景気の真っ最中だった。

かろうじて見つかったのが、満鉄（南満州鉄道）経営の長春《ちょうしゅん》ヤマト・ホテルのボーイの口だった。

犬丸は、日本経済新聞社の「私の履歴書」にこう綴《つづ》った。

〈客に頭を垂れ、慇懃《いんぎん》なる口調で語ることがなかなかの難事で、私は一言発するごとに顔面紅潮す

るのを抑えることができなかった。はなはだしく自尊心を傷つけられた気持で、絶えず劣等感に襲われた〉（注2）

この劣等感が、後年の優越感に転化したとき、接客業とはとても思えない不遠慮な物言いをする、傲岸不遜《ごうがんふそん》の激しい性格ができあがったにちがいない。やがて、犬丸は、この道で大成しようと決意する。

ヤマト・ホテルを三年で飛び出し、上海《シャンハイ》のホテルでコックの修業をした。その後、ロンドンに渡りホテルの窓拭き係をへて、念願のコック見習いとなる。フランス、米国のホテルでコックの腕を磨《みが》いた。この働きぶりが、帝国ホテルの常務で支配人の林愛作《はやしあいさく》の目にとまった。これが犬丸の一大転機となる。

帝国ホテル「ライト館」運営を託される

帝国ホテルの開業は一八九〇年（明治二三年）一一月三日。幕末に欧米列強と結んだ不平等条約の改定に向けて外務大臣の井上馨《いのうえかおる》が外交の舞台づくりを進めたことが、ホテル建設の背景にある。一八八三年に鹿鳴館《ろくめいかん》を建てた。さらに実業家の渋沢栄一《しぶさわえいいち》、大倉喜八郎《おおくらきはちろう》らに働きかけ、鹿鳴館の隣に西洋式宿泊所として帝国ホテルが建設された。

初代会長は渋沢栄一。敷地は国から借りるなど国の支援を受けたこともあり、筆頭株主は宮内省（のち宮内庁）だった。三井、三菱、大倉などの各財閥《ざいばつ》も出資した。外国からの要人を次々と迎え、鹿鳴館なき後、迎賓館の役割をになった。

当初、支配人には外国人が起用された。一九〇九年に会長が渋沢栄一から大倉喜八郎に交代したのを機に、米国で古美術商をしていた林愛作が支配人にスカウトされた。

外国人の来客増に対応するため、会長の大倉喜八郎と支配人の林愛作は、一九一六年（大正五年）一二月、米国の高名な建築家フランク・ロイド・ライトを招いて、新館（いわゆるライト館）の設計を依頼した。一九二〇年、ライトの設計による新館の新築工事がはじまった。

近代的ホテルであるライト館を運営するため、支配人の林は外国で武者修行を積んだ犬丸に白羽《しらは》の矢を立てたのである。

犬丸は一九一九年（大正八年）一月二〇日、帝国ホテルの副支配人に就任した。ときに三一歳。犬丸は帝国ホテルのホテルマンとしての人生を、ライト館とともに歩むことになる。

建設費が六倍に膨れ上がったライト館

芸術家気質のライトには工事予算など、もともと眼中になかったらしい。資材、労力、時間にどんな無駄が出ようと厭《いと》わなかった。

悲鳴をあげたのは経営陣だ。カネと時間をどれだけ注ぎ込んだらいいのか、見当もつかない有り様だった。犬丸はこう回想している。

〈三百万円のつもりが、六百万円になっても、先が見えないのですからね。大倉喜八郎さんにしろ、銀行にしろ、もう金を出しゃしませんわ。見こみがないから、別の設計者に変わってもらおうかという話も出て来た。わたしゃ、途中で馬を乗り変えるのは結局損だという意見だったのですが、お

前なんか、あっちへ行ってろ、と言われましてね。なにしろ、まだペエペエでしたから……〉（注3）

新館は設計から完成まで五年九ヵ月かかり、工事費は予定の六倍、九〇〇万円という巨費を費やした。結局、ライトは責任を取らざるを得ないかたちになった。新館の完成を見ることなく、胸の底に強い不満を抱いたまま、一九二二年七月、帰国した。

工事の遅延と予算超過の責任を取って会長の大倉喜八郎と支配人の林愛作が辞任し、喜八郎の長男の大倉喜七郎《きしちろう》が会長に就任した。

一九二三年（大正一二年）、ライト館の完成に備え、経営は新体制に移行した。同年一月に社長制を採用し、初代社長に大倉喜七郎が就任。同年四月、副支配人の犬丸徹三が支配人に昇格した。大倉喜七郎と犬丸徹三が、敗戦まで経営を取り仕切ることになる。この間、一九三〇年に会長制に戻し、喜七郎は会長に肩書を変えた。

一九二三年七月、ライト館本館が完成した。

落成の祝宴を襲った関東大震災

皇居を正面にして建てられた新館（ライト館）は鷲《わし》が翼《つばさ》を広げたような壮大華麗《かれい》なホテルだ。鉄筋コンクリートおよび煉瓦《れんが》コンクリート構造で地上五階、地下一階、延床面積三万四七六五平方メートル、客室数二七〇室。世界で初めて全館にスチーム暖房を採用した。

一九二三年九月一日は、ライト館の落成披露《ひろう》がおこなわれた日である。昼に朝野《ちょうや》の名士五〇〇人を招待し、祝宴を張ることになっていた。

午前一一時五八分。準備に忙殺《ぼうさつ》されていた犬丸は「地鳴りの音を聞いたと思った瞬間、足元を突き上げる激動を感じた」。

関東大震災である。帝都は火の海と化した。

皮肉なことに、大震災はライト館の建築の優秀さを証明する結果となった。帝国ホテルはビクともしなかったばかりか、火災にも遭《あ》わなかった。窓ガラス一枚破損しなかったのは、ひとえに設計者ライトの功績である。

地震国日本では、不安定な高層建築は避けるべきであるとライトは考え、その考えに基づき、五階建ての耐震性と安定性に重点を置いたホテルを設計した。建物のいたるところに継ぎ目をつくり、全体の重心を極度に低くした設計が、関東大震災を跳《は》ね返したのである。

〈火災を免れたのは、犬丸氏の手柄である。最初の震動が終わるのを待って、犬丸氏は料理場へ駆けつけた。

「スイッチを切れ！」と命じると、「メイン・スイッチですか」と菓子職人が聞きかえす。「そうだ。メイン・スイッチを切るんだ」と叫んだ。とたんに、真っ暗になった。

「メイン・スイッチを切ったから、ホテル全体が助かったのですよ。わたしゃ実は、メイン・スイッチなんか考えていなかった。料理場のスイッチしか頭になかった」。（中略）『朝日新聞』が、犬丸氏の沈勇帝国ホテルを救う、なんて書いてくれましたが、わたしゃ、根が料理人ですからね。真っ先に料理場に飛び込んだのが良かった。

（中略）そこへ、朝日新聞の下村海南《しもむらかいなん》先生（下村宏《ひろし》：のち朝日新聞副社長、内閣情報局総裁）がやって来て、うちは焼けちまったよ、とおっしゃる。わたしゃ、言いましたよ。あしたになっても、ホテルが助かっていたら、うちへいらっしゃい、とね。

あくる朝、鈴木文史朗《すずきぶんしろう》（のち朝日新聞常務）さんが見えて、朝日が引っ越して来たいというんで、わたしゃ、宴会場を朝日にやりましたよ。そのうち、電通がくる。読売、国民、万朝報《よろずちょうほう》もくる。一時期、これらの新聞は帝国ホテルから発行されていたんですよ〉（注4）

芸術的だが窮屈《きゅうくつ》で雨漏りのする客室

関東大震災でライト館の知名度は飛躍的に上がった。倒壊を免れた近代建築の粋《すい》と絶賛された。だが、ライト館の名声が高まれば高まるほど、犬丸は複雑な思いにとり憑《つ》かれた。

ライトが設計した新館は、全体として落ち着きのある好ましい調和が特色とされている。西洋的ななかに日本的なものが随所に採用されているとして評価が高い。

宇都宮近くの大谷石をふんだんに使ったライト館は、左右両翼が玄関部をはさむ独特な造形を誇った。「芸術品」かもしれないが、犬丸にとってみれば、使い勝手の悪い建物だった。

〈この建築では、全体に比類のない調和があることが長所である。と同時に、この調和の犠牲《ぎせい》として、多くの欠点も伴った。その一つとして、室（部屋）が窮屈《きゅうくつ》なことがあげられる。使用していないときの室（部屋）は、一見はなはだ快適であるが、さて使用してみると、実に住みにくいとわかる。

カーテンの具合や、寝台やいすの位置、これらは全体として調和があるが、使用すると、窮屈な気分をかもし出すのだ。ライト氏が調和を第一と考えて建築した結果である。

ライト氏はなお、この工事に際して、日本の降雨量について誤算したようである。屋根、壁面の勾配《こうばい》と排水に工夫が足りず、雨漏りが多い。太古以来人間が家らしきものに住んできたのは、なによりもまず雨露をしのぐということであったと思うが、世界に誇る帝国ホテルにして、雨露さえしのげないというのは、まことに不思議である。

しかし、ライト氏は私に向かってこう話した。

「ホテルはその国の文化の程度を端的に表現するものである。日本のホテルには日本的なものを打ち出さねばならない。私は帝国ホテルに最も強い東洋の形を採用した」〉（注５）

犬丸は、「ライト氏の試みはまことに画期《かっき》的だったが、ライト氏の理想追求が余って、現実無視の誤算も生じた。ライト氏の試みは、当時の日本としては、あくまで実験の域を出なかった」（同注５）と切って捨てた。

犬丸のその後のホテル人生は、ライト館を取り壊して、自ら理想とするホテルを建てることに費やされたといっていいだろう。

公職追放になった大倉財閥の御曹司《おんぞうし》・喜七郎

一九四五年（昭和二〇年）八月一五日、日本は太平洋戦争に敗れた。これを境に帝国ホテルの支配構造は激変した。

同年九月、連合国軍最高司令官マッカーサー一行が帝国ホテルで昼食会を開催。支配人の犬丸はマッカーサーの車に同乗して都内を案内した。帝国ホテルは連合国軍の将校およびＧＨＱ（連合国軍総司令部）高官用の宿舎として接収された。帝国ホテルの連合国側の支配人にＪ・Ｍ・モーリスが就いた。

同年一二月九日、ＧＨＱの公職追放の指令で会長の大倉喜七郎が辞任。一二月二七日、犬丸徹三が社長に就任した。

大倉喜七郎は一八八二年（明治一五年）六月一六日、大倉財閥の創始者、喜八郎の長男に生まれた。慶應義塾大学を卒業、英国のケンブリッジ大学に留学。派手好みでハイカラな男爵《だんしゃく》だったため、「バロン・オークラ」と呼ばれた。

近代日本の歴史上、屈指《くっし》の趣味人として知られる。美術や音楽、スポーツに造詣《ぞうけい》が深かった。英国留学中には自動車の運転を覚え、一九〇七年にロンドン近郊でおこなわれたカーレースで二位に入賞。日本人初のカーレーサーとなった。

一九二七年、父・喜八郎から家督《かとく》を相続した喜七郎は、莫大《ばくだい》な財産を気前よく使った。

一九三〇年、横山大観《よこやまたいかん》をはじめとする日本画家たちを全面支援してイタリア・ローマで「日本美術展覧会」を開催した。このときの出品作品はすべて喜七郎が買い上げ、戦後、日本の私立美術館の草分けとなる「大倉集古館」に寄贈された。

一九三一年、私財を投じて大倉山ジャンプ競技場を建設、札幌市に寄贈した。ここが、一九七二年（昭和四七年）に開催された札幌オリンピックの九〇メートル級ジャンプ競技の舞台となった。

復権を阻《はば》まれ、執念《しゅうねん》でホテルオークラを立ち上げ

一九五一年（昭和二六）年九月八日、米サンフランシスコで対日講和条約が調印され、日本は独立した。ＧＨＱの接収は解除され、帝国ホテルの経営権は日本側に戻った。翌五二年四月一日、自由な営業を再開した。

ここから帝国ホテルの覇権《はけん》争いと内紛《ないふん》の歴史がはじまる。

一九五〇年に公職追放が解除されたが、戦前の経営者はほとんどが元の会社に復帰できなかった。わずか五年のあいだに、経営者の世代交代が一気に進んでいたからだ。

公職追放を解除された喜七郎は、帝国ホテルに戻ることはなかった。ボーイから叩《たた》き上げた犬丸と大倉財閥の御曹司《おんぞうし》で希代《きたい》の趣味人でもある喜七郎とでは、性格や考え方から、すべてが水と油だった。

ＧＨＱに接収されていたあいだに、犬丸はワンマン社長として力をつけていた。喜七郎に経営権を渡すつもりはさらさらなかった。

これ以降、犬丸と喜七郎は、不倶戴天《ふぐたいてん》の敵として対立することになる。公職追放になったとき、復権の約束が犬丸とのあいだにあったのに、犬丸がそれを果たさなかったためといわれている。

犬丸は「私の履歴書」に、ＧＨＱに接収されていた時代の苦労話は饒舌《じょうぜつ》に語っているが、社長就任や喜七郎追放については一言も触れていない。「大番頭によるお家乗っ取り」と陰口を叩かれた、こうした事実は、一から十まで封印したかったのだろう。

帝国ホテルを追われた喜七郎がホテルオークラを設立したのは、犬丸に対する怨念《おんねん》に突き動かされた結果だ。

東京オリンピック開催を二年後にひかえた一九六二年（昭和三七年）五月二〇日、東京・港区虎の門の大倉邸の敷地に、ホテルオークラ（のちホテルオークラ東京）が開業した。

喜七郎は明治以降の日本に存在した（と信じていた）貴族の精神を証明するという野心と、「最後の男爵」としての意地で、「帝国ホテルを超える、世界に通用する、欧米の模倣《もほう》ではない日本の特色を生かした本物のホテル」を建てることにした。建築家の谷口吉郎《たにぐちよしろう》らがホテルの建物を設計した。

ホテルオークラの開業を見届けた喜七郎は、翌六三年二月二日、八〇歳で他界した。

喜七郎が執念《しゅうねん》で立ち上げたホテルオークラは、帝国ホテル、ホテルニューオータニとともに〝ホテル御三家〟と呼ばれた。帝国ホテルの低迷を尻目《しりめ》に、ホテルオークラは一九七〇年代から八〇年代にかけて、ナンバーワン・ホテルの地位を不動のものとした。

戦後、東京のナンバーワン・ホテルの座を争った帝国ホテルとホテルオークラは、犬丸徹三と大倉喜七郎の確執が産み落とした〝一卵性双生児〟だった。

それから半世紀。ホテルオークラ東京の本館は二〇一五年八月三一日、建て替えのために閉館。二〇二〇年の東京オリンピックの前年の一九年に新たに生まれ変わり、営業を再開する。

帝国ホテルに闇を呼び寄せる喜七郎の持ち株

喜七郎の怨念は、現在まで帝国ホテルに祟《たた》っている、といわれる。帝国ホテルの内紛の歴史の中心に、つねに喜七郎の持ち株が存在していたからである。言葉を換えるなら、帝国ホテルというブランドが誘蛾灯《ゆうがとう》のようになり、怪しい紳士たちが群がったということだ。

財閥解体で大倉財閥が保有していた帝国ホテルの株式を手放さなければならなくなった喜七郎は、最初から犬丸に持ち株を渡すつもりはなく、金井寛人《かないひろと》に売却した。

犬丸憎しに突き動かされた、やや軽率な行動というほかはない。というのは、大倉財閥の主力事業である大倉土木に関して、喜七郎は真逆の、冷静な対応を見せたからである。

なんとか一社だけでも、大倉の魂《たましい》を後世に残したいと熟考した結果、社名を大成建設に変えて存続させたのだ。大成の二文字は大倉喜八郎の戒名《かいみょう》「大成院殿礼本超邁鶴翁大居士」から決定した。もとは『孟子《もうし》』に出てくる「集大成」に由来する言葉で、多くのものを集め作りあげるという意味が建設業にふさわしいとされた。

戦前、土木会社は「組」を名乗るのが普通だった。その多くが戦後、○○建設の社名になったが、喜七郎の大成建設が最初だった。

さらに、喜七郎はＧＨＱから横やりが入らないように大成建設の全株式を社員全員に分け与え、社員全員の持ち株会社制にした。日本で社員持ち株制を導入したのも、喜七郎が嚆矢《こうし》である。

しかし、帝国ホテルの株式は、社員全員に分け与えることはしなかった。それほど、犬丸憎しの気持ちが強かったということだろう。

馬賊《ばぞく》上がりの怪人物が筆頭株主に

喜七郎が放出した帝国ホテルの株式を取得したのは金井寛人である。満州の馬賊《ばぞく》として稼いだカネを元手にのし上がり、「北支（中国北部）の煙草王《タバコ》」と呼ばれるまでになった怪人物である。

金井は一八九七年（明治三〇年）一月一四日、現在の長野県諏訪《すわ》市に生まれた。上田蚕糸《さんし》専門学校を出て、片倉製糸（のち片倉工業）に入社。一九三一年、国際商事を設立して中国産の葉タバコを扱ったことが、巨万の富を築くきっかけになった。一九三七年に、山東塩業の社長を兼ね、一九四三年、華北興業の社長となる。「北支の煙草王」の異名《いみょう》がついたのはこの頃だ。

戦後、公職追放となるが、一九五〇年に追放解除。筆頭株主である宮内庁と大倉財閥が放出した帝国ホテルの株式を買い占めた。金井に買収資金を出したのは東京殖産《しょくさん》という日掛け金融の会社を経営する長田庄一《おさだしょういち》だった。東京殖産は東京相互銀行（のち東京相和銀行）に大化けし、長田は東京・下町の金融界のドンとして君臨した。マチ金が銀行にまで格上げになったのは、戦後の混乱期ならではの椿事《ちんじ》だった。

帝国ホテルの筆頭株主となった金井は一九五三年（昭和二八年）四月一六日、帝国ホテルの会長に迎えられた。だが、犬丸は金井に挨拶《あいさつ》もしなかった。金井を無視してワンマン経営をつづけたため、激烈《げきれつ》な抗争に発展した。

〈金井―犬丸対決がピークに達したのは昭和三一年。横井英樹《よこいひでき》が帝国ホテルの株を買い始め、それに呼応して金井が株を買い増した時だ。見るに見かねた大株主で取締役だった朝日麦酒（のちアサヒグループホールディングス）の山本爲三郎《やまもとためさぶろう》社長らが仲に入り、横井の買い占めた株式は犬丸社長らに、金井会長の株の一部は山本爲三郎社長と親しい日本冷蔵（のちニチレイ）に持たせ、日本冷蔵の木村鑛二郎《きむらこうじろう》社長が監査役に就任し、金井会長には代表権を与えることで、金井―犬丸戦争は一時休戦の形となる〉（注6）

白木屋乗っ取りの横井英樹も登場

帝国ホテル株式の争奪戦には魑魅魍魎《ちみもうりょう》が群がった。蝶ネクタイの怪人といわれた横井英樹も、その一人だ。横井の名が世間に知られるようになったのは、一九五三年、東京・日本橋の老舗《しにせ》百貨店、白《しろ》木《き》屋（のちの東急百貨店日本橋店）の乗っ取りを画策《かくさく》したからだ。

拙著『秘史「乗っ取り屋」』から引用してみる。

〈横井が白木屋に目をつけたのには諸説ある。（中略）猪瀬《いのせ》直樹《なおき》は『土地の神話』（小学館）で、次の説を紹介している。

講和条約発効後、進駐軍の御用商人としての仕事がなくなり行き詰まった横井に、千葉銀行頭取の古荘四郎彦《ふるしょうしろひこ》が、「どうだ、（日活社長の）堀久作《ほりきゅうさく》と組んで白木屋を乗っ取り、白木屋の預金を千葉銀行にまわしてくれないか」と持ちかけたというのだ。

古荘の千葉銀行が横井の資金スポンサーとなって、白木屋の乗っ取りがはじまった〉（注7）

白木屋乗っ取り事件には、一癖《ひとくせ》も二癖もある人物が多数登場する。白木屋乗っ取りは、海千山千の財界人たちが横井を担《かつ》いで一発勝負を挑《いど》んだ仕手《して》戦だった。財界人たちは高値で売り抜け、横井にカネを貸した千葉銀行は借金のカタに横井産業ビルを取り上げた。横井は二階に上がったとたんにハシゴを外されたのだ。

横井は買い占めた白木屋の株式を処分できず、宙吊りの状態になってしまっていた。窮地《きゅうち》におちいった横井が駆け込んだのが東急グループの創始者・五島慶太《ごとうけいた》だった。相次ぐ乗っ取りで、〝強盗慶太〟の異名を取った五島は、横井が買い占めた白木屋株を引き取った。

白木屋は東横百貨店に吸収合併された。五島に足元を見透かされた横井は、安値で買い叩かれて白木屋株で五億円の損失を出したが、その代わりに五島という大きな後ろ盾《だて》を得た。

横井は、五島の切り込み隊長として、東洋製糖、帝国ホテル、東亜石油、日活などの有名企業の株を次々と買い占めて、悪名を高めていく。東洋製糖乗っ取りの渦中《かちゅう》の一九五八年に、東京・銀座の東洋郵船社長室で、暴力団安藤組に襲われる事件に遭遇《そうぐう》する。

切った張ったが横行する血なまぐさい時代だった。帝国ホテルの株式には、こうした時代を生き抜いた怪人物たちが群がった。

高層ホテルブームに乗り遅れ、ライト館を解体

犬丸徹三は帝国ホテルの新館建設に執念を燃やした。「芸術品」であっても、ホテルとしては不適格と、自らみなしたライト館の取り壊しに何度も挑戦した。

最初は、戦前の一九三六年（昭和一一年）。四年後にひかえた東京オリンピックの開催を前に取り壊し計画を発表した。一万五〇〇〇平方メートルの面積をもつ目抜きの土地に、三階建二七〇の客室では採算がとれないというのが取り壊しの理由だ。文化団体が取り壊しに反対した。

このときは、日中戦争の勃発《ぼっぱつ》で、すべてがおじゃんになった。東京オリンピックも幻《まぼろし》となった。

戦後は一九五九年。またまた東京オリンピックを前に、ライト館の取り壊しの話が再燃した。このときは経済性の問題に加えて、戦災や地盤沈下による損傷、時代遅れの設備の改善が理由にあげられた。これは建築界のみならず、広範な層からの猛反対にあって立ち消えになった。

東京オリンピックは、近代ホテルの建設ラッシュをもたらした。一九六四年（昭和三九年）の東京オリンピックに向けて、東京プリンスホテルなど二四のホテルが新規開業し、ホテルニューオータニ、ホテルオークラなど五〇〇室超の大型のシティホテルが出現した。

犬丸は拡大路線を採り、第一新館、第二新館を建設し九〇〇室体制を確立した。しかし、二つの新館を継ぎ足したものだ。ホテルオークラ、ニューオータニに見劣りすることは否《いな》めなかった。

一九二三年（大正一一年）に竣工《しゅんこう》して以来四十数年の歳月をへてきた旧館（ライト館）は傷《いた》みが激しく、すでに荒廃《こうはい》して物置同然に放置されている部分もあった。客室数の多い高層ホテルが続々と建っており、犬丸は新しいホテルの建設のバスに乗り遅れたという焦《あせ》りに突き動かされた。

とうとう、犬丸はライト館の解体を決めた。東京オリンピックの年の一九六四年、ライト館を取り壊し、その跡地に新本館を建設すると発表した。新本館は鉄筋コンクリート造りで、地上一七階、地下三階、客室数七七二室の巨大ホテルだ。

傷みが激しく、安全が確保できないという老朽《ろうきゅう》化の問題もさることながら、都心の一等地に建つホテルの客室数がたったの二七〇室というのでは、話にならなかった。

近代建築史に燦然《さんぜん》と輝くライト館を文化遺産として残したいとの声が内外で高まり、建築家などが「守る会」を結成、取り壊しに対して反対運動を展開した。

犬丸は「保存は経費面でも無理」との方針を貫く。調停に乗り出した佐藤栄作《さとうえいさく》首相の助言を受け入れて、一部を明治村に移籍・保存することで決着した。ライト館の玄関部分は博物館明治村に再現され、今日でも在《あ》りし日の面影を偲《しの》ぶことができる。

一九六七年（昭和四二年）一一月一五日、ライト館の客室が全面閉鎖され、翌年春までに取り壊された。ここに四四年に及んだライト館の歴史の幕が降りた。

新本館建設の大赤字で失脚した犬丸

ライト館の跡地に建設された近代的外観の新本館は、一九七〇年（昭和四五年）の日本万国博覧会の開会に合わせて竣工した。

新本館の建設をめぐり、会長の金井と社長の犬丸の全面戦争が再燃した。犬丸は計画を三割も超過するカネを使い、立派な建物を建ててしまった。彼の独断専行、ワンマンぶりに非難が集中した。採算を度外視した新館は、七〇億円も予算がオーバー。膨大《ぼうだい》な借金を抱え、帝国ホテルは赤字経営におちいった。犬丸はどんぶり勘定の放漫《ほうまん》経営を厳しく追及された。

一九七〇年三月一〇日、新本館が開業した。同年一一月二八日、犬丸徹三は社長を辞任し、取締役相談役に退いた。犬丸が精魂を傾けた新本館は引退の花道になるはずだったが、有終の美を飾れなかった。金井と第一勧業銀行（のち、みずほ銀行）の大株主連合に敗れて、社長の座を追われてしまったからだ。

第一勧銀は第一銀行と日本勧業銀行が合併してできた都市銀行だ。第一銀行の創立者は渋沢栄一。渋沢栄一は帝国ホテル創立の中心メンバーで初代会長をつとめた。その関係で、第一勧銀は帝国ホテルの大株主でありメインバンクの座にあった。

犬丸の後継社長には第一勧銀出身の副社長、金澤辰次郎が昇格した。

社長の座を追われた一一年後。犬丸徹三は九三歳で亡くなった。一九八一年四月九日のことである。ライト館と運命をともにしたホテルマンとしての人生だった。

犬丸を追い落としたものの、経営陣は安定しなかった。金澤は、いかに銀行のバックアップを受けようとも、所詮《しょせん》ホテル経営に関してはズブの素人《しろうと》。わずか一年半で沈没した。一九七二年五月、金澤は相談役に退き、新社長のバトンを元駐英大使の大野勝巳が受けた。しかし、大野政権も四年で終わる。一九七六年六月、大野は辞任、新社長には、ふたたび第一勧銀出身の原正雄が天下った。

〝昭和の政商〟小佐野賢治の野望

原が社長の時代に大事件が勃発する。田中角栄《たなかかくえい》首相の〝刎頸《ふんけい》の友〟の小佐野賢治《おさのけんじ》が突然、筆頭株主として躍り出てくるのである。

小佐野賢治は一九一七年（大正六年）二月一五日、山梨県東山梨郡山村（のち甲州市）の貧農の家に生まれた。商才に長《た》けていた彼は、戦後、軍保有物資の放出をビジネスチャンスとして摑《つか》み、巨額な現金を手にし、三つのホテルを自分のものにした。

ＧＨＱに食い込んだ小佐野は、熱海ホテル、強羅《ごうら》ホテル、山中湖ホテルを米軍の宿泊施設として貸し、家賃で稼いだ。これが、小佐野が米軍に食らいつくきっかけになった。

一九四七年、国際興業を設立。駐留米軍の送迎バスや基地内のバスの運行、修理で稼ぎまくった。

朝鮮戦争の特需では、〝米軍御用商人〟としてバスの商売でうまみを存分に味わった。

小佐野が田中角栄と出会ったのは、田中が衆院議員に初当選した直後の一九四八年（昭和二三年）。田中土建工業の顧問弁護士・正木亮《まさきあきら》の紹介である。小佐野三一歳、田中三〇歳のときだった。

紹介した正木が二人に「小佐野さんは事業家として一筋の道を、田中さんは政治家として進みなさい。お互い同じような境遇《きょうぐう》だから、ちょうどいい。手をつないで仲良くやりなさい」と激励したのは有名な話だ。田中も小佐野同様、米軍相手に荒稼ぎした。

占領下に、米軍との取引で巨万の富をたくわえた小佐野は、日本が独立後、次々とホテルやバス会社を買収して事業を拡大した。海外では、一九七三年から七四年にかけて、シェラトン・パレス・ホテル、シェラトン・ワイキキ、プリンセス・カイウラニなどハワイの五つのホテルを買収し〝ホテル王〟と謳《うた》われるようになった。

〝昭和の政商〟小佐野賢治の最後の野望が、帝国ホテルの買収である。欧米では、一流ホテルのオーナーになることがステイタスシンボルとなっている。山梨の貧しい農家に生まれた小佐野にとって、伝統と格式を誇る帝国ホテルのチェアマン（会長）の肩書は最高の勲章《くんしょう》だった。

スキャンダルで入手した株で筆頭株主に

小佐野賢治は、内紛に乗じて帝国ホテル株を買い漁《あさ》り、一九七七年九月末までに、国際興業と個人名義で合わせて約一八〇万株（持ち株比率約六％）をにぎる第四位の大株主にのし上がった。小佐野の乗っ取りに対して、大株主の第一勧銀（同八・一％）は日本冷蔵（同八・二％）と連合を組み、防戦にこれ努めた。

とはいっても、数々の修羅場《しゅらば》をくぐり抜けてきた小佐野のほうが、役者は数段上手《うわて》だった。会長の金井寛人は一九七七年一一月三〇日、虎の門病院で、脳出血で息を引き取る。享年《きょうねん》八〇だった。小佐野は、目的のためには手段を選ばなかった。女優の松尾嘉代《まつおかよ》まで使って、会長の金井寛人の持ち株二五〇万株をそっくり手に入れた。

一九七八年（昭和五三年）九月末までに、全体の一八％強を掌中《しょうちゅう》におさめ、筆頭株主に躍り出た。金井は、第一勧銀から派遣された社長の原正雄や日本冷蔵から送り込まれた木村鑛二郎には、一言の相談もなしに持ち株を売り払ったから、両者は烈火《れっか》のごとく怒った。だが、後の祭りだった。

拙著『秘史「乗っ取り屋」』から引用する。

〈金井と小佐野の間を取り持ったのは経営評論家の三鬼陽之助《みきようのすけ》である。三鬼は金井とは戦前からの付き合いがあり、譲渡先を紹介してくれと頼まれた三鬼は小佐野に話をつないだ。五島慶太の相談役でもあった三鬼は、五島を師と仰いだ小佐野とは親しかった。死ぬまでは名義変更しないという条件で、金井の持ち株は逐次《ちくじ》、売却された。一九七七年（昭和五二年）一一月の金井の死後、名義が書き換えられ、突如《とつじょ》、小佐野が筆頭株主に躍り出たのである。

しかし、守銭奴といわれた金井が簡単に手放すわけはない。「児玉誉士夫《こだまよしお》系の右翼が、人妻女優の松尾嘉代とのスキャンダルをネタに金井を脅かして、株を手放させた」と週刊誌が報じ、世間を賑《にぎ》わした〉（注8）

金井が持ち株を小佐野に売却した理由には諸説ある。経営している京都ホテルのテコ入れのためにカネが必要だった。が、なによりも、惚《ほ》れぬいた松尾に最後を看取ってほしかった。慰謝料の意味で松尾に渡した（帝国ホテルの）株が、最終的に小佐野の手に渡った。脅かした右翼と小佐野は、初めから青写真を描き、松尾を送り込んだ、と信じられている。

第一勧銀連合軍による反小佐野戦線

金井の長男、金井秀人は、帝国ホテルの株式の動きについてこう語っている。

〈生前に一株六百三円で百五十万株。死後に二百五十万株と、結局、計四百万株を小佐野に渡してしまった。一度、わたしも親父に忠告したことがあるんです。小佐野に株が流れている、との噂がありましたのでね。

「いやしくも渋沢さんのつくられた伝統あるホテルだから、その株を小佐野にだけは、渡さない方がいいですよ」

すると親父がカンカンになって怒りましてね。金《かね》の靴ベラでめった打ちされました。

「おまえになんの関係があるのか！　おれ一人で築いた財産を、おれがどうしようと勝手だ！」〉

（注９）

小佐野に対抗するため、第一勧銀＝日本冷蔵連合は一九七九年六月の株主総会で、日本冷蔵出身の木村鑛二郎の会長就任を急遽《きゅうきょ》決めた。

以後、木村会長＝原社長の第一勧銀＝日本冷蔵連合軍による反小佐野ラインが形成された。

だが、小佐野は筆頭株主になったものの、「ロッキード事件」で身動きがとれなくなった。

一九七六年（昭和五一年）七月の田中角栄元首相の逮捕を惹起《じゃっき》したロッキード事件――米航空機メーカー、ロッキード社から賄賂《わいろ》を受け取った事件の主役は、田中角栄、小佐野賢治、児玉誉士夫の戦後の政治・経済の裏面史をいろどる三人の怪物たちだった。ロッキード事件の国会証人喚問《かんもん》で小佐野が連発した「記憶にございません」は流行語にまでなった。

小佐野はロッキード事件で被告の身となり、帝国ホテルの会長の椅子をめぐる攻防は、一時休戦となった。

犬丸の息子が小佐野と手を組んで対抗

小佐野vs.第一勧銀＝日本冷蔵の抗争にピリオドが打たれたのは、一九八五年（昭和六〇年）である。引き金は、またまた経営陣の内紛である。

日本冷蔵出身の木村鏞二郎会長、第一勧銀から送り込まれた原正雄社長の大株主と犬丸一郎《いちろう》副社長ら生え抜きのあいだで、人事をめぐる対立が起きた。社長の原は犬丸の右腕といわれた常務の河合佐一郎を、業務推進室長・セールス部長からレストラン部長に降格した。

犬丸一郎は一九二六年（大正一五年）三月一〇日、犬丸徹三の長男に生まれた。徹三は「ホテルは贅沢《ぜいたく》を売るところ」と説き、一郎には「贅沢を身につけなさい」と教えた。

敗戦直後の慶應義塾大学経済学部在学中にテニスプレーヤーとして鳴らすかたわら、仲間と六人でジャズバンドを結成。戦前の灯火管制のときにもカーテンを閉めてギターを練習していたほどの腕前で、進駐軍のベースキャンプで演奏した。

学生時代に帝国ホテルに入社していた彼は、卒業すると米国コーネル大学ホテル学科に留学した。日本は貧しく、まだ米国留学がめずらしい時代のことだ。

帰国後、徹三の七光りで、とんとん拍子で出世。新館建設当時には専務に昇格していた。徹三が引退した後は、一郎が社長を引き継ぐとみられていた。

ところが、徹三の失脚で、一郎には長い冷や飯時代がつづくことになる。第一勧銀は、新館の予算オーバーで経営を悪化させた〝A級戦犯〟は、「ラグジュアリー（贅沢）なホテル」を目指した専務の一郎にあると判断していた。そのため、ホテルの営業や宴会の運営はまかせても、経営トップに就けるつもりは微塵《みじん》もなかった。一郎が副社長に昇格するのは、一九七六年になってからだ。

第一勧銀に、自分が育てた部下もろとも、いつ沈められるか、わかったものではない。焦った犬丸一郎が援軍を頼んだのが小佐野賢治だった。まさに、敵の敵は味方。あの論理である。

小佐野＝犬丸ラインが経営掌握

ロッキード事件で表立った行動をひかえて自重《じちょう》していた小佐野にしてみれば、自分の意思でしゃしゃり出るのではなく、（犬丸一郎に）請われて出馬するという願ってもないかたちとなった。

小佐野は第一勧銀会長の藤森鐵雄《ふじもりてつお》に直談判《じかだんぱん》して、事態を収拾した。小佐野の会長就任を断固阻止することを基本方針としてきた第一勧銀が折れたのは不思議だ、といわれた。裏街道を歩いてきた小佐野は、いかにも彼らしいやり方でエースのカードを切ってみせ、藤森を屈服《くっぷく》させたのだ。藤森会長の妹の不渡り手形を取引材料に使ったのである。

〈藤森会長には昔、塩原の『ホテルこめや』という温泉旅館に養女に入った小平薫さん（48）という実の妹がいるのだというのだ。いまでは、彼女がそのままホテルの当主となっているのだが、二十億円近い負債を抱えて最近倒産。その不渡手形が巡り巡って小佐野氏の手元に入ってしまったというわけだ。彼女をいかに料理するかは、小佐野氏側の思いのまま……〉（注10）

藤森は「帝国ホテルの会長人事と妹の問題は関係ない」と否定していたが、説得力はあまりなかった。

小佐野は公表されている分だけで五五四万株、発行済み株式の約一八％を保有する大株主だ。名義を書き換えていない分を含めると四〇％近くの株式を保有する筆頭株主の意向は絶対である。

勝負はついた。

一九八五年（昭和六〇年）六月二八日に開催された帝国ホテルの株主総会で、木村鑛二郎は会長を退任、小佐野賢治が代表取締役会長に就任した。

その一年後の一九八六年六月二七日の株主総会で原正雄が社長を退任、犬丸一郎が代表取締役社長になった。

小佐野は悲願だった帝国ホテルのチェアマン（会長）の椅子を手に入れた。ここに来るまでにロッキード事件から九年の歳月が流れていた。

一方、犬丸一郎は小佐野という〝助っ人〟を頼んで、第一勧銀に詰め腹を切らされた父・犬丸徹三の仇《かたき》を討つかたちで念願の社長の椅子に座った。徹三が失脚してから一六年後のことである。

三井不動産の傘下に入る

その後の帝国ホテルの株式について触れておこう。

帝国ホテル会長に就任して一年後の一九八六年（昭和六一年）一〇月二七日、小佐野賢治は心臓発作で六九年の波瀾万丈《はらんばんじょう》の人生に幕を閉じた。一九九〇年六月、賢治の実弟、小佐野政邦が帝国ホテル会長に就いた。犬丸一郎は一九九七年（平成九年）まで社長をつとめ、社長退任後は顧問に退いた。

小佐野の死から二〇年近くの時が流れた。二〇〇四年一〇月、小佐野が一代で築いた国際興業はUFJ銀行（のち三菱東京UFJ銀行）の不良債権処理にともない、米投資ファンドのサーベラスに売却された。このときの社長の小佐野隆正は、小佐野賢治の甥《おい》（賢治の次弟・栄の一人息子）である。

サーベラスが五五％出資している国際興業は経営再建のために、帝国ホテル株式や浜松町の遊休地、八重洲富士屋ホテルなどの優良資産を次々と売却し、その売却益を特別配当の形でサーベラスに支払った。二〇一四年にサーベラスは投資金額を回収したとして、国際興業株を創業一族の持ち株会社、国際興業ホールディングスに一四〇〇億円で売却した。小佐野一族は国際興業を買い戻したものの優良資産を失い、自社株の買い戻しに要した一四〇〇億円という巨額の借金を抱えた。

サーベラスは国際興業が保有していた帝国ホテルの発行済み株式の三九・五％の大半を、三井不動産に売り渡した。二〇〇七年九月二八日、三井不動産は帝国ホテル株式の三三・一％を保有する筆頭株主となった。

戦後、六十余年つづいた帝国ホテルの株式の攻防の歴史は、創業メンバーである三井財閥の流れを汲む三井不動産が受け皿となり、ようやく終わりを告げた。

第10章　東芝——歴代トップの醜悪な抗争で企業衰退

官僚主義がはびこる上意下達《じょういかたつ》企業

名門、東芝が不正会計に揺れている。第三者委員会は報告書で「上司に逆らえない」企業風土を指摘した。なぜ、そういう企業風土になったのか。

思い出されるのは土光敏夫《どこうとしお》である。石川島播磨重工業（のちＩＨＩ）の再建社長としてがむしゃらに働いてきた土光に東芝の再生を託したのは、経団連会長で東芝会長の石坂泰三《いしざかたいぞう》だった。

土光は「怒号」とあだなされるほど強面《こわもて》の人だ。地声は大きく、興奮すると机を叩《たた》くくせがある。比叡山《ひえいざん》の荒法師《あらほうし》を思わせる風貌《ふうぼう》は迫力満点だった。

社長に就任して初の取締役会で、土光が役員たちを一喝《いっかつ》した言葉は、いまや伝説となっている。

「社員諸君にはこれまでの三倍働いてもらう。役員は一〇倍働け。私はそれ以上働く」

土光は根性と執念《しゅうねん》の人だった。理路整然と名論卓説を論じるインテリではなかった。

石坂に推されて経団連会長になったとき、インテリを自任する知性派財界人とは肌が合わなかった。モーレツ教教祖の土光の気迫と迫力に圧倒され、息苦しさを覚えたのだろう。「書生っぽ」と批判する土光を嫌う財界人は少なくなかった。

土光は、そんな口舌《こうぜつ》の徒のインテリを心底嫌った。「大学卒はろくな奴がいない。とくにエリート大学出の秀才面《づら》をしている奴がいけない」と言っていた。土光は、インテリ経営者は優柔不断で、決断と実行力に欠ける人種だと看破していた。

高学歴社会になって、土光が心底嫌ったインテリ経営者ばかりになっている。インテリ経営者の経営手法は万国共通だ。官僚主義である。

企業が大きくなると、企業内部のヒト、モノ、カネの流れを統括し、調整し、監視する組織と人が必要になる。企業の幹部は、ビジネスマンというより管理者になる。官僚ならぬ民僚である。

民僚が社員をコントロールする手法は、人事における減点主義だ。チョンボすると、すぐに左遷《させん》される。社員は失敗を恐れて萎縮《いしゅく》し、挑戦しなくなる。東芝の「上司に逆らえない」企業風土とは、官僚主義に毒されていることの証《あか》しにほかならない。

官僚主義がはびこると、関心は社内に向く。陰謀が三度のメシより好きな社内政治家が横行して、凄《すさ》まじい派閥抗争がくり広げられる。やられたらやり返す。お互いの刺し合いで、憎悪《ぞうお》の連鎖が生じるのが常だ。

東芝は再生に向けて動きだした。だが、現在の社長の室町正志《むろまちまさし》では、この憎悪の連鎖を断ち切れないだろう。なぜなら、いまや東芝のキングメーカーとして君臨する〝闇将軍〟の西室泰三《にしむろたいぞう》（相談役）

の院政に乗っかり、そこを権力の拠りどころとしているからだ。

憎悪の連鎖を断ち切り官僚主義を打破するには、純粋培養《ばいよう》で育てられた生え抜きの経営者では無理。土光のように他流試合で鍛《きた》えた根性と執念の持ち主の力業《ちからわざ》をもってしても、いまの東芝は苦境から抜け出せるかどうかわからない。それほど事態は深刻なのだ。

なぜ、東芝はこうなったのか。西田厚聰《にしだあつとし》vs.佐々木則夫《ささきのりお》。ドン西室泰三、同じく相談役の岡村正《おかむらただし》も決して意思疎通がうまくいっているわけではない。トップのコミュニケーションの断絶に、経団連会長の椅子をめぐる暗闘が加わり、収拾がつかなくなった。

羊の集団のようなエリート社員の群れは、権力者の宴《うたげ》（いや決闘）を遠巻きに眺《なが》めているだけだった。もし、日立製作所が〝東芝状態〟になったとしたら、中堅幹部や若手社員が立ち上がって、下剋《げこく》上《じょう》の反乱が起こっていただろう。

不適切会計という名の粉飾決算

「（東芝の社長をつとめ、名経営者の誉《ほま》れが高い）土光敏夫さんと石坂泰三さんの墓前で土下座しろ」

東芝の臨時株主総会は怒号が飛び交い、会場は騒然となった。

「不適切会計」（じつは粉飾決算）問題で二〇一五年七月二一日に歴代三社長が辞任。本来の提出期限から約二ヵ月遅れて、九月七日に二〇一五年三月期の有価証券報告書を提出するなど、大混乱におちいっていた東芝は、ようやく臨時株主総会にこぎつけた。

二〇一五年九月三〇日、千葉市美浜区の幕張メッセの国際展示場で、臨時株主総会は開催された。

社長の室町正志は冒頭「投資家らの信頼を裏切り、市場を混乱させる事態を招いたことを深く反省し、おわびする」と陳謝《ちんしゃ》した。モニターで視聴していた報道陣にまで怒号が伝わってくるほどの、大荒れの株主総会となった。

利益水増しがおこなわれていた当時、副社長などをつとめていた室町は「今回の（利益水増し）問題をまったく知らなかったのか。気づかなかったなら大問題だし、黙認なら辞めた（歴代）三社長と同罪だ」と指弾された。室町は「第三者委員会の報告、委員長の会見でも私自身の関与はないと認定された」と苦しい釈明に追われた。

東芝OBの株主は、辞任した田中久雄《たなかひさお》（前社長）、佐々木則夫（前副会長）、西田厚聰（前相談役）の歴代三社長を「三悪人」と名指しし、「粉飾決算をしたのにぬけぬけと報酬《ほうしゅう》を得ていた。ペナルティを与えるべきだ」と声を荒らげた。

定款《ていかん》変更と社内取締役四人と社外取締役七人を選任するという、二つの会社提案は可決された。株主提案の「不適切会計についての情報の開示に関する定款変更の件」など一四議案はすべて否決された。

「取締役と馴《な》れ合ってきた社外取締役は不適任」

透明性を高めるため、取締役一一人のうちの七人を社外取締役が占めた。指名、監査、報酬の三つの委員会は、社外取締役だけで構成する。

臨時株主総会における取締役選任案の賛成票の割合をみてみよう。

【取締役選任の賛成の割合】（※印は社外取締役）

室町正志・会長兼執行役社長　七六・〇六％
牛尾《うしお》文昭《ふみあき》・執行役上席常務　七四・六八％
伊《い》丹《たみ》敬之《ひろゆき》・東京理科大学イノベーション研究科教授※　六七・二三％
綱川《つなかわ》智《さとし》・執行役上席常務　九五・四五％
平田《ひらた》政善《まさよし》・執行役上席常務　九七・四八％
野《の》田《だ》晃子《てるこ》・公認会計士※　九七・九八％
池田《いけだ》弘一《こういち》・アサヒグループホールディングス相談役※　九八・三〇％
古田《ふるだ》佑紀《ゆうき》・弁護士（元最高裁判事）※　九八・二九％
小林《こばやし》喜光《よしみつ》・三菱ケミカルホールディングス会長※　九八・三三％
佐《さ》藤《とう》良二《りょうじ》・公認会計士※　九八・三三％
前田《まえだ》新造《しんぞう》・資生堂相談役※　九八・三二％

【取締役会議長・委員会委員長】

取締役会議長・前田新造
指名委員会委員長・小林喜光
監査委員会委員長・佐藤良二
報酬委員会委員長・古田佑紀

議決権行使助言会社、米インスティテューショナル・シェアホルダー・サービシーズは、問題が起きた当時に取締役をつとめていた室町、牛尾、伊丹の三人に反対するよう、機関投資家に推奨していた。再任の室町、牛尾、伊丹社外取締役の賛成率は低かった。特に伊丹は六〇％台という異例の低さだった。

不適切会計についての情報の開示に関する定款変更など一四件の株主提案のなかに、取締役選任の議案があった。「東芝の取締役会が推薦して選任された社外取締役は不正会計を長期間見逃してきた。取締役らと馴《な》れ合い、監視業務を怠《おこた》っていた。取締役会が推薦した社外取締役は不適任」として、不適切会計の解明が期待できる六人の取締役の選任を求めた。

宇沢亜弓《うざわあゆみ》（公認会計士）、久保利英明《くぼりひであき》（弁護士）、高橋進《たかはしすすむ》（日本総合研究所理事長）、中島茂《なかじましげる》（弁護士）、濱田眞樹人《はまだまきと》（日本公認不正検査士協会理事長）、宮内義彦《みやうちよしひこ》（日本取締役協会会長、オリックスのシニアチェアマン）である。

東芝の取締役会は「提案株主から事前の連絡のないまま一方的に取締役候補者になった人が見受けられ、議案として適切でない」として株主提案に反対を表明した。いずれも賛成率一四・七二％で否決された。

内部告発で一〇〇〇億円を超える子会社の隠し損失が発覚

応急修理をほどこした室町船長の東芝丸は、港を出たとたんに大波に見舞われた。重要子会社、米原発大手ウエスチングハウス・エレクトリック（ＷＨ）の巨額な隠し損失が発覚したのだ。

『日経ビジネス』のウェブ版は「東芝、米原発赤字も隠蔽《いんぺい》」というスクープを放った。同誌は東芝経営陣の電子メールのやりとりなど内部資料を入手。〈ＷＨの単体決算は２０１２年度と２０１３年度に赤字に陥っていた〉（注１）と暴露した。

『日経ビジネス』は東芝の不正会計問題について広く情報を求めるサイトを開設しており、内部告発が次々と寄せられている。羊の集団と揶揄《やゆ》された東芝の社員も目覚めたのかもしれない。内部告発がなければＷＨの損失は公《おおやけ》にならず、東芝は事実を隠しつづけていたことだろう。その後も、同誌は次々とスクープを連発した。

東芝はこれまで、ＷＨの業績の詳細を説明してこなかった。東京証券取引所から「情報開示に不備があり、内容を公表すべきだ」との指摘を受けた東芝は、急遽《きゅうきょ》、一一月一七日、ＷＨの減損損失の計上を正式に発表した。

二〇一二年度と一三年度の二年間の損失合計は、計一三億ドル（一一五六億円）に上った。ＷＨは二〇一二年度の決算で、原発事業で七六二億円の減損を計上した。内訳は新規建設で五五七億円、原発の監視制御システムの保守をになうオートメーション関連で二〇五億円だった。

二〇一一年三月の東京電力福島第一原子力発電所事故で、世界の原発の受注は事実上ストップした。買収した企業のブランド価値である「のれん代」が下がるのは当然のなりゆきである。

二〇一三年度は新規建設で三九四億円の損失を計上した。

子会社が大きな損失を出せば親会社の経営を揺るがす。株価が下がる。このため東証は子会社の損失が親会社の連結純資産の三％以上になる場合、情報の迅速《じんそく》な開示を求めている。

東芝の二〇一一年度（一二年三月期）の連結純資産は、不正会計（じつは粉飾決算）問題が発覚する前の段階で、一兆二三〇二億円だった。これに対してWHグループの一二年度の減損損失は七六二億円。純資産の六％に相当する。当然、開示義務が生じる。

『日経ビジネス』のオンライン版は追い討ちをかけた。

〈内部資料によると2014年6月、2013年度の決算を巡って、WH事業の幹部が東芝幹部に、悲壮な問いかけをしている。「（悪いシナリオでは）約1500億円の減損が発生する。これは東芝単独の2013年度末の利益剰余金を超過し、配当の財源がなくなる」〉（注2）

東芝の二〇一三年三月期の利益剰余金は、修正前で一〇一七億円。二〇一四年三月期の利益を積み上げたとして、巨額の減損を食らえば配当原資が吹き飛んでしまうほどの絶体絶命のピンチにおちいった。

この危機を回避するために東芝が編み出したのが、本体の減損処理の方法を変えることだった。東芝は自分の都合のよいように処理方法を変えて、意図的に損失を隠していたことになる。

「まったく認識していなかった」とうそぶく室町社長

「（WHの巨額損失について）私はまったく認識していなかった」

一一月二七日、WHの減損処理についての説明会をようやく開き、その業績を初めて公表した際に、室町正志はこう言い切った。

二〇〇六年度の買収以来、ＷＨ単体の営業損益の累計は二億九〇〇〇万ドル（三五〇億円）の赤字だったと認めた。一二年度に七六二億円、一三年度に三九四億円の減損処理を実施したのが、赤字のおもな理由だ。

室町は二〇〇八年六月から二〇一二年六月まで副社長をつとめた。二〇一四年六月から会長、二〇一五年七月から社長の座にある。もし、「まったく認識していなかった」のなら、経営トップの資格はない。

ＷＨ単体では減損しているのに、東芝の連結決算で減損を処理しなかった理由を問われ、同席した副社長の志賀《しが》重範《しげのり》（原子力担当）は「一四年度以降、東芝はのれん代をＷＨ単体としてではなく、東芝グループの原子力事業として国内外一体に変更した」ためだとした。こうすれば減損の必要がなくなるという主張だ。

東芝の原発事業全体の評価額は二〇一三年三月期が七六一六億円、一四年三月期は六六六九億円と、初めてその数字を明らかにした。

東芝は二〇〇六年、ＷＨを五四〇〇億円で買収した（のちに出資額は六六〇〇億円に増加）。当時のＷＨの純資産は二〇〇〇億円程度とみられ、差し引き三四〇〇億円相当を東芝は「のれん代」として計上した。

東芝が採用している米国会計基準では、毎年減損テストをおこない、企業価値が簿価（取得価格）を下回れば、減損することになっている。

二〇一五年九月末時点でＷＨののれん代三四四一億円を資産に計上している。ＷＨを含む東芝全体の原子力事業の「のれん及び無形資産」は五一五六億円に達する。ＷＨの収益性が低下すれば、のれん代の減損処理で東芝本体に巨額の損失が生じるおそれがつねにあるわけだ。

絵に描いた餅の大型原発受注計画

東芝はさらに、原発事業の将来計画を公表した。二〇一六年三月期には営業黒字に転換し、それ以降は利益を伸ばし、一九年三月期から一二年間の年平均の営業利益は一五〇〇億円にふくらむとした。ＷＨが米国やインドなどで原発を計六四基、受注・建設する見通しだという。

六四基という高い目標を掲げたのは、ＷＨでこれ以上の減損を回避しなければならないという深刻な事情があるからだ。だから余計、原発大受注計画は「絵に描いた餅」にみえてならないのだ。

『日経ビジネス』はオンライン版で、「東芝、原発幹部さえ疑う『64基計画』」のタイトルで、東芝電力部門の幹部が、副社長ＣＦＯ（最高財務責任者）だった久保誠《くぼまこと》が定例会議で発したコメントをまとめた電子メールの記録（二〇一四年三月一一日付）を入手して、公表した。

〈監査人の印象も悪くなるので、のれん減損テスト事業計画上の64基を今から減らす必要はないが、どこかの時点で冷静になってリーズナブルなレベルに見直す必要がある〉（注3）

メールを受信したのは、ＷＨ会長の岡村潔《おかむらきよし》（のち東芝執行役常務）など複数のＷＨ幹部。六四基計画は〝非合理的〟なレベルだとして、近い将来に引き下げるべきだ、とＣＦＯの立場から久保は示唆《しさ》していたことになる。

室町が新たな事業計画として打ち出した原発六四基計画は、原発事業の幹部さえ非合理と認識している数字だったのである。

悪質行為に過去最高七三億円超の課徴金命令

さらにストームが経営陣を襲った。証券取引等監視委員会は一二月七日、金融商品取引法違反（有価証券報告書の虚偽記載）の疑いで、同社に対して七三億七三五〇万円の課徴金納付命令を出すよう金融庁に勧告した。

企業が公表した決算などに重大な誤りや訂正があった場合、課徴金が科せられる。二〇一五年九月に東芝は、二〇〇九年三月期以降の決算を訂正。過去七年間の利益水増し額は累計で二二四八億円に上った。監視委は二〇一二年三月期と一三年三月期に加え、一〇年三月期の決算をもとに計三二〇〇億円の社債を発行したことに対して課徴金を科した。

虚偽の決算をもとに社債を発行した場合は、特に悪質とされる。全体の課徴金の額は七三億円だが、このうち七二億円が社債発行に関するものだ。過去最高額となった。虚偽記載では二〇〇八年にＩＨＩが一六億円のペナルティを科されたが、東芝はＩＨＩの四・六倍。それだけ悪質だと認定された。

同日、不正会計問題で株価が下落して損害を受けたとして、一五都道府県の五〇人の個人株主が、東芝と旧経営陣五人に総額三億円の損害賠償《ばいしょう》を求める訴訟《そしょう》を東京地裁に起こした。

東芝と馴れ合う新日本監査法人にも批判集中

東芝事件では事態を軽く見せる力が随所に働いた。全国紙やテレビは、粉飾決算なのに「不適切会計」と言い換えて報道した。粉飾決算ではインパクトが強すぎるので、不適切会計とオブラートに包んだわけだ。

粉飾決算事件でつねに指摘されるのは、経営者と監査法人の癒着《ゆちゃく》である。

不適正な会計処理（つまり粉飾決算）を見逃したとして、六〇年以上にわたり東芝の監査を担当している、新日本監査法人に批判が集中した。

金融庁は公認会計士法にもとづき、顧客との新規契約の業務停止を命じる行政処分を発表した。停止期間は三ヵ月。さらに監査法人に初めて二一億円の課徴金を科す。二〇一一年に損失隠しが判明したオリンパスの監査も担当しており、これで二枚目のレッドカードとなった。東芝を直接担当した公認会計士七人に、一～六ヵ月の業務停止命令を出した。新日本の英《はなぶさ》公一《こういち》理事長は引責辞任する。

カネボウの粉飾決算を指南した中央青山監査法人が二〇〇六年に全面的な業務停止命令を受け、その後、解散している。全面と一部の違いはあるが業務停止命令という重いペナルティを受けるわけだ。新日本はピンチ。中央青山の二の舞にならないという保証はどこにもない。

歴代三社長クビで幕引きをはかるための第三者委員会

ナアナアの関係だったのは監査法人とだけではない。第三者委員会の報告書も同様に、大甘だった。証券取引等監視委員会の内々の指摘があったことから、外部の視点から不正会計を調べることになり、五月一五日に第三者委員会が発足《ほっそく》した。

第三者委は委員長が上田廣一弁護士（元東京高等検察庁検事長）、委員は松井秀樹弁護士（丸の内

総合法律事務所　共同代表）、伊藤大義公認会計士（元日本公認会計士協会副会長）、山田和保公認会計士の四人で構成された。

第三者委は七月二〇日、報告書を公開した。七年間合計で一五〇〇億円以上の不正会計を指摘。巨額の利益水増しについて組織的な関与があったと認定した。

翌二一日、田中久雄、佐々木則夫、西田厚聰の歴代三社長が引責辞任。社外取締役四人を含めて一六人いる取締役のうち、社内八人が同日付で辞任した。会長の室町正志が社長を兼務した。

第三者委は不正会計問題に切り込まなかった。報告書は冒頭で、「東芝と合意した委嘱事項以外の事項については（中略）いかなる調査も確認も行っていない」と明記し、東芝が指定した領域に限った調査であることを明らかにしている。

長年にわたり監査を手がけてきた新日本監査法人との関係、最大の懸案事項だったWHの減損問題は調査対象にはなっていなかった。室町が育てたNAND《ナンド》型フラッシュメモリー（データの消去・書き込みが自由にでき、電源を切っても内容が保存される半導体メモリー）も、なぜか調査対象からははずされていた。

報告書には「こんな数字は恥ずかしくて公表できない」（元社長の西田厚聰）や「全くダメ。やり直し」（前副会長の佐々木則夫）など、社長が強い口調で部下を叱責《しっせき》する場面が、数多く登場する。「チャレンジ」や「社長月例」といった、メディア受けするキーワードもふんだんにちりばめられている。

第三者委の目的は、三人の社長の首を取って幕引きをはかることにあった。報告書は、室町が経営陣として残るためのアリバイ証明の役割を果たした。二〇〇八年以降、副社長や監査委員をつとめた室町が社長をつとめることができるのは「報告書に名前が出ていない」（室町自身の言葉）からだ。

第三者委の報告書が、室町が、堂々と社長に就くことにお墨付きを与えた。

歴代三人の社長に責任をかぶせることを落としどころとする、出来レースだった。

東芝は「自浄作用の片鱗《へんりん》もない」

あまりにもミエミエのやり方に、批判の声が挙がった。弁護士や大学教授らでつくる「第三者委員会報告書格付け委員会」（委員長・久保利英明弁護士）は一一月二六日、東芝の不正会計問題を調べた第三者委の報告書の格付け結果を公表した。

格付けは八名の委員が個別に合格圏（A〜D）と不合格圏（F）の五段階で評価した。C（比較的悪い）が四人、D（悪い）が一人、F（不合格）は三人だった。

特に問題視されたのが、WH関連の会計処理が十分調査されていなかった点だ。第三者委はWH関連資産の損失計上の有無を調査対象から除外していた。格付け委は、「東芝の言いなりで対象から外した」と批判した。

格付け委員長の久保利英明は「報告書は会社のためにだけ作られ、株主らを視野に入れていない」と酷評《こくひょう》。副委員長の弁護士の国廣正《くにひろただし》も「第三者委は調査対象や事項は自ら決めるべきなのに、東芝が決めた内容に限った。重要なWHの損失問題と監査法人問題を外した」と批判した。

久保利英明は「中途半端な報告書は企業に壊滅的な被害をもたらす」と警告《けいこく》した。「東証から言われないと開示せず、自浄作用の片鱗《へんりん》もない」と切って捨てた。

第三者委のおもな仕事は、室町に関して「(不正への）関与は認められない」と無罪の審判を下すことだった。その意味では第三者委はフルに機能したのである。

もっとも悪質だったパソコン事業の利益水増し

東芝は一二月七日、西田厚聰ら旧経営陣五人を対象にした損害賠償請求訴訟について、請求額を三億円から引き上げることを明らかにした。証券取引等監視委員会が七三億七三五〇万円の課徴金を東芝に科すよう金融庁に勧告したことを受けての措置だ。

東芝は会計不祥事による損害を一〇億円と認定したが、実際の請求額を、これまで三億円にとどめていた。

東芝の監査委員会の佐藤良二委員長は一二月七日の記者会見で、旧経営陣五人については課徴金の一部を請求すると述べた。室町らほかの役員については「法的責任は認められないとした役員責任調査委員会の報告書は合理的だ」と語り、五人以外を訴える考えがないことをあらためて強調した。

歴代三社長の切腹で、東芝は幕引きを急ぎたいのだが、そうは問屋がおろさない。証券取引等監視委員会は歴代三社長の刑事告発に向けて、東京地検特捜部と協議に入った。

東芝の不正会計でもっとも悪質だったのがパソコン事業だった。歴代三社長が生産の委託先に部品を高く売りつけ利益を捻出《ねんしゅつ》する不正をつづけ、パソコン事業だけで利益の水増し額は五七八億円に達した。

監視委は三社長が主導的な役割を果たしていたと判断。金融商品取引法違反（有価証券報告書の虚偽記載）にあたる可能性があるとみている。

刑事告発となれば、東芝の不正会計問題は新たな局面に入る。

会長と社長が悪罵《あくば》の投げ合い

東芝の混迷には固有の病巣《びょうそう》がある。社内の激しい派閥《はばつ》抗争と派閥の領袖《りょうしゅう》たる歴代社長たちの人事抗争だ。〝財界総理〟の椅子獲《と》りで、社内抗争の火に油が注がれた。

会長の西田厚聰と社長の佐々木則夫の確執《かくしつ》が火を噴いたのは、二〇一三年の社長交代の席上だった。西田は会長に留任し、社長の佐々木は新設された中二階の副会長に追いやられた。二〇一三年二月二六日の社長交代の会見は異様なものだった。

西田は社長の条件として「さまざまな事業部門を経験していることと、グローバルな経験を持っている」ことを挙げ、「一つの事業しかやってこなかった人が東芝全体を見られるのか」と発言した。原子力畑一筋で海外経験が少ない佐々木を、公然と批判した。

「業績を回復し、成長軌道に乗せる役割は果たした。ちゃんと数字を出しており、（赤字経営で引責辞任した西田に）文句を言われる筋合いはない」

佐々木は激しく反発した。

お家騒動は、さらにエスカレートした。西田が「週刊現代」（二〇一三年六月一日号）誌上で、副会長に退く社長の佐々木との確執を公然と認め、ことの経緯をぶちまけたのだ。

〈西田は佐々木の社長在任中の評価について「固定費削減ばかりに集中し、将来の成長に向けた経営を怠った」「苦手な海外の顧客や機関投資家へのトップセールスにも行かず、社内で会議ばかりしていた」「実績を残したというのなら、ライバルの日立と拮抗《きっこう》するくらいの業績を出していないといけないが、日立には負けている」などいくつもの落ち度を列挙し、佐々木の「社長としての能力」に疑問符をつけた。

二〇一二年六月の株主総会後に「来年は代わってもらうよ」と社長退任を促《うなが》したが、佐々木は「あと一年やりたい」と一三年六月退任の人事案に強く抵抗していたことまで暴露した〉（注4）

佐々木は、さんざんこき下ろされた格好になったが、同誌の取材には応じず、西田の発言を黙殺《もくさつ》した。

ノートパソコンで社長の座を射止めた西田

西田厚聰は異色な経歴の持ち主だ。一九四三年（昭和一八年）一二月二九日、三重県に生まれた。父親は山村の分校の教師だった。一番でなければ気がすまない西田は、猛勉強して東京大学や京都大学などのトップ校を目指したが失敗し、浪人して早稲田大学第一政治経済学部に入学した。

卒業後、東京大学大学院法学政治学研究科修士課程に進んだ。大学院では丸山眞男《まるやままさお》や福田歓一《ふくだかんいち》に師事しながら、西洋政治思想史を研究した。二七歳のとき、岩波書店の哲学誌『思想』（一九七〇年八月号）に「フッサール現象学と相互主観性」という論文を寄稿した。

政治史の研究で来日したイラン出身の女性を見初《みそ》めた。学生結婚してイランに渡った。学問の世界から足を洗ったことに関して、多弁な西田は口を閉ざしたままだが、周囲は東大の卒業生でないため東大教授になれないことがわかったからだろうとみている。

イランで東京芝浦電気（のち東芝）と現地法人の合弁企業に就職した。能力を見込まれ、一九七五年五月、東芝本体に入社した。ときに三一歳。ロートルの中途採用組だった。ここから社長に昇り詰めたのだから、超異端児である。

東芝に移った西田は、欧米の販売会社を一三年間渡り歩いた。一九八四年、東芝ヨーロッパ社の副社長に就き、パソコン事業を興した。二番になるのが大嫌いな西田は、一九八五年、世界初のノートパソコンを発売した。以来、西田はパソコン事業を主戦場とすることになる。

ノートパソコンは「ダイナブック」のブランドで高級路線を突き進み、一九九七年三月期には九〇〇億円もの利益を稼ぎ出すドル箱となった。

ノートパソコンの成功で出世の階段を駆け上がっていった西田にとって、二〇〇四年は大勝負の年となった。二〇〇三年に米インテルがノートパソコン向けの半導体を発売し、米ヒューレット・パッカード（のちＨＰ）や米デルの安値攻勢で、パソコンの価格が一気に下落した。

高級路線を歩んでいた東芝のノートパソコン事業は大打撃を受け、二〇〇四年三月期のパソコン事業は四七四億円の巨額損失を出した。

デジタル機器全般を統括する専務に就いていた西田は、社長の岡村正に「一年で黒字化する」と宣言した。二〇〇四年一月、パソコン担当のＰＣ＆ネットワーク社の社長に望んで降格となり、再建の陣頭指揮を執《と》った。一年後の二〇〇五年同期の決算でパソコン事業は八四億円の黒字に転換し、驚異的なV字回復を果たした。

これが決め手になり、二〇〇五年六月の株主総会後の取締役会で、西田は岡村正に代わり社長に就任した。三〇歳を過ぎてからの中途入社だった西田は、東芝という老舗《しにせ》の大企業の一番の座を射止めた。ノートパソコンという新規事業の指揮を執る役員が社長になるのは初めてだった。

二〇〇三年四月、改正商法の施行で、東芝は先陣を切って委員会設置会社（取締役会の中に、会社経営の監督役として、社外取締役が過半数を占める三つの委員会〔指名委員会・監査委員会・報酬委員会〕を置く株式会社。業務執行担当として、取締役会とは別に執行役が置かれる）に移行した。執行役員の選任、解任は指名委員会が決める。指名委員会は会長と二人の社外取締役で構成される。社長は執行役のため、次期社長の指名権はない。

指名委員会の委員でもある取締役会長が、実質的なキングメーカーとなった。西田を社長に指名したのは、会長の西室泰三だった。

半導体と原発事業を二本柱にするも失敗

二〇〇五年六月に社長に就任した西田のデビューはあざやかだった。低迷していた株価を約三倍に引き上げるなど、名門復活を印象づけた。彼の経営手法は〝西田マジック〟と呼ばれた。派手なパフォーマンスも手伝い、その経営手腕は経済メディアで高く評価された。

圧巻は、二〇〇六年二月の米原子力プラント大手、ウエスチングハウス・エレクトリック（WH）の買収だ。WHと古くから取引関係がある三菱重工業が大本命と目《もく》されていたが、東芝は想定価格をはるかに超える六六〇〇億円の買収価格を提示して、最終コーナーで三菱重工を抜き去り、大逆転に成功した。

勝者となった西田は、半導体と原子力発電事業を経営の二本柱に掲げた。

東芝は総合電機の会社だが、圧倒的にナンバーワンといえる分野はなかった。「選択と集中」を進めた結果、半導体は国内首位で世界三位（当時）、原発は世界首位に躍り出た。

しかし、二つの事業とも、特有のリスクがつきまとうことを、すぐに思い知らされることになる。半導体事業は価格と需要の変動が激しい。二〇〇八年秋のリーマン・ショック後の需要の急減によって、価格が七〇％も下落した。

半導体事業が大幅な赤字になったため、二〇〇九年三月期には三四三五億円の巨額の赤字に転落した。西田は社長から会長に退いた。だが、辞任会見で「引責辞任」とは、決して言わなかった。

西田の退任を決めたのは、指名委員会の委員長をつとめる会長の岡村正だった。

3・11で一兆円計画が吹き飛んだ佐々木

指名委員会が西田の後任社長に指名したのが佐々木則夫であった。一九四九年（昭和二四年）六月一日、東京都に生まれた団塊の世代である。早稲田大学理工学部機械工学科を卒業し、一九七二年四月に東京芝浦電気に入社した。

原子力畑を歩き、原子力発電事業のエキスパートといわれた。WH買収の立て役者で、その功績により二〇〇六年四月、執行役常務・電力システム社長に昇格した。二〇〇七年に執行役専務、二〇〇八年執行役副社長として昇進を重ね、二〇〇九年に取締役代表執行役社長に就いた。

現役社長と前任社長が不仲なのは、どこの会社でもみられることだ。現役社長は、前任者の方針を否定することで、違いを際立《きわだ》たせようとするからだ。東芝も例外ではないが、その過激さは際立っていた。

西田と佐々木の確執は、佐々木の社長就任直後から表面化した。西田が「（出身部門である）原子力のことしか理解しようとしない」と不満を漏《も》らせば、佐々木は「パソコンなんて、いずれはスマートフォンに取って代わられるものなんです」と公言してはばからなかった。パソコンは、いうまでもなく西田の〝天領《てんりょう》〟である。

二〇一一年三月一一日の東日本大震災による東京電力福島第一原子力発電所の事故が、佐々木の権力基盤を衝《つ》き崩した。東芝の原発事業は、東電の事故の前には受注残が一四基（中国四基、米国八基、日本二基）あった。目標に掲げた一兆円の売り上げを二年前倒しして二〇一四年三月期に達成する、と佐々木はものすごい鼻息だった。

だが、原発事故が、その計画を吹き飛ばした。年間売り上げ一兆円という数字は幻に終わった。

西田の引きで社長になった田中

執行役社長の佐々木に、後継者の指名権はない。社外取締役二人と会長の西田の三人で構成される指名委員会が社長や役員の人事を決める。複数の候補者のなかから、田中久雄を次期トップに選んだのは、会長の西田が主導する指名委員会だった。

田中久雄は一九五〇年（昭和二五年）一二月二〇日、兵庫県に生まれた。神戸商科大学（のち兵庫県立大学）商経学部に進んだ。学生時代からスポーツは大好きで、少林寺拳法二段の腕前だ。「三段の昇段試合を受けに行くつもりだったが、試合中痛めた背中の故障で歩けなくなりあきらめた」（注5）

一九七三年四月、東京芝浦電気に入社した。「いろいろな会社の就職試験を受けましたが、一番採用担当者の印象がよかったのが東芝でした」（同注5）というのが東芝を選んだ理由だ。資材部に配属になった。素材や部品を外部から購入する調達部門である。

入社三年後の一九七六年一〇月、東芝インターナショナルトレード社（英国）に送り込まれ、ロンドン駐在となった。ここから海外生活がはじまる。

西田のパソコン事業の資材調達をになったのが田中である。西田が一九九二年、東芝アメリカ情報システム社社長としてパソコン事業を立て直したとき、田中は米国で資材調達の裏方だった。ノートパソコンの部品工場、東芝情報機器フィリピン社が設立されたとき、送り込まれたのが田中だった。

ノートパソコンの資材調達を担当し、会社人生のほぼ三分の一に当たる一四年間を海外で過ごした。電力システムなど花形部門出身の社長経験者が多いなかで、田中は地味な資材部を歩いてきた。

田中久雄を引き上げたのは会長の西田厚聰である。二〇一三年六月二五日、東京両国の国技館で開いた株主総会後の取締役会で、田中久雄が東芝初の調達畑出身の社長となった。

佐々木のライバル・室町を復権させた西田の思惑

西田が実権をにぎる指名委員会は、もう一つの重要な首脳人事を決定した。五月八日、常任顧問の室町正志を六月の株主総会後に取締役に復帰させることにしたのだ。

室町は二〇一二年まで、東芝の副社長をつとめていた。一度退任したＯＢが取締役に復帰するのは、初めてのことだ。東芝社内では室町の復帰人事が物議をかもした。室町は、西田が社長だった当時の右腕だったからである。

室町正志は一九五〇年（昭和二五年）四月一〇日、東京に生まれた。早稲田大学理工学部電気通信学科修士課程を修了し、一九七五年四月に東京芝浦電気に入社した半導体部門のエキスパートだ。西田が半導体と原子力発電事業を東芝の二枚看板に据《す》える経営方針を示した際に、半導体部門のトップをつとめていた。

だが、リーマン・ショック後、半導体事業が大赤字に転落した。二〇〇九年に社長に就いたのは、原子力事業を率いてきた佐々木則夫だった。室町は社長レースに敗れ、本社を去った。

佐々木のライバルだったその室町が取締役に復帰するわけだ。社内では「二〇一四年の株主総会後に会長になる布石《ふせき》」と受け取られた。佐々木は「会長になれないばかりか、副会長も追われることになる」と囁《ささや》かれた。

西田厚聰が描く政権構想は、自らの人脈に連なる室町正志会長＝田中久雄社長体制で盤石《ばんじゃく》になったと思われた。

西田の野望を潰した相談役・西室の嫉妬《しっと》

東芝の創業者の一人は、「からくり儀右衛門《ぎえもん》」の愛称で知られる初代・田中久重《たなかひさしげ》（一七九九〜一八八一年）である。からくり人形「弓曳童子《ゆみひき》」や和時計「万年時計（万年自鳴鐘）」を発明し「江戸のエジソン」と呼ばれている。

初代が一八七五年（明治八年）に創設した電信機工場を、二代目が発展させたのが芝浦製作所。一九三九年に東京電気と合併して東京芝浦電気となった。現在の東芝（一九八四年に商号変更）である。

かつて経営危機におちいった際、第一生命保険社長をつとめた石坂泰三（社長在任一九四九〜五七年）や、石川島播磨重工業社長だった土光敏夫（同六五〜七二年）を招き、蘇生した。

その実績を評価され、石坂は第二代、土光は第四代の日本経済団体連合会会長に就いた。石坂には〝財界総理〟の異名《いみょう》がついた。

過去に二人の経団連会長を輩出《はいしゅつ》した東芝は、長らく財界総理の座から遠ざかっていた。そのためもあってか、歴代社長は財界総理の椅子に座ることを悲願とした。一九八〇年代以降、久々に財界総理のポストに手が届くところまで来た。

経団連会長になるには、現役の社長か会長であることが必須条件だ。西田厚聰は二〇〇九年に東芝会長になり、財界総理の最有力候補の呼び声が高まった。

二〇一〇年、経団連会長はキヤノン会長の御手洗冨士夫《みたらいふじお》から住友化学会長の米倉弘昌《よねくらひろまさ》に替わったが、御手洗が後任に据《す》えたかったのは、経団連副会長で東芝会長の西田だった。

ところが、東芝のお家事情でそれが頓挫《とんざ》した。

西田の前任社長の岡村正が、壁として立ちはだかった。岡村は日本商工会議所会頭。経済三団体（日本経済団体連合会、日本商工会議所、経済同友会）のトップを同時に同じ企業出身者が占めない、という不文律《ふぶんりつ》があった。東芝が経済三団体の二つのポストを占めることに、トヨタ自動車など経団連会長を出してきた有力企業から反対の声があがり、御手洗は西田の起用を諦《あきら》めた。

西田が経団連会長に就くためには、岡村が日商会頭を辞めなければならない。会員制情報誌『FACTA』は内幕をこうすっぱ抜いた。

〈西田経団連会長が幻《まぼろし》となったのは、詰まるところ「西室さんの男の嫉妬《しっと》。自分がなれなかった経団連会長に就くことを阻止《そし》したいという一念がそうさせた」と西田に近い経団連副会長経験者は言う〉（注6）

相談役の西室泰三は「岡村さんは続投すべきだ」と激励《げきれい》したと伝わっている。西田が嫌いな岡村は会頭を退かなかった。西田の財界総理になる夢は、幻と消えた。西田嫌いの岡村が、「西田の経団連会長就任を潰すために、商工会議所会頭の席に居座った」（日商の元副会頭）と財界はざわついた。

経団連会長ポストを諦めない西田の蠢動《しゅんどう》

御手洗の後任の経団連会長に就いたのは、住友化学会長の米倉弘昌だった。米倉の経団連会長の任期は二〇一四年五月までである。西田はふたたび蠢動《しゅんどう》した。

いまだ、経団連会長の野望を捨てていない西田は、東芝会長の肩書を、絶対に外すわけにはいかなかった。

ところが、社長の佐々木則夫は、安倍晋三《あべしんぞう》政権の経済再生の司令塔をになう経済財政諮問《しもん》会議のメンバーに抜擢《ばってき》されたのにつづき、西田の後任として経団連副会長に就くことも決まった。財界活動の主役は、西田から佐々木に移る。佐々木に経団連会長の芽が出てきたと、佐々木の側近は騒ぎはじめた。西田が、こうした流れに我慢《がまん》できるわけがなかった。

二〇一三年六月四日の定時総会で、西田は経団連副会長の任期満了（二期四年）を迎えた。副会長を退任後、経団連会長の待機ポストの一つとされる審議員会議長や副議長ポストにも就けなかった。会長の米倉が、西田が経団連に残ることに「ノー」と言った、と財界では広く受け止められている。

「権力は自分の手で（血を流してでも）取りに行く」という先人の教えがある。米倉がなんと言おうと、西田は「まだ次期経団連会長の候補の一人である」と思っていた（思おうとしていた）。

異端児の西田の辞書には、「諦める」という文字はない。こんなエピソードがある。西田が東芝社長当時の二〇〇六年七月のことだ。

〈西田は卒業以来四四年ぶりに、（三重県立）尾鷲《おわせ》高校の同級会に参加した。その翌日に旧友と伊勢神宮にお参りに行った。炎天下のなか、内宮《ないくう》、外宮《げくう》を歩き午後2時を回った頃、カキ氷を食べようと店を探し始めた。だが、なかなか見つからない。誰もが諦めかけた時、西田が言った。

「粘らなければアカン、ひるんだらアカン、暑さに負けてはアカン」

最終的に店は見つかったが、探し始めてから30分は過ぎていた。童心に帰ってうれしそうに金時氷を食べる西田を見て、同級生たちはこう思ったという。

「西田君は、何も変わっていない」〉（注7）

西田は次期経団連会長の椅子を諦めない。「粘らなければアカン」と執念《しゅうねん》を燃やした。

それが、二〇一三年の宮廷クーデターさながらの佐々木則夫社長の解任劇となったわけだ。しかし、米倉が次の経団連会長に据えたのは、東レ会長の榊原定征《さかきばらさだゆき》だった。

東芝は委員会設置会社に移行したことで、指名委員会を牛耳《ぎゅうじ》る会長と執行役の社長という、重層的な権力構図になった。人事権を握ったほうが、断然、強い。東芝の人事抗争は、会長の指定席になった指名委員会がキングメーカーになったことに根ざしているといってもいいだろう。

粉飾決算が発覚後の新体制では、指名委員会はすべて社外取締役で占めるよう変更になった。会長と社長の二重権力を封じる狙いであることは、いうまでもない。

赤字社長だった西室泰三

東芝の新経営体制の柱は、社外取締役を活用し、経営を執行する社長らを監督する機能を強化することだ。その人事で影響力をみせたのが、元社長で相談役の西室泰三・日本郵政社長だった。

二〇一五年七月二一日、当時の田中久雄社長や副社長四人が東芝を去った。室町も引責辞任する意向であったが、それを押しとどめたのが西室だ。

日本郵政社長の西室は定例会見で「本人（室町）が辞めると言っていたが、私が絶対に辞めないでくれと頼んだ。一人はリーダーシップを取る人が必要なので残ってもらった」と内輪話というか自慢話を披瀝《ひれき》した。自分が東芝のキングメーカーであることを、内外に宣言したようなものである。

室町は西田派であると同時に、西室の一の子分だった。室町は半導体部門のエースとして頭角を現し、彼ら技術陣が開発したＤＲＡＭ《ディーラム》（随時書き込み読み出しメモリー）を西室が米国で売りまくって社長の座を射止めた。

その功に報《むく》いるため、西室は社長時代に室町を四日市《よっかいち》工場長や大分工場長に抜擢《ばってき》。会長になると常務に引き上げ、自分の後継者にしようとした時期もあった。

しかし、室町は佐々木との社長レースに敗れ、経営の第一線から退いた。不思議なもので、これが幸いした。西田vs.佐々木の激突のおかげで、西田のダミーとして、そして会長として、室町は経営の第一線に復帰した。

東芝の新しい社外取締役の小林喜光《こばやしよしみつ》・三菱ケミカルホールディングス会長（経済同友会代表幹事）、池田弘一《いけだこういち》・アサヒグループホールディングス相談役、前田新造《まえだしんぞう》・資生堂相談役も西室の財界人脈だ。

「直接、口説いて社外取締役に就任してもらった」と西室本人が語っている。

小林が多忙を理由に難色を示していた社外取締役を最終的に引き受けたのは、西室が強く要請したためだという。前田は取締役会議長をつとめている。

西室の社長初年度の一九九七年三月期の最終損益は六七〇億円の黒字だったが、二年目の九八年同期は一四七億円と大幅減益。つづく九九年同期は九〇億円の赤字。そして二〇〇〇年同期は三二九億円の連続赤字。赤字幅を拡大させただけの惨憺《さんたん》たる結果で、社長の任期四年を終えた。

機能しなかった社外取締役、権力闘争に使われた指名委員会

西室の後継社長が岡村正《おかむらただし》である。一九三八年（昭和一三年）七月二六日、東京・中野に生まれた。

都立戸山高校から東京大学法学部に進学。大学ではラグビー部に入部した。このラグビー選手としての体験から、勝利によって初めて真のチームワークが完成するという哲学を持つようになる。これが岡村の仕事の礎《いしずえ》となる。

一九六二年、岡村は東京芝浦電気に入社。計測事業部に配属され、営業を担当した。三三歳のときに岡村は米ウィスコンシン大学に留学、経営学修士課程を修了。

転機は一九八七年に訪れた。東芝は新たに情報処理・制御システム事業本部を発足させた。岡村は業務部長を命じられ、各部門出身の社員のとりまとめに悪戦苦闘する。

一九八九年、営業推進部長となった岡村は、これまでの商品別営業をあらため、一人の担当者があらゆる製品を営業するシステムを提案。現場から激しい反発が起こるが、岡村は商品別営業からの脱却を進める。これがうまくいったことで、組織は一つになっていった。ラグビー哲学は営業の現場で花開いたわけだ。

東芝の新しい事業の柱となるIT事業を軌道に乗せた岡村は二〇〇〇年六月、社長に就任した。だが、社長就任から半年後、ITバブルが崩壊。半導体製品の価格が急落し、東芝は二〇〇一年三月期に史上最悪となる二五四〇億円の赤字に転落した。

岡村は生き残りを懸けて改革に乗り出す。一九八〇年代、世界一に登り詰めた東芝の半導体事業の中核をになってきたDRAMから撤退し、半導体の生産拠点である四日市工場でNAND型フラッシュメモリーの量産化を決断。NAND型フラッシュメモリーは世界シェア二位となり、東芝の屋台骨《やたいぼね》を支える製品となった。

NAND型フラッシュメモリーは、一九八七年に東芝が開発した。磁気ディスクに代わって、データの保存・運搬などに利用できることから用途が広がった。

岡村の最大の功績は、これまでタブーだった経営改革に挑《いど》み、社外取締役制を採用したことだ。そして社長の報酬と後継者を、公の場で決めることにし、経営の透明性を高めることを狙った。

まず隗《かい》よりはじめよ、である。自分の後継者となる次期社長の決定では、パソコン部門での成功をおさめた西田厚聰を社内の指名委員会に推薦。会長の西室と社外取締役で構成される指名委員会が、西田の社長就任を決めた。

だが、社外取締役制は経営の透明度を高めるどころか、まったく機能しなかった。経営陣の隠蔽《いんぺい》を黙認しただけに終わり、指名委員会は権力闘争の武器と化した。社外取締役制を導入した岡村にとっては想定外のことだったかもしれないが、米国直輸入の組織は逆効果を生み出すという悪《あ》しき実例となった。

東芝内紛をもたらした張本人は西室

東芝の歴代社長は任期四年で交代しているが、唯一《ゆいいつ》、例外なのは岡村。五年間社長をやった。そこには、会長の西室の思惑があった。

「肩書きコレクター」。西室泰三についた渾名《あだな》である。名誉欲は人一倍強い。東芝会長になった西室が、野心をかき立てられたのが財界総理の座だった。

西室は、東芝から石坂泰三、土光敏夫についで三人目となる経団連会長になるという野望を抱く。

経団連会長になるには経団連の副会長か評議員会議長で、現役の社長か会長であることが条件だ。二〇〇一年から経団連副会長をつとめていた西室が東芝の相談役に退けば、次期経団連会長の候補としての資格を失う。それで岡村を留任させた。財界総理になりたいという思いが、東芝のトップ人事を停滞させた。そこまでやったのに、西室は経団連会長になれなかった。主要財界人のなかに西室を推す人物がいなかった。

二〇〇五年六月、西室は東芝会長を退任して相談役に退いた。同時に東京証券取引所の会長に転身した。東証の会長職は、初めから財界人枠として用意されていた。絶対本命だった野村ホールディングス会長の氏家純一《うじいえじゅんいち》が断ったため、二番手候補の西室にお鉢《はち》が回ってきた。名誉職が大好きな西室は二つ返事で引き受けた。

西室の強みは人脈である。同年齢の御手洗冨士夫（キヤノン会長兼社長）とは親密だ。西室は一五年間、御手洗は二三年間米国に駐在した。それ以来の長い付き合いだ。

二〇〇六年五月に経団連会長になった御手洗は、西室にポストを用意した。経団連のナンバー2のポストである評議員会（のち審議員会）議長（二〇〇六年五月～〇八年五月）に就けた。

歴代社長の内紛の背景には、「財界総理になりたい」という病理が横たわっている。それをもたらした張本人が西室だった。

リストラでは東芝は救えない

不正会計（粉飾決算）問題で業績不振が鮮明になった東芝は、不祥事の温床《おんしょう》となった家電事業にようやく大ナタを振るう。テレビ、パソコン、冷蔵庫など白物家電は収益力の衰えがもっとも激しい事業だ。

東芝は富士通、ソニーから分社したパソコンメーカーのＶＡＩＯの三社で、パソコン事業の統合交渉をはじめた。実現すれば国内シェアはＮＥＣレノボ・ジャパンを抜いて首位に出る。だが世界でみると、三社合わせたシェアは六％強。二割近いシェアを握っている首位の中国のレノボや、二位の米ヒューレット・パッカード（のちＨＰ）に遠く及ばない。

東芝はノートパソコン「ダイナブック」が主力で、一九九〇年代にノートパソコンで世界一だったことがある。だが、中国メーカーの台頭で販売が低迷。利益の水増しがもっとも多かったのがパソコン事業だった。

この経営統合は東芝のパソコン事業の救済色が強い。だから、ＶＡＩＯは腰が引けている。東芝と富士通の二社統合の可能性もある。東芝がＶＡＩＯを入れることになぜこだわっているかというと、二社だと新会社の出資比率が五〇％ずつになるため、パソコンが連結決算の対象から外れないからだ。二社の統合では不採算事業を切り離す意味がないのだ。

次は家電からの撤退である。一九五九年に国内で初めてカラーテレビを開発した東芝は、テレビの自社生産から撤退する。ブランドの名前は残し、海外の工場に委託して生産した高価格の製品を国内で売る方向で調整している。テレビ事業は長年、会社の業績を支える花形だったが、韓国や中国のメーカーとの価格競争に敗れ、収益が悪化。不正会計の温床の一つとなった。

インドネシアの自社工場を売却するほか、エジプトの合弁工場の出資比率を一〇％（従来は五一

%）に引き下げる。白物家電を手がける海外の工場も売却する。

産業革新機構が主導し、冷蔵庫や洗濯機などの白物家電事業はシャープの同事業と統合する案が浮上していて、東芝はこれに前向きだ。

テレビやパソコンの開発拠点がある東京・青梅事業所は閉鎖。家電で六八〇〇人の人員整理に踏み切る。本社で一〇〇〇人、二〇一六年三月末までに国内外でグループ全体の五％に相当する一万六〇〇〇人の首を切る。

二〇一五年一二月、リストラ費用の増大で、二〇一六年三月期連結決算の最終損益は五五〇〇億円の巨額な赤字になると発表した。将来の利益を見込んで計上している「繰延税金資産」の取り崩しが必要になり、東芝の赤字額は過去最悪となる。一万人超の削減は、金融危機などと関係ない平時のリストラとしては異例の規模だ。東芝は原子力や火力発電、スマートフォンなどに使うＮＡＮＤ型フラッシュメモリーの半導体に経営資源を集中する考えだ。

米ＷＨを東芝が高値で買収したのが躓《つまず》きのはじまりで、経営陣の判断ミスだったことが徐々に明らかになってきた。「原発事業の担い手である東芝は潰せない」との思いが政府・経済産業省にはあるようだが、原発事業はいまや東芝の屋台骨を揺るがしかねない大きなお荷物になっている。

「国が助けてくれる」との楽観主義が災《わざわ》いして、東芝の経営再建の足取りは鈍い。二周遅れで中期経営計画をまとめるのは二〇一六年三月。それまで再生の道筋を示せないというのだ。

この二〇年間、東芝の経営を実質的に支配してきた西室泰三相談役も、とうとう落日の刻《とき》を迎えた。創業一四〇年で最大の経営危機に遭遇《そうぐう》しているのだから当然だが、相談役制度の廃止を社外取締役が言い出した。

不死鳥・西室は「二〇一六年六月まで相談役をつづけることはない」と日本郵政の記者会見（一五年一二月一七日）で言わざるを得なくなった。

悪い話のダメ押しになるが、奈良県に住む個人株主が三月末までに、社長の室町正志を含む現旧役員一〇人に対して株主代表訴訟を起こす。これまで室町は訴訟の対象外ということになっていたが、「現場に強引な業績改善を求めた『社長月例（会）』などに出席し、一連の不正会計を認識していた可能性がある」と個人株主は主張している。

もう一つは主要五事業で唯一《ゆいいつ》、利益が出ている医療機器部門の有力子会社、東芝メディカルシステムズを身売りする。富士フイルムホールディングスや永年ライバルだった日立製作所が買収に乗り出した。ソニーや米ゼネラル・エレクトリック（ＧＥ）傘下の英ＧＥヘルスケア、韓国サムスングループも手を挙げている。

優良資産を手放さざるを得ないほど、東芝の財務は毀損《きそん》しており、財務の健全性を示す自己資本比率は八％前後と、一五年三月末（一七％）の半分以下になってしまった。

国民的なテレビ番組『サザエさん』を長年提供し、皮肉なことにＴＢＳの『下町ロケット』のスポンサーでもあった東芝が、いま、まさに沈もうとしている。

■第９章　帝国ホテル
注１　「明治村を楽しむ 帝国ホテル中央玄関」（博物館明治村）
注２、注５　日本経済新聞社編『私の履歴書 経済人４』（日本経済新聞社出版局）
注３、注４　臼井吉見「帝国ホテルの七十年 伝統と新生の接点に立つ犬丸王国」（中央公論 1962年９月号）
注６　「企業研究 帝国ホテル」（選択 1987年２月号）
注７、注８　有森隆『秘史「乗っ取り屋」――暗黒の経済戦争』（だいわ文庫）
注９　大下英治『政商 昭和闇の支配者　二巻』（だいわ文庫）
注10　「帝国ホテル『犬丸社長』誕生まで」（週刊新潮 1986年６月５日号）

■第10章　東芝
注１　東芝問題取材班「スクープ 東芝、米原発赤字も隠蔽――内部資料で判明した米ウエスチングハウスの巨額減損」（日経ビジネスオンライン 2015年11月12日付）
注２　田村賢司「東芝はなぜ、巨額減損の隠蔽に成功したのか――『のれん』や『減損』…難しい会計用語を解き明かす」（日経ビジネスオンライン 2015年11月19日付）
注３　小笠原啓、清水崇史「スクープ 東芝、原発幹部さえ疑う『64基計画』――経営幹部の電子メールを入手、不正会計問題は経営問題に発展へ」（日経ビジネスオンライン 2015年12月２日付）
注４　「スクープ！『社長をクビにした理由』を本誌にぶちまけた！　東芝のサプライズ人事　西田会長がその全内幕を明かす」（週刊現代 2013年６月１日号）
注５　有森隆『異端社長の流儀』（だいわ文庫）
注６　「東芝『不正会計』刺し合いで泥沼――とうとう噴火した西田・佐々木の『怨念』戦争。経団連会長人事の『西室裁定』で後遺症か。」（FACTA2015年７月号）
注７　「西田厚聰・東芝社長――言葉の達人、『二律背反』に挑む」（日経ビジネス 2007年10月１日号）
注８　曽根泰教『日本ガバナンス――「改革」と「先送り」の政治と経済』（東信堂）

ォーカス1984年1月27日号）

■第7章　神戸製鋼

注1、注2　有森隆『戦後六〇年史　九つの闇』（講談社＋α文庫）

注3、注4、注5、注6　神戸新聞社編（神戸新聞総合出版センター刊）『海鳴りやまず——神戸近代史の主役たち』四部作（教育出版センター電子書籍流通サイト「web DE book」）

注7　大下英治『黒幕 昭和闇の支配者　一巻』（だいわ文庫）

注8、注12　立花隆『田中角栄研究——全記録　下』（講談社文庫）

注9、注14　小川薫『実録 総会屋』（ぴいぷる社）

注10　城内康伸『猛牛（ファンソ）と呼ばれた男——「東声会」町井久之の戦後史』（新潮文庫）

注11、注13　竹森久朝『見えざる政府——児玉誉士夫とその黒の人脈』（白石書店）

注15　読売新聞社会部『会長はなぜ自殺したか——金融腐敗＝呪縛の検証』（新潮文庫）

■第8章　ＪＲ

注1、注2　佐高信「『旧国鉄改革三人組』7年後の明と暗」（プレジデント1994年5月号）

注3、注5、注8、注12　街風隆雄『私の源流』（朝日新聞社）

注4、注7、注15　松田昌士「私の履歴書」（日本経済新聞2008年11月朝刊1ヵ月間連載）

注6、注11、注14、注16　葛西敬之「私の履歴書」（日本経済新聞2015年10月朝刊1ヵ月間連載）

注9　「時代のリーダー 葛西敬之・JR東海副社長 “大動脈”確保ひたむきに、政策揺さぶる「平成の志士」」（日経ビジネス1991年4月8日号）

注10、注13、注18　「昭和時代　第5部　1980年代（1980～89年）第8回 3公社改革〈上〉」（読売新聞2015年5月23日付朝刊）

注17　「国労委員長に国鉄幹部がパンチ!?」（週刊朝日1986年9月26日号）

注19　「ひび割れた三人組 分割・民営化2年経ったJRに何が起きているか」（AERA1989年4月4日号）

注20　西岡研介「『テロリストに乗っ取られたJR東日本の真実』特別版　私はなぜ『タブーに挑んだのか』」（月刊現代2007年3月号）

ネスコ）
注6　有森隆『日本の闇勢力 人脈金脈の構図』（だいわ文庫）
注8、注12　森功『許永中 日本の闇を背負い続けた男』（講談社＋α文庫）
注9　朝日新聞大阪社会部『イトマン事件の深層』（朝日新聞社）

■第4章　フジサンケイグループ

注1「本誌だけが知っている フジサンケイグループ宏明議長解任までの暗闘」（週刊文春1992年8月6日号）
注2、注3、注4、注5、注6、注7、注11、注12　中川一徳『メディアの支配者（上・下）』（講談社文庫）
注8「フジサンケイのお家騒動 鹿内氏が追放された本当の理由」（AERA1992年8月4日号）
注9、注10「鹿内解任は財界大物のツルの一声で決まった」（サンデー毎日1992年8月9日号）

■第5章　新日鐵

注1、注3、注6、注7、注11　藤井丙午「わが闘争 新日鉄を追われて」（文藝春秋1973年6月号）
注2　日本経済新聞社編『20世紀 日本の経済人（Ⅱ）』（日経ビジネス人文庫）
注4　大谷健『戦後財界人列伝』（産業能率大学出版部）
注5　福本邦雄・福田和也対談「実録『政治と金』財界四天王の支配」（文藝春秋2005年5月号）
注8、注9「特集新日鉄人事決定版『権力主義者“永野”の院政を許すな!!』」（サンデー毎日1973年5月6日号）
注10　飯塚昭男「稲山嘉寛 番外財界19番ホール　そのビューティフル人生論」（サンデー毎日1973年5月6日号）

■第6章　日産

注1、注2、注3、注4、注5、注6　デイビッド・ハルバースタム『覇者の驕り 自動車・男たちの産業史』（日本放送出版協会）
注7　高杉良『労働貴族』（徳間文庫）
注8、注11　佐藤正明『日産 その栄光と屈辱――消された歴史 消せない過去』（文藝春秋）
注9「日産労組のドン・塩路一郎会長を告発した怪文書の仕掛け人は誰だ！」（週刊文春1983年10月27日号）
注10「日産労組『塩路天皇』の道楽――英国進出を脅かす『ヨットの女』」（フ

参考文献

■第1章　トヨタ

注1　「『トヨタは消滅前夜』と警鐘鳴らす章男社長」(FACTA2009年11月号)
注2　和田一夫・由井常彦共著『豊田喜一郎伝』(名古屋大学出版会)
注3　有森隆『創業家物語』(講談社＋α文庫)
注4、注6　「御曹司を“子会社”社長に押し込んだトヨタ大政奉還人事の仕掛け人」(週刊文春1981年4月30日号)
注5　「豊田章一郎のニッポン考」(読売新聞2001年5月14日付朝刊)
注7　「GM合弁 工販合併の仕掛け人は私だ　トヨタ自動車販売会長 加藤誠之」(エコノミスト1982年4月27日号)
注8　「トヨタ大合併の不安と歓呼　英二 章一郎“血の執念”と5万4000兵士の“ショック”」(週刊現代1982年2月13日号)
注9　「トヨタ創業家と歴代社長との深まる反目――リコール問題で激化」(ウォール・ストリート・ジャーナル日本版2010年4月14日付)
注10　「特集　謝罪の流儀」(日経ビジネス2015年12月7日号)

■第2章　関西電力

注1、注9、注11、注14　「関西電力2・26事件 子飼い会長に返り討ちされた85歳芦原法皇の『やっぱり』」(週刊朝日1987年3月13日号)
注2、注5、注10　芦原義重「飼い犬に手を咬まれるの記」(文藝春秋1987年5月号)
注3、注13　「関西電力のドン 芦原義重名誉会長解任劇　主役三人が饒舌な“解説”」(週刊文春1987年3月12日号)
注4、注6　「関電の裏面史 内藤千百里・元副社長の独白」(朝日新聞2014年7月28日付朝刊)
注7　奥村宏「関西電力 暗黒大陸」(朝日ジャーナル1986年9月12日号)
注8、注12　清水一行『小説 財界』(集英社文庫)

■第3章　住友銀行

注1、注5、注10、注11　西川善文『ザ・ラストバンカー 西川善文回顧録』(講談社文庫)
注2　田中森一『反転 闇社会の守護神と呼ばれて』(幻冬舎アウトロー文庫)
注3、注7　河村良彦「イトマン問題と私――なぜ磯田一郎氏を恨むか」(文藝春秋1991年4月号)
注4　有森隆(津村正明名義)『住友銀行 イトマン 権力者の背任』(文藝春秋・

著者略歴

経済ジャーナリスト。早稲田大学文学部卒。三〇年間全国紙で経済記者を務めた。経済・産業界での豊富な人脈を生かし、経済事件などをテーマに精力的な取材・執筆活動を続けている。

著書には『日銀エリートの「挫折と転落」—木村剛「天、我に味方せず」』（講談社）、『経営者を格付けする』（草思社）、『経済情報の裏読み 先読み』『世襲企業の興亡』『非情な社長が「儲ける」会社をつくる』『海外大型M&A 大失敗の内幕』（以上、さくら舎）、『プロ経営者の時代』（千倉書房）、『リーダーズ・イン・ジャパン』（実業之日本社）、『実録アングラマネー』（講談社+α新書）、『日本企業モラルハザード史』（文春新書）、『創業家物語』（講談社+α文庫）、『強欲起業家』（静山社文庫）、『異端社長の流儀』（だいわ文庫）などがある。

社長解任《しゃちょうかいにん》　権力抗争《けんりょくこうそう》の内幕《うちまく》

二〇一六年二月一二日　第一刷発行

著者　有森《ありもり》　隆《たかし》
発行者　古屋信吾
発行所　株式会社さくら舎　http://www.sakurasha.com
東京都千代田区富士見一-二-一一　〒一〇二-〇〇七一
電話　営業　〇三-五二一一-六五三三　ＦＡＸ　〇三-五二一一-六四八一
編集　〇三-五二一一-六四八〇　振替　〇〇一九〇-八-四〇二〇六〇

装丁　石間　淳
写真　Jose Fuste Rega/アフロ
印刷・製本　中央精版印刷株式会社

ISBN978-4-86581-042-4